JN448238

재무관리

박수철 지음

UUP

재무관리의 기초

- 2014년 01월 20일 **초판 인쇄**
- 2014년 01월 29일 **초판 발행**
- **지은이 박수철**
- **펴낸이** 이 철
- **펴낸곳 UUP.**(울산대학교출판부) 680-749 울산광역시 남구 대학로 93(무거동) 울산대학교 출판부
- 전화 (052)259-2488 팩스 (052)277-3011 ▪ **홈페이지** http://uup.ulsan.ac.kr
- **출판등록** 제370-1996-000001호(1996.3.13)
- ₩ 15,000

불법복사는 지적재산을 훔치는 범죄행위입니다. 저작권법 제136조(권리의 침해죄)에 따라 위반자는 5년 이하의 징역 또는 5천만원 이하의 벌금에 처하거나 이를 병과할 수 있습니다. 이 책의 판권은 울산대학교 출판부에 있습니다. 잘못된 책은 바꾸어 드립니다.

ISBN 978.89.7868.334.0 (93310)

머리말

1990년대 말 외환위기와 2000년대 말 글로벌 금융위기를 거치면서 많은 사람들이 자신과는 상관없다고 생각했던 금융부문이 자신의 일상에 점점 더 많은 영향을 미치고 있다는 것을 경험했을 것이다. 이렇게 금융부문이 우리의 생활에 미치는 영향이 증가하는 시대에 살면서 고도의 금융기법까지는 아니더라도 금융부문에서 나타나고 있는 현상과 원리 정도는 현대인들에게 중요한 지식이 될 것이다. 재무관리는 그런 금융 관련 지식을 이해하기 위한 기초학문이라고 할 수 있다.

재무관리는 경영학을 전공하는 학생들이 매우 어려워하는 과목이다. 아마도 각종 수식이 경제학과 회계학에서 접했던 내용들과 뒤섞여서 학생들을 혼란스럽게 만들기 때문이라 생각된다. 그러나 실제로는 재무이론은 몇 가지의 중요한 논리를 바탕으로 대부분 전개되므로 그것들을 이해하고 세부적인 내용들에 접근하면 그렇게 어려워만 할 과목은 아니라고 생각된다.

이 책은 기업의 자금 활동과 관련된 주요 의사결정들을 결정하는 기본 논리와 그것을 바탕으로 한 의사결정 과정을 학부 학생들의 수준에 맞게 설명하고자 하였다. 이 책에서 언급되는 내용들은 개인의 경제활동에도 동일하게 적용될 수 있을 것이다. 또한 기업과 개인의 경제활동은 금융부문과 긴밀한 관계 속에서 이루어지게 되므로 이 책은 금융시장에 발생하는 내용들도 다루고 있다.

이 책은 많은 주제들을 가능한 쉽게 설명하기 위하여 관련된 주제별로 다음과 같이 다섯 부분으로 구성하였다.

Part 1 재무관리의 기초

Part 2 자본시장

Part 3 자본예산

Part 4 자본구조

Part 5 추가적인 주제들

Part 1에서는 재무관리에서 다루는 내용들을 이해하는데 필요한 기초 개념들에 해당하는 재무관리의 의의, 화폐의 시간가치, 재무제표와 현금흐름 등을 설명한다.

Part 2에서는 자본시장과 관련된 내용들로 투자론의 근간이 되는 주식시장, 채권시장, 수익과 위험, 자본자산가격결정모형(CAPM), 효율적 시장가설(EMH)과 행태재무학 등을 설명한다.

Part 3에서는 기업의 핵심투자와 관련된 자본예산의 개념과 투자안의 경제성을 평가하는 순현재가치(NPV)법과 내부수익률(IRR)법 등을 비롯한 자본예산 기법, 특수한 경우에 적용되는 자본예산 기법 등을 설명한다.

Part 4에서는 자본비용을 바탕으로 자본조달이 기업 가치에 영향을 미치는지를 다루는 자본구조와 배당규모와 기업가치 간의 관계 등을 설명한다.

Part 5에서는 최근에 많은 관심을 받고 있는 분야인 실물옵션(real option)과 M&A의 기초적인 내용을 설명한다.

이 책을 집필하는 과정에서 많은 분들의 도움을 받았다. 학문적으로나 개인적으로 항상 좋은 가르침을 주시는 서울대학교 박철 교수님과 최혁 교수님 그리고 울산대학교 김기호 교수님에게 진심으로 감사를 드립니다. 그리고 울산대학교 석·박 통합과정의 한만길 군에게 원고의 교정 작업에서 많은 도움을 받았습니다. 그 외에도 이 책을 집필하는데 직·간접적으로 도움을 주신 많은 분들께 감사를 드립니다.

2014년 1월 저자

목차

PART 2 자본시장 / 83

PART 3 자본 예산 / 179

PART 4 자본 구조 / 221

PART 5 추가적인 주제들 / 285

PART 1

재무관리의 기초

제1장

재무관리의 의의

‖ 1.1절 재무관리의 개요 ‖

1. 재무관리의 개념

재무관리(Corporate Finance)란 자산(asset)과 관련된 내용을 다루는 학문이다. 자산에는 일정 기간 동안 기업에게 수익(return)을 가져다주는 것들은 대부분 포함될 수 있다. 재무관리는 그런 자산의 적정 가치(fair value)를 평가하는 방법과 가치를 증가시킬 수 있는 방법을 연구하는 학문이다. 따라서 재무관리는 가치평가의 학문(a study of valuation)이라고 할 수 있다.

주식투자자는 주식의 적정 가치를 알아야 이익을 얻거나 손실을 회피할 수 있을 것이고, M&A를 하고자 하는 기업은 인수대상 기업의 적정 가치를 정확히 파악해야 인수 이후 많은 혜택을 얻거나 엄청난 손실을 면할 수 있을 것이므로 자산의 적정 가치를 평가하는 것은 매우 중요한 사항이다. 또한 자산의 가치는 클수록 자산소유자나 투자자에 좋을 것이므로 자산가치를 극대화시킬 수 있는 의사결정을 내리는 것 역시 경영자에게 매우 중요하다.

자산의 가치는 그 자산을 보유함에 따라 얻을 수 있는 현금흐름(cash flow)을 적절한 할인율(discount rate)로 할인한 현재가치의 합으로 평가할 수 있다. 만약 자산으로부터 매 기간 동일한 크기의 현금흐름을 영원히 얻을 수 있다면, 자산의 가치는 식 (1)과 같이 표현할 수 있다. 여기서 V는 자산가치, CF는 현금흐름, r은 할인율 또는 자본비용을 각각 의미한다.

$$V = \frac{CF}{r} \quad \cdots\cdots \text{식 (1)}$$

2. 기업의 3가지 핵심활동

기업의 활동은 크게 3가지로 구분할 수 있다. 첫 번째는 투자에 필요한 자금을 조달하는 재무활동(financing activities), 두 번째는 조달한 자금으로 필요한 자산취득 또는 자산투자를 결정하는 투자활동(investing activities), 세 번째는 취득 또는 투자한 자산을 운용하여 제품이나 서비스를 생산 · 판매함으로써 기업이 추구하는 목적을 달성하는 영업활동(operating activities)이다.

조금 더 구체적으로 살펴보면 재무활동은 주식을 발행하여 자기자본을 구성하거나 채권 발행, 대출 등을 통하여 타인자본 또는 부채를 구성하는 활동을 말하고, 투자활동은 생산설비와 같은 비유동자산에 투자하거나 여유자금을 투자하는 활동을 말하고, 영업활동은 구매, 생산, 마케팅 활동 등 기업의 주된, 본연의 활동을 말한다.

새롭게 사업을 시작하든, 기존의 사업을 계속하여 수행하든 모든 기업은 위의 3가지 활동을 수행하게 된다. 그러므로 기업의 가치를 정확하게 평가하기 위해서도 기업의 재무, 투자, 영업활동에 대한 명확한 구분이 필요하다.

3. 재무담당 최고책임자(CFO)의 의사결정 사항들

사업을 처음 시작할 때 대부분의 사업가들은 ⒜ 어떤 자산에 투자해야 하는가? 또는 어떤 사업을 할 것인가?(which assets to buy?), ⒝ 선택한 자산에 얼마를 지불해야 하는가? 또는 얼마를 투자해야 하는가?(how much to pay for the asset?), ⒞ 투자자금을 어떻게 조달할 것인가?(how to get the funds?), ⒟ 단기적으로 또는 매일매일 발생하는 대금회수와 지급 등을 어떻게 관리해야 하는가?(how to manage the funds day to day?) 등 기본적이면서도 아주 중요한 문제들에 직면하게 될 것이다.

재무관리는 ⒜를 자본예산(capital budgeting), ⒞를 자본구조(capital structure), ⒟를 운전자본관리(working capital management) 분야에서, ⒝는 투자론(investments)의 자산가격결정모형(asset pricing) 분야에서 주로 다룬다.

재무관리가 다루는 문제들은 기업의 재무담당 최고책임자(chief financial officer, 이하 CFO)가 내려야 할 중요한 의사결정사항들이다.[1] 기업 경영에 있어서 CEO(chief executive officer)의 결정들이 중요한 것처럼, 재무 분야에 있어서는 CFO의 의사결정이 매우 중요하다. CFO는 기업의 목적을 달성하기 위하여 전략을 실행할 때 가장 중요하고 현실적인 문제인 자금과 관련된 의사결정을 내려야 하기 때문이다.

본 절에서는 재무상태표와 손익계산서의 항목들을 가지고 CFO가 직면하는 의사결정 사항들과 재무관리가 다루는 분야를 연결하여 설명하고자 한다.

재무상태표(statement of financial position)는 특정 시점(회계연도 말 또는 분기 말)의

1) CFO는 기업의 경리, 자금, 원가, 심사 등을 총괄하는 최고책임자를 말한다. 최근에 기업 활동에서 직·간접 금융을 통한 자본조달의 중요성이 커지고 원활한 현금흐름의 중요성이 부각되면서 부상한 직책이다.

기업의 재무상태를 나타내는 정태적(static) 재무제표이다. 기업의 재무상태란 자산(asset), 부채(debt), 자본(equity)의 구성 상태를 말한다.[2] 재무상태표 차변(借邊, debit)의 자산항목을 통하여 그 기업이 어떤 자산에 얼마씩 투자하고 있는지 또는 어떤 자산을 얼마씩 보유하고 있는지를 알 수 있으며, 대변(貸邊, credit)의 부채와 자본항목을 통하여 차변의 자산투자에 필요한 자금을 어디서 얼마씩 조달하여 얼마를 빚지고 있는지, 주주들의 몫은 얼마인지를 알 수 있다. 즉, 재무상태표를 통하여 기업의 자금원천(부채와 자본)과 자금운영(자산)을 파악할 수 있다.

재무상태표의 자산, 부채, 자본 사이에는 다음과 같은 재무상태표 등식(회계등식)이 성립한다.

자산 = [부채 + 자본] …… 식 (2)

<그림 1>의 재무상태표를 보면 H기업은 유동자산에 5억원, 비유동자산에 10억원을 투자하고 있고, 그 투자자금은 부채로 8억원, 자기자본으로 7억원 조달하였다는 것을 알 수 있다.

〈 그림 1 : H기업의 재무상태표와 손익계산서 (단위 : 백만원) 〉

2013년 H기업 손익계산서	
④매출액	1,000
(−)매출원가	500
(−)감가상각비	100
영업이익	400
(−)이자비용	100
법인세차감전순이익	300
(−)법인세(22%)	66
순이익	234
④ 배당금	93.6
유보이익	140.4

2) 2011년부터는 우리나라의 모든 상장기업(코스닥상장회사 포함)은 의무적으로 K-IFRS를 적용해야 함에 따라 재무제표 구성 항목이 대차대조표는 재무상태표로, 손익계산서는 기존 손익계산서에서 대차대조표의 기타포괄손익을 포함하는 포괄 손익계산서로 변경되었으며 이익잉여금처분계산서는 삭제되었다. 본 교재에서는 대차대조표는 재무상태표로만 표기하지만, 포괄손익계산서는 손익계산서와 병행하여 표기하고자 한다.

포괄손익계산서(I/S, Income Statement)는 분기, 반기, 일년 등 일정기간 동안 기업의 경영성과에 대한 정보를 보고하는 동태적(dynamic) 재무제표이다. 손익계산서의 기본 구조는 그 기간 동안 기업이 보유하고 있는 경제적 자원을 활용하여 실현시킨 수익, 그 수익을 얻기 위해 발생한 비용을 차감한 이익으로 구성된다.

(1) 투자결정

어떤 자산에 투자해야 하는가? 또는 어떤 사업을 할 것인가?(which assets to buy?)에 대하여 CFO가 어떻게 의사결정을 내려야 하는지 살펴보자.

우선 그 자산이나 사업에 투자할 경우 얻을 수 있는 현금흐름(cash flow, 이하 CF)을 파악해야 할 것이다. 제한된 자금으로 투자를 해야 하므로 가능한 많은 CF를 얻을 수 있는 투자안을 선택해야 할 것이다. CF는 현금유입(cash inflow)에서 현금유출(cash outflow)을 차감한 순현금흐름을 말한다. 투자로 인하여 발생하는 현금유입은 투자수익(return)일 것이고, 현금유출은 투자비용(cost)일 것이므로 현금유입이 유출보다 많은 (+)의 CF가 예상되는 투자안들로 대상을 한정해야 한다.

특정 투자안 하나의 투자여부를 결정해야 하는 상황이라면 예상되는 CF가 (+)이면 투자하고, 여러 투자안들 중에서 하나만 선택하는 경우라면 가장 큰 CF가 예상되는 투자안을 선택하고, 투자예산의 제약 하에 여러 투자안을 선택할 수 있는 경우라면 투자 가능한 투자안들 중에서 CF가 큰 순서대로 선택해야 할 것이다. 결국은 주어진 상황에서 CF를 극대화시킬 수 있는 투자선택이 이루어져야 한다. 이 과정은 <그림 1> 재무상태표의 ①번 화살표와 관련된 투자(investing)결정이며, 위의 선택과정은 결국 기업가치를 극대화시킬 수 있는 투자결정의 기준이 된다.

식 (1)을 가지고 간단한 예를 들면, 투자안 A와 B의 할인율이 10%로 동일하다면 10억원의 CF를 가져다주는 투자안 A의 가치(100억원=10/0.1)가 5억원의 CF를 가져다주는 투자안 B의 가치(50억원=5/0.1)보다 크다. 투자안 A와 B를 선택하면 기업가치가 각각 100억원과 50억원이 증가한다는 것이므로 하나의 투자안만 선택해야 한다면 CFO는 투자안 A를 선택해야 기업가치를 극대화시킬 수 있다. 투자결정은 식 (1) 분자의 CF를 극대화 시키도록 이루어져야 한다.

어떤 자산에 투자해야 하는지 또는 어떤 사업을 해야 하는지를 결정하는 투자결정은 재무관리의 자본예산(capital budgeting) 분야에서 주로 다룬다. 자본예산이란 미래

시점별 예상되는 CF의 크기와 불확실성을 추정하여 기업가치를 극대화시킬 수 있는 투자안을 선택하는 과정을 말한다. 상당한 금액의 CF가 장기간 발생하여 기업의 활동과 존립에 막대한 영향을 미치는 의사결정이므로 체계적이고 광범위한 사전분석이 반드시 이루어져야 한다.

(2) 자본조달결정

이번에는 투자자금을 어떻게 조달할 것인가?(how to get the funds?)에 대하여 살펴보자.

CF를 극대화시킬 수 있는 투자결정이 실현되려면 CFO는 투자자금을 장기간 안정적으로 조달할 수 있는 방법을 찾아야 할 것이다. 기업은 장기적으로 필요한 자본을 조달하기 위해 주로 채권(bond)과 주식(stock)을 발행한다. 채권자들에게 이자비용을 부담하고 채권을 발행하여 조달한 자금은 타인자본을 구성하고, 주주들에게 그들의 기회비용을 보장하며 주식을 발행하여 조달한 자금은 자기자본을 구성한다.[3)]

이와 같이 투자자금을 조달하기 위해서 기업은 자본제공에 대한 대가로 자본비용(cost of capital)을 부담해야 하는데, CFO는 가능한 자본비용을 최소화시킬 수 있는 부채와 자본의 구성비율을 찾아야 한다. 이 과정에서 부채를 사용해야 하는지, 사용해야 한다면 얼마나 사용해야 하는지를 결정해야 한다. 이것은 <그림 1> 재무상태표의 ② 번 화살표와 관련된 자본조달(financing)결정이며, CFO는 자본비용을 최소화하여 기업가치를 극대화시킬 수 있는 부채와 자본의 최적자본구조를 찾아내야 한다.

다시 식 (1)을 가지고 설명하면 투자안 A와 B의 CF가 모두 10억원으로 동일하다면 자본비용이 10%인 투자안 A의 가치가 100억원(=10/0.1)으로 20%인 투자안 B의 가치 50억원(=10/0.2)보다 크므로 하나의 투자안만을 선택해야 한다면 CFO는 자본비용 부담이 적은 투자안 A를 선택해야 기업가치를 극대화시킬 수 있다. 자본조달결정은 식 (1) 분모의 r을 극소화 시키도록 이루어져야 한다.

자본비용 부담을 최소화하여 기업가치를 극대화시킬 수 있는 자본구성비율을 찾아내는 자본조달결정은 재무관리의 자본구조(capital structure) 분야에서 다룬다.

---

3) 주주들은 다른 투자기회를 포기하고 자금을 제공하는 것이므로 기업은 포기한 기회비용만큼을 보상해주어야 할 것이다. 기업은 배당금을 주주들에게 직접 지급하거나 주가상승을 실현시켜 주주의 부(wealth)를 증가시켜 기회비용을 보상해준다.

(3) 운전자본관리

기업의 CF는 투자결정과 자본조달결정처럼 장기적인 관점에서만 고려해야 하는 항목이 아니다. 매일 이루어지는 기업 활동으로 인하여 발생하는 CF에 대한 의사결정도 적시에 이루어져야 한다. 현금거래와 신용거래 중 어느 거래를 선택해야 하는가? 신용거래로 인한 매출채권과 매입채무를 어떻게 관리해야 하는가? 현금이나 재고자산 보유량을 어느 정도 유지해야 하는가? 등은 CF가 짧은 시간 동안 자주 발생하는 것들에 대한 의사결정으로 유동자산과 유동부채에 해당하는 운전자본(working capital)과 관련된다.

유동자산(current assets)은 1년 이내 현금화시킬 수 있는 자산들로 현금, 매출채권, 재고자산 등이 포함되며, 유동부채(current liabilities)는 1년 이내 갚아야 할 부채들로 매입채무, 미지급금 등이 포함된다. 만약 유동자산이 유동부채보다 작으면 1년 이내 갚아야 할 부채를 1년 이내에 현금화시킬 수 있는 자산으로 갚지 못하게 되므로 기업은 자금압박을 받을 가능성이 높을 것이다. 그렇다고 유동자산을 너무 많이 보유하면 자금압박은 없겠지만 장기적으로 안정적인 수익을 얻을 수 있는 비유동자산(non-current assets) 투자기회를 놓칠 수 있을 것이다. 극단적으로 기업이 모든 자산을 현금으로 금고에 보관하고 있다면 유동부채를 항상 갚을 수는 있겠지만 수익은 전혀 발생하지 않을 것이다. 따라서 유동자산과 유동부채의 적정수준을 유지하는 것 역시 CFO의 중요한 의사결정 사항이 된다.

이와 같이 기업가치를 극대화시킬 수 있는 유동자산과 유동부채의 최적수준을 유지하여 유동성(liquidity)을 관리하는 것을 운전자본관리(working capital management)라고 한다. <그림 1> 재무상태표의 ③번 화살표와 관련된 의사결정이다.

(4) 배당정책

위에서 언급한 것들 외에 CFO가 결정을 해야 하는 중요한 사항으로 배당정책(dividend policy)이 있다.

<그림 1> 손익계산서 항목들의 순서를 보면 기업의 영업활동으로 얻은 성과인 영업이익을 채권자들에게 이자비용을 먼저 지급하고, 정부에게 세금을 납부한 후 기업의 소유주(owner)인 주주에게 배당으로 지급할 수 있다. 배당을 수령하는 주주들은 채권자와 마찬가지로 기업에게 자금을 제공한 중요한 이해관계자이므로 자본제공에 대한 대가로 지급하는 배당금도 중요한 결정사항이다. 배당금의 크기로 직접적인 영향을 미치는 것

이상으로 배당결정으로 발생할 수 있는 주가변화가 간접적으로 주주들의 부(wealth)에 더 많은 영향을 미칠 수 있기 때문이다. 배당금은 일정한 기간마다 지급되지만(대부분 1년 단위로 결정되며 지급이 되지 않을 수도 있다) 주가는 매일매일 변하므로 1년에 대한 배당금이 하루의 주가변화로도 발생할 수 있다. 따라서 CFO는 배당금 수준과 더불어 배당금이 주가에 미치는 영향까지 고려하여 배당정책을 시행해야 한다.

기업이 처한 상황에 따라서 배당정책은 주가에 긍정적인 영향을 미치기도 하고, 부정적인 영향을 미치기도 한다. 기업의 안정적인 미래이익에 대한 정보를 전달하는 역할로 배당금이 증가했다면 주가상승을 가져오겠지만, 더 이상 좋은 투자안을 찾지 못했거나 대리문제(agency problem)가 발생하여 배당금이 증가했다면 오히려 주가하락을 가져올 수도 있을 것이다.

배당정책은 <그림 1> 손익계산서의 ④번 화살표와 관련된 의사결정이다.

4. 재무관리의 핵심이론 4가지

재무관리의 학문적인 역사는 경제학과 비교하면 매우 짧다. 기존의 주먹구구식 결정들에서 탈피하여 처음으로 이론적인 체계를 갖춘 재무관리의 연구는 1958년과 1961년에 모딜리아니(F, Modigliani)와 밀러(M. H. Miller)가 발표한 자본구조와 배당관련 이론이다. MM이론이라고 불리는 그들의 연구는 부채사용 여부, 배당금의 크기와 기업가치 간의 관계에 대한 것이다.

자산의 가치평가를 위해서는 자산의 수익(return)과 더불어 위험(risk)도 고려하여야 한다. 위험을 고려한 가치평가의 틀을 제공한 연구는 샤프(W, Sharpe)가 1964년에 발표한 자본자산가격결정모형(CAPM, capital asset pricing model)이다. CAPM은 자본시장이 균형상태일 때 자산 가격이 어떻게 결정되는가를 설명하는 이론적인 모형이다. CAPM에 의하면 어떤 자산의 기대수익률은 그 자산의 체계적 위험(systematic risk)을 나타내는 베타의 선형적 증가함수이므로 체계적 위험이 큰 자산은 보다 높은 기대수익률이 얻어지도록 자산의 가격이 결정된다고 한다. 이와 같이 CAPM은 자산의 수익과 더불어 위험까지 고려하여 자산가치를 분석한 연구이다.

시장에서 형성되는 자산 가격에 그 자산과 관련된 정보가 어느 정도까지 반영되어 있는가에 대해서는 아직까지도 학자들 간의 논쟁이 진행 중이다. 파마(E, Fama)가 1970년에 발표한 효율적 시장가설(Efficient Market Hypothesis, 이하 EMH)에 의하면 효율적인 시장에서 형성된 자산 가격은 그 자산과 관련된 모든 정보를 신속, 정확하게 반영한다고 한다. EMH를 믿는 투자자들은 자신이 취득한 정보는 이미 주가에 반영되어 있는, 더 이상 새로운 것이 아니므로 그 정보로는 수익을 얻을 수 없다고 판단할 것이고, EMH를 믿지 않는 투자자들은 이 정보는 아직 가격에 반영되지 않았으므로 이 정보를 이용하면 수익을 얻을 수 있다고 판단할 것이다. 따라서 투자자들의 전략은 EMH에 대한 믿음에 영향을 받을 것이다.

1973년 블랙(F, Black)과 숄츠(M, Sholes)에 의해서 발표된 옵션가격결정모형(OPM, option pricing model)은 주식과 같은 기초자산의 가격변동에 따라 가치가 결정되는 옵션의 가격을 계산하는 복잡한 이론이다. 옵션(option)이란 미리 정해진 가격으로 정해진 기간 동안 특정자산을 사거나 팔 수 있는 권리(right)가 부여된 증권을 말한다. 그들의 가격결정모형 발표 이후 기초자산과 파생상품 등이 서로 결합되어 투자자들이 원하는 다양한 형태의 성과를 얻을 수 있는 전략들이 만들어졌고 새로운 금융상품들이 탄생하게 되었다.

‖ 1.2절 기업의 유형 ‖

사업을 시작할 때 대부분의 기업들은 소유자(owner)와 경영자(manager)가 동일한 개인회사 형태일 것이다. 그 이후 사업이 점점 확장되면서 대규모의 자금을 장기간 안정적으로 조달할 수 있는 소유와 경영이 분리되는 주식회사 형태로 발전할 것이다. 본 절에서는 기업의 유형을 개인회사, 합명/합자회사와 주식회사로 구분하여 각 유형들의 특징을 비교하고자 한다.

1. 개인회사

개인회사(sole proprietorship)는 많은 기업들이 사업 초기에 가지는 형태로서 소유자(owner)와 경영자(manager)가 동일인이다. 따라서 회사가 발생시키는 이익은 소유자이면서 경영자인 개인에게 모두 귀속되지만 회사의 부채에 대해서도 개인은 무한책임(unlimited liability)을 져야 한다. 무한책임을 져야 한다는 것은 개인이 1억원을 투자하여 설립한 회사가 채권자에게 부채 3억원을 갚지 못하여 파산상태가 되었다면 투자금액 1억원을 채권자에게 이전해야할 뿐만 아니라 나머지 2억원의 부채도 회사 소유자인 개인이 책임져야 한다는 것을 의미한다. 즉, 부채에 대한 책임범위가 개인이 투자한 금액만으로 한정되지 않는다는 것이다.

개인회사는 소유자 개인과 회사가 동일하므로 소득에 대해서 1회의 세금부담만 하면 되지만 회사의 수명이 소유자의 수명에 많은 영향을 받는다. 또한 개인회사가 조달할 수 있는 자금규모는 소유자 개인의 재산과 동원능력에 제한될 가능성이 높다는 단점이 있다.

2. 합명 / 합자회사

합명 / 합자회사는 2인 이상의 개인이나 법인으로 구성된 기업형태이다. 회사 내의 개인이나 법인은 서로 파트너로서의 역할을 한다. 합명회사(general partnership)는 무한책임을 지는 파트너들로만 구성되어 회사의 이익을 공유함과 동시에 손실에 대해서도 공동으로 무한책임을 진다. 반면에 합자회사(limited partnership)는 무한책임을 지면서 회사를 운영하는 파트너와 유한책임을 지면서 회사운영에는 관여하지 않는 파트너로 구성된다.

합명 / 합자회사는 파트너가 있다는 것을 제외하고는 개인회사와 거의 유사한 특징을 가지고 있다. 개인회사보다는 자본조달이 용이하지만 여전히 부채에 대하여 무한책임을 져야 하고 소유권 이전이 쉽지 않다는 단점을 가지고 있다.

3. 주식회사

주식회사(corporation)는 소유자인 주주와 구별되는 법인(法人, legal person)으로 독립적으로 존재한다. 주식회사는 개인처럼 자산을 소유하고 부채를 사용할 수 있으며 세금도 납부한다. 그러므로 주식회사와 독립적인 관계인 주주는 법인인 주식회사가 사용한 부채에 대하여 자신의 출자금액으로 한정되는 유한책임을 진다. 주주들이 1억원을 투자하여 설립한 주식회사가 부채 3억원을 갚지 못하여 파산상태가 되었다면 개인호사와는 다르게 주주들의 책임은 투자금액 1억원으로 한정된다. 부채는 법인인 주식회사가 사용했기 때문에 나머지 부채를 주주들이 책임지지 않아도 된다는 것이다. 이런 주주의 유한책임(limited liability) 특징 때문에 주식회사는 외부주주들에게 대규모 자금을 장기간 조달하는 것이 다른 기업형태들보다 유리하다.

주식회사는 주주가 이사회를 구성하고, 그 이사회에서 경영자를 고용하므로 소유자와 경영자가 구분된다. 소유와 경영의 분리로 인하여 주식회사의 소유권 이전은 주식시장에서 매매를 통하여 자유롭게 이루어지며, 회사의 존재도 특별한 경우를 제외하고는 지속적이라고 할 수 있다.

그러나 주식회사는 주주와 구분되는 독립적인 법인으로 인정된다는 점 때문에 이중과세문제가 발생하고, 소유와 경영의 분리 때문에 대리문제가 발생하는 단점을 가진다. 이중과세(double taxation)란 기업의 영업활동으로 벌어들인 이익에 대하여 주식회사가 법인세를 납부한 후 주주들에게 배당금을 지급하는데 주주들 역시 배당금에 대한 개인소득세를 납부해야 하는 상황을 말한다. 하나의 수익에 대하여 주식회사와 주주가 이중으로 세금을 부담하게 되는 것이다.

대리문제(agency problem)는 주식회사의 소유자인 주주가 고용한 경영자가 주주의 이익을 위하여 기업을 경영하지 않고 경영자 자신의 이익을 위하여 기업을 경영하여 주주와 경영자간에 이해관계가 충돌하는 상황을 말하며, 이 때 발생하는 대리비용(agency cost)을 주식회사는 부담해야 한다.

주식회사의 주주는 성과나 자산을 분배할 때 잔여청구권자(residual claimant)의 지위를 갖는다. 그래서 주주는 기업이 청산(liquidation)할 때의 자산분배나 이익 등의 성과분배에서 채권자에게 먼저 분배되고 남은 잔여량에 대한 청구권을 가지게 된다. 만약 채권자에게 분배되어야 할 금액이 부족하면 주주는 아무것도 받지 못할 수도 있다. 그러나 분배하고 남은 금액은 얼마가 되던 주주가 모두 가져갈 수 있다. 반면에 채권자는 분배순위는 주주보다 앞서지만 분배 받을 수 있는 금액은 자산이나 이익 등이 아무리 크다고 하더라도 채권 발행 시 약정했던 금액으로 고정된다.

식 (2)의 재무상태표 등식을 '자본 = [자산 – 부채]'로 조정하면, 이 등식은 자본은 기업의 자산을 모두 팔아서 부채를 먼저 다 갚고 남는 것임을 의미하므로 주주는 채권자와 비교하여 잔여청구권자라는 것을 재무상태표 등식을 통하여도 알 수 있다.

예제 1

A기업은 이익이 발생하면 채권자에게 이자를 지급하고 남은 금액 모두를 주주에게 배당으로 지급하려고 한다. 이자비용이 50만원이라면, 기업의 이익이 50만원, 150만원, 25만원일 때 채권자와 주주의 몫은 각각 얼마인가?

〈풀이〉

상황	이 익	채권자	주주
1	50	50	0
2	150	50	100
3	25	25	0

•상황 1 : 이익 50만원

이익 50만원 중에서 먼저 채권자에게 이자비용 50만원을 지급하면 남는 금액이 없으므로 주주들에게 지급되는 배당금은 없게 된다.

•상황 2 : 이익 150만원

이익이 150만원이면 채권자에게 이자비용 50만원을 지급하고 남은 100만원은 모두 주주에게 배당금으로 지급된다.

•상황 3 : 이익 25만원

이익이 25만원이면 모든 이익을 채권자에게 지급해야 한다. 남은 금액이 없으므로 주주에게 지급되는 배당금은 없게 된다. 그러나 채권자에게 지급되어야 할 이자비용 25만원을지급하지 못하여도 그것을 주주들이 책임질 필요는 없다. 주주는 부채에 대하여 유한책임을 지기 때문이다. 만약 주주가 무한책임을 져야 한다면 주주는 추가적으로 25만원을 채권자에게 지급해야 한다.

채권자들은 이익크기에 상관없이 약정된 일정한 금액을 지급 받지만, 주주는 이익이 증가(감소)하면 자신의 몫이 증가(감소)하게 된다.

‖ 1.3절 기업과 CFO의 목표 ‖

기업을 설립하여 사업을 하는 목적은 돈을 벌기 위해서, 즉 이익을 내기 위해서이다. 이익이 많이 발생할수록 주주에게 돌아가는 배당금도 커질 수 있을 것이다. 잔여청구권자인 주주에게 돌아가는 몫이 커질 수 있다는 것은 먼저 분배 받은 이해관계자들도 받아야 할 금액들을 받고 있다는 것을 암묵적으로 의미하므로 이익이 많을수록 구성원 모두가 만족할 수 있는 분배가 이루어질 수 있을 것이다. 따라서 기업의 목표는 이익을 극대화시키는 것이라고 할 수 있다.

그러면 이익극대화로 주주에게 분배되는 배당금이 많아지면 주주들의 부가 극대화될 수 있는가? 주주들의 부는 자신들이 보유하고 있는 해당 기업의 주식가치와 배당금의 합일 것이다. 그런데 앞 절에서 언급한 것처럼 주가변화가 배당금보다 주주들의 부에 더 많은 영향을 미칠 것이므로 배당금만 많아진다고 주주들의 부가 극대화되지 않을 것이다. 배당금보다는 주가를 극대화시키는 것이 주주들의 부를 더 많이 증가시킬 수 있을 것이다.

그리고 주가를 극대화시키면 기업가치도 극대화된다. 기업가치는 부채를 제외한 자본의 시장가치로 평가할 수 있는데, 자본의 시장가치는 주가와 발행주식수의 곱으로 계산된다. 따라서 주가를 극대화시키면, 기업가치도 극대화시킬 수 있고, 주주들의 부도 극대화시킬 수 있게 되는 것이다.

법적으로도 상법에 의하면 기업의 소유자는 주주이다. 경영자, 채권자, 종업원, 정부, 납품업자 등 기업 활동과 관련된 많은 이해관계자들이 있지만 직접적인 소유관계는 아니다. 또한 주주는 기업의 이익이 증가하면 다른 이해관계자들의 몫을 먼저 분배하고 남은 몫을 가져가지만, 기업의 이익이 적거나 손실이 발생하면 자신의 몫을 포기한다. 즉, 주주의 부는 기업의 성과에 비례하게 된다. 이런 관점에서 보더라도 기업의 주인인 주주의 부가 극대화되도록 기업은 운영되어야 할 것이다.

이익극대화로 잔여청구권자인 주주의 몫인 배당금이 커지게 되면 다른 이해관계자들도 이미 성과분배에서 만족하였다는 점, 주가의 극대화는 기업가치의 극대화와 주주의 부 극대화를 가져온다는 점과 기업의 소유자가 법적으로 주주라는 점을 고려하면 기업의 목표나 CFO 목표는 결국 주주의 부를 극대화시키는 것이라고 할 수 있다.

CFO는 항상 자신의 결정이 주가를 극대화시켜서, 기업가치를 극대화시키고 주주의 부를 극대화시킬 수 있는지 고민해야 할 것이다. 주가는 이익(return)증가에는 긍정적인 영향을 받지만, 그 투자가 안고 있는 위험(risk)에는 부정적인 영향도 동시에 받기 때문에 CFO의 재무적 의사결정에서는 항상 주가에 영향을 미치는 긍정적인 요소와 부정적인 요소를 동시에 고려해야 할 것이다.

‖ 1.4절 대리문제 ‖

1. 대리문제

주인(principal)이 자신의 일을 대신할 대리인(agent)을 고용할 때 대리관계가 발생하고, 그들 사이의 이해관계가 충돌할 때 대리문제(agency problem)가 발생하고, 그 때 발생하는 비용을 대리비용(agency cost)이라고 한다.

기업에서도 주인인 주주(shareholder)가 자신들을 대신하여 기업을 경영할 경영자(manager)를 대리인으로 고용하면 대리관계가 발생하고, 고용된 경영자가 주주들의 이익보다는 자신의 사적이익을 위한 경영을 하여 서로 이해관계가 충돌하면 대리문제가 발생하고, 그에 따른 대리비용이 발생하게 된다. 예를 들면, 새로운 투자로 인한 높은 이익은 주가에 긍정적인 영향을 미치지만 위험도 크다는 이유로 경영자가 위험이 발생할 경우 자신이 부담해야 할 위험을 주주들의 부 증가보다 우선한다면 그 투자는 선택되지 않을 것이다.

대리비용은 구체적으로 금액을 추정할 수 있는 직접대리비용과 구체적인 금액을 추정하기는 어렵지만 기업에게는 더 큰 부담이 될 수 있는 간접대리비용으로 나눌 수 있다. 직접대리비용에는 주주들의 비용부담으로 경영진이 혜택을 누리는 금전적인 지출(perks, 예를 들면, 사치스럽고 불필요한 사무실 집기와 회사전용 제트기)과 경영진이 주주들의 이익을 위하여 기업을 경영하고 있는지를 감시하는데 발생하는 감시비용(monitoring cost) 등이 포함된다. 간접대리비용에는 앞에서 예를 든 경영진의 위험회피 성향으로 포기한 투자가치와 경영자가 기업에서 자신이 통제할 수 범위를 늘려 권력을 강화화려는 경향(empire building) 때문에 발생하는 비용 등이 포함된다. 경영자가 기업의 규모나 성장을 지나치게 중시하여 특정기업을 과다한 비용을 부담하고 인수하면 주가에는 부정적인 영향을 미쳐 주주들의 부를 감소시키지만 경영자의 통제를 받는 대상들은 많아져서 경영자의 권력이 강화될 것이다.

2. 주주를 위한 경영

주주가 고용한 경영자가 주주를 위하여 기업을 경영하도록 하기 위해서는 주주를 위한 경영이 경영자 자신을 위한 경영이 될 수 있도록 해야 하고, 대신에 주주를 위하지 않는 경영자는 신속하게 불이익을 받거나 심할 경우 교체될 수 있어야 할 것이다.

주주를 위한 경영이 경영자 자신을 위한 경영이 될 수 있도록 하기 위해서는 주주의 부를 극대화시킬 수 있는 주식가격에 경영자의 보수를 연동시키는 방법이 있다. 경영자에게 스탁옵션을 보수로 지급하는 것을 예로 들 수 있다. 스탁옵션(stock option)이란 기업이 임직원에게 일정 기간이 지나면 일정 수량의 자사주식을 미리 정한 가격으로 매입할 수 있도록 부여한 권한을 말한다. 경영자에게 보수를 스탁옵션으로 지급하면 경영자는 재임기간 동안의 경영성과로 옵션행사 시점의 주가가 행사가격보다 크게 형성되면 주가와 행사가격의 차익을 보수로 받게 된다. 따라서 행사시점의 주가가 높아질수록 보수가 많아지므로 경영자는 주가를 지속적으로 상승시키기 위한 경영을 할 것이다. 그 결과 주주의 부도 주가상승으로 자연스럽게 증가할 것이다. 또한 주주의 이익을 증가시킨 경영자들은 좋은 조건으로 재계약을 하거나 다른 기업에 영입제의를 받을 수도 있으므로 경영자는 주주를 위한 경영을 적극적으로 하고자 할 것이다.

또한 주주들은 이사회를 통하여 주주를 위하지 않는 경영자를 교체할 수 있다. Apple사의 주주들은 이사회를 통하여 창업자이며 기업에 막대한 이익을 가져다주었던 Steven Jobs를 해고하는 것을 보면 기업의 지배권(corporate governance)은 주주들에게 있는 것처럼 생각된다. 그러나 주주들 간에도 서로 이해관계가 대립할 수 있다. 특정그룹의 주주들이 기존 이사들과 경영진을 교체하려고 할 때 주주들 간에 위임장대결이 발생하곤 한다. 위임장대결(proxy fight)은 주주총회에서 소액 주주나 주요 주주로부터 의결권을 위임받으려는 경쟁을 말하며, 기업 인수나 경영진 교체 등 주주들 간의 이해관계가 충돌할 때 주로 발생한다.

‖ 1.5절 금융시장과 기업[4] ‖

1. 기업의 현금흐름

앞에서 살펴본 것처럼 주식회사(corporation)의 중요한 특징은 다른 기업형태보다 소유권 이전이 쉽고, 대규모의 자금을 장기간 동안 안정적으로 조달할 수 있다는 것이다. 이런 장점들은 금융시장(financial market)이 존재하기 때문에 가능하다. 금융시장에서 주식이나 채권을 발행하면 대규모의 자금을 조달할 수 있고, 금융시장에서 주식을 사고팔면 기업 소유권의 이전이 자유롭게 이루어지므로 금융시장은 기업에게 매우 중요하다.

기업의 투자활동과 재무활동에 따른 현금흐름은 다음과 같이 요약될 수 있는데, 특히 ①, ②, ⑤는 금융시장과 관련된 기업의 현금흐름이다.

---

4) 1.2절에서 기업의 형태들을 비교 설명하였다. 본서에서는 지금부터 기업이라고 표기하면 특별하게 언급하지 않는 한 주식회사 형태의 기업을 의미한다.

① 기업은 높은 수익을 얻을 수 있는 투자에 필요한 자금을 조달하기 위하여 금융시장을 통하여 주식이나 채권을 발행한다.
② 주주나 채권자들은 주식이나 채권을 매입하여 기업에게 투자자금을 제공한다.
③ 기업은 그 자금을 가지고 자산에 투자한다.
④ 투자된 자산에서 현금흐름이 발생한다.
⑤ 기업은 투자에서 발생한 현금흐름으로 채권자에게 이자를 지급하고, 정부에게 세금을 납부하고, 기업 내에 유보하여 재투자하거나 주주에게 배당금을 지불한다.
⑥ 기업 내에서 재투자된 금액은 다시 기업에게 새로운 현금흐름을 가져다준다.

2. 발행시장과 유통시장

금융시장은 구분 기준에 따라 다양하게 구분될 수 있는데, 자금조달과정의 순서에 따라 주식이나 채권 등의 증권이 발행되는 시장과 유통되는 시장으로 구분할 수 있다. 발행시장(primary market)은 기업이 발행한 주식이나 채권이 처음 거래되어 투자자에게서 기업으로 자금이 흘러 들어가는 시장이고, 유통시장(secondary market)은 발행시장에서 발행된 주식이나 채권이 투자자들 간에 거래되는 시장이다. 유통시장의 주식거래를 통하여 투자자들 간에 소유권과 자금이 자유롭게 이전된다.

3. 화폐시장과 자본시장

금융시장은 거래되는 상품의 만기에 따라 단기금융시장과 장기금융시장으로 구분될 수 있다. 장·단기의 구분 기준은 1년이다. 단기금융시장의 상품들은 현금처럼 유동성이 풍부하여 단기금융시장을 화폐시장(money market)이라고도 한다. 주로 거래되는 상품들로는 Call, RP(환매조건부채권, repurchase agreement), CD(양도성예금증서, certificate of deposit), CP(기업어음, commercial paper) 등이 있다. 장기금융시장은 기업이 장기간 동안 자본을 조달하기 위해 발행하는 주식과 채권 등이 거래되는 시장으로 자본시장(capital market)이라고 한다.

연습문제

1-1. CFO의 중요한 의사결정 네 가지는 무엇이며 그 중에서 두 가지를 가치평가 (Valuation) 공식을 이용하여 설명하시오.

1-2. 대리문제의 발생원인과 치유책을 간단히 설명하시오.

1-3. 채권자와 대비되는 주주의 중요한 두 가지 특징을 그림을 이용하여 설명하시오.

1-4. 주식회사의 장 · 단점을 개인회사와 합명 / 합자회사와 비교하여 설명하시오.

제2장

화폐의 시간가치

‖ 2.1절 화폐의 시간가치 ‖

일반적으로 사람들은 1년 후 10,000원보다는 오늘의 10,000원을 선호한다. 왜냐하면 오늘 10,000원을 1년 동안 은행에 예금하면 이자가 발생하여 1년 후에는 10,000원보다 큰 금액이 될 것이기 때문이다. 오늘 10,000원에 대한 1년 동안 얻을 수 있는 수익이 클수록 현재 10,000원에 대한 선호도는 증가할 것이다. 여기에는 다음 박스의 재무관리의 제 2법칙이 적용되어 있다.[1)]

> 재무관리 제 2 법칙 : 현재의 현금이 내일의 현금보다 가치 있다.
> (Cash today is worth more than cash tomorrow)

여기서 1년 동안 발생하는 이자수익은 오늘 10,000원의 1년 동안의 시간가치(time value of money)에 해당된다. 반대로 1년 후 이자 포함 10,000원을 갚기로 하고 오늘 대출을 받으려면 10,000원에서 이자비용을 제외한 금액만 빌릴 수 있다. 여기서 제외된 이자비용 역시 1년 후 10,000원의 시간가치가 된다. 이자개념으로 생각해 보면 화폐의 시간가치는 동일한 금액에 대해서 기간이 길수록 커질 것이고, 불확실성(uncertainty)이 클수록 커질 것이다.

이와 같이 화폐의 시간가치를 고려하면 동일한 금액이라도 발생시점에 따라서 다른 가치를 가지게 된다. 따라서 현금흐름(cash flow, 이하 CF)이 여러 기간에 걸쳐 발생하는 의사결정에서는 반드시 화폐의 시간가치를 고려해야 한다. 투자결정을 예를 들면, 현재 발생하는 투자비용과 투자로부터 미래 여러 기간에 걸쳐 발생하는 수익을 그대로 사용하지 말아야 한다. 모든 CF를 투자안의 위험수준이 반영된 적절한 할인율을 이용하여 현재시점의 가치로 통일시킨 후 투자여부를 결정해야 한다. 재무관리 제 2법칙에 의하면 1주일 후의 100만원과 10년 후의 100만원은 동일한 금액이 아니기 때문이다.

---

1) 재무관리 전반에 걸쳐 적용할 수 있는 몇 가지 원칙들을 재무관리 원칙이라고 하는데, 본서의 순서상 제 1법칙이 언급되기 전에 제 2법칙이 먼저 언급되었다. 참고로 재무관리 제 1법칙은 '현금이 최고다!(cash is king!)' 이다.

‖ 2.2절 1기간 발생 현금흐름의 미래가치와 현재가치 ‖

1. 미래가치와 할증

오늘 10,000원의 1년 후의 가치는 10,000원을 투자하여 얻을 수 있는 수익률의 크기에 따라 달라질 것이다. 수익률이 100%라면 20,000원이 될 것이고, 10%라면 11,000원이 될 것이다. 여기서 20,000원과 11,000원은 오늘 10,000원의 미래가치라고 한다.

연 10%의 이자를 지급하는 은행에 오늘 10,000원을 저축할 경우 1년 후 받을 수 있는 금액은 다음과 같이 11,000원이 된다.

$$\text{1년 후 금액} = [10{,}000\text{원} + 10{,}000\text{원}\times 0.1] = 10{,}000\text{원}\times[1+0.1]^1 = 11{,}000\text{원}$$

연 10% 이자율로 2년 동안 저축할 경우 2년 후 받을 수 있는 금액은 1년 후 받을 수 있는 금액 11,000원을 다시 1년 동안 저축하는 경우와 동일하다. 따라서 2년 후 받을 수 있는 금액은 다음과 같이 12,100원이 된다.

$$\begin{aligned}\text{2년 후 금액} &= \text{1년 후 금액}\times[1+0.1]^1 = 10{,}000\text{원}\times[1+0.1]^1\times[1+0.1]^1 \\ &= 10{,}000\text{원}\times[1+0.1]^2 = 12{,}100\text{원}\end{aligned}$$

1년 후 금액 11,000원과 2년 후 금액 12,100원은 연간 이자율(또는 수익률)이 10%일 때 오늘 10,000원의 1년 후 미래가치와 2년 후 미래가치를 각각 의미한다. 특히 2년 후 미래가치 12,100원은 다음과 같이 세분할 수 있다.

2년 후 12,100원 = 원금(=10,000원)
+ [0～1년]의 원금(10,000원)에 대한 이자(=1,000원)
+ [1～2년]의 원금(10,000원)에 대한 이자(=1,000원)
+ [0～1년]의 이자(1,000원)에 대한 [1～2년]의 이자(=100원)

여기서 주목해야 할 부분은 [1～2년]에는 원금 10,000원뿐만이 아니라 [0～1년]의 이자수입 1,000원에 대해서도 10%의 이자(interest on interests)가 발생한다는 것이다.

즉, 미래가치는 현재 금액에 대하여 복리계산 되거나 할증(compounding) 된다.[2)]

미래가치를 계산하는 과정을 일반화하면 현재 시점의 1원이 t기간 동안 이자율 r로 매 기간 복리계산 된다면, t시점에서의 미래가치(FV, future value, 이하 FV)는 식 (1)과 같이 표현할 수 있다.

$$\text{미래가치 : } FV_t = 1\text{원} \times [1+r]^t = 1\text{원} \times FVIF(r,t) \cdots \text{ 식 (1)}$$

여기서 $FVIF(r,t)=[1+r]^t$는 미래가치요소(future value interest factor)로서 현재 시점의 1원을 t기간 동안 이자율 r로 복리 계산할 경우 t시점에서의 FV을 의미한다. 다른 조건이 동일하다면, 이자율 r이 크거나 기간 t가 길수록 FVIF(r,t)가 증가하므로, FV도 증가한다. 즉, FV는 이자율 r과 기간 t와 모두 (+)의 상관관계를 가지고 있다.

(1) 할증의 힘

복리 계산된 FV는 동일한 이자율로 단리 계산된 값보다 클 것이다. 두 값의 차이는 단기적으로는 크지 않지만 기간이 길어질수록 점점 커진다. 즉, 기간이 길어질수록 복리 또는 할증의 힘(power of compounding)이 강하게 나타난다.

〈표 1 : 미래가치, FV_t〉

t \ r	복리				단리
	5%	10%	15%	20%	20%
1	1.05	1.10	1.15	1.20	1.20
2	1.10	1.21	1.32	1.44	1.40
3	1.16	1.33	1.52	1.73	1.80
4	1.22	1.46	1.75	2.07	2.00
5	1.28	1.61	2.01	2.49	2.20

〈그림 1〉

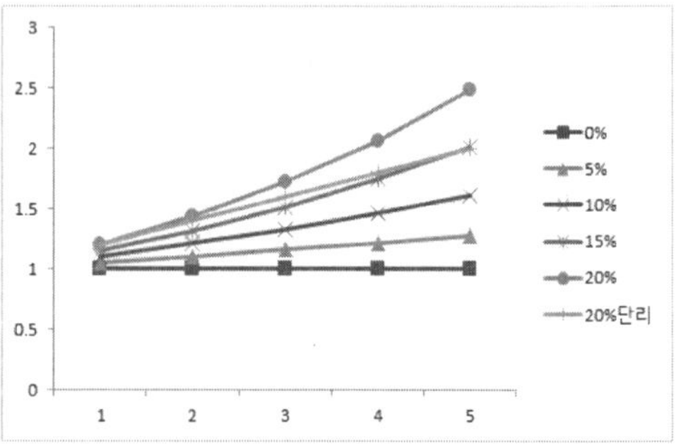

<그림 1>과 <표 1>에서 보는 것처럼 20% 이자율로 단리 계산된 FV는 직선 형태로

2) 단리(simple interest)계산은 매 기간 원금에 대한 이자만을 계산하는 방식이다. 재무관리의 대부분의 모델들은 특별하게 단리계산을 언급하지 않는 한 복리계산을 원칙으로 한다.

일정한 비율로 증가하지만, 복리 계산된 FV는 볼록한 형태로 기간이 길어질수록 증가하는 비율이 점점 증가한다. 또한 동일한 미래시점(t)에서는 이자율(r)이 클수록, 동일한 이자율(r)에서는 기간(t)이 길수록 FV_t가 크다는 것을 확인할 수 있는데, 이것은 이자율과 기간은 미래가치와 (+)의 상관관계를 가지고 있기 때문이다.

예제 1

1626년 Minuit는 뉴욕의 맨하탄 섬을 인디언들에게 $24에 매입하였다. 인디언들은 너무 싸게 거래한 것이 아닌지 그들의 선택을 평가해보시오.

<풀이>

인디언들이 맨하탄 섬을 팔아서 받은 $24를 연평균 5%의 수익률을 얻을 수 있는 미국 국채에 바로 투자했다면 1626년부터 2013년까지 총 387년이므로 현재 얻을 수 있는 수익은 $24×[1+0.05]387 = $3,806,010,497이 된다.

만약 연평균 수익률이 10%인 투자안이었다면 $\$24\times[1+0.1]^{387} = \$24\times[1.0446\times10^{16}]$이나 되는 엄청난 수익을 얻을 수 있을 것이다.

인디언들 선택의 적절성 여부는 387년 동안 연평균 수익률을 5% 또는 10%를 얻을 수 있는 투자안을 찾을 수 있는가에 달려 있을 것이다.

예제 2

연간 12%의 수익률을 얻을 수 있는 투자기회를 발견하여 10,000원을 투자할 경우 3년 후 수익과 7년 후 수익은 각각 얼마인가? 또한 7년 후 수익에서 이자로 벌어들인 수익과 이자에 대한 이자로 벌어들인 수익은 각각 얼마인가?

<풀이>

3년 후 수익과 7년 후 수익은 식 (1)을 이용하여 계산하면 다음과 같이 14,049원과 22,107원이 된다.

$$FV_3=10,000\times[1+0.12]^3=14,049\text{원},\quad FV_7=10,000\times[1+0.12]^7=22,107\text{원}$$

7년 후 수익 22,107원에서 이자로 벌어들인 수익은 투자원금 10,000원을 제외한 12,107원이 될 것이다. 또한 원금 10,000원에 대한 7년 동안 이자수익은 10,000×0.12×7년=8,400원이므로 이자에 대한 이자수입은 12,107원의 총이자수익에서 8,400원을 제외한 3,707원이 될 것이다. 즉 복리 계산으로 인하여 7년 동안 3,707원의 이자수익을 단리 계산의 경우보다 더 얻을 수 있었던 것이다.

예제 3

200년 전 어느 가문의 조상이 자신의 자손들을 위하여 연 6%의 수익을 얻을 수 있는 투자안에 5,000원을 투자해 두었다고 하면, 지금 자손들은 얼마를 받을 수 있는가? 또한 복리 계산으로 인한 이자에 대한 이자소득은 얼마인가?

<풀이>

식 (1)을 이용하면 지금 자손들이 받을 수 있는 금액은 575,629,520원이다.

$$FV_{200}=5,000\text{원}\times[1.06]^{200}= 575,629,520\text{원}$$

지금 받을 수 있는 금액에서 이자수익은 투자원금 5,000원을 제외한 575,624,520원인데, 원금 5,000원에 대한 200년 동안의 이자수익은 60,000원[=5,000원×0.06×200년]에 불과하다. 따라서 이자수익 중 575,564,520원[=575,624,520−60,000]은 받았던 이자들을 재투자하여 얻은 이자에 대한 이자수익에 해당한다.

(2) 미래가치에서 r의 의미

식 (1) FV의 r은 이자나 수익을 복리 계산하므로 복리이자율(compound interest rate)이며, 투자자가 현재 금액을 미래로 연기한 대가로 요구하는 요구수익률(required rate of return)이기도 하다. 또한 투자자들은 최소한 다른 투자에서 얻을 수 있는 수익률만큼 대가로 요구할 것이므로 요구수익률은 자본의 기회비용(opportunity cost of capital)이기도 하다. 이와 같이 수치는 동일하더라도 r은 다양한 의미로 해석될 수 있다.

(3) 72 법칙

r이 6%~10% 정도일 때 현재 금액이 2배가 되는데 소요되는 기간은 대략 [72/r%]로 계산할 수 있다. 이것을 72 법칙(rule of 72)라고 한다. 현재 연봉이 3,000만원인데 매년 8%씩 증가한다면 현재 연봉의 2배가 되기까지는 약 9년[=72/8]이 소요된다.

72 법칙 : r이 6%~10%일 때 원금이 2배가 되는데 걸리는 기간은

$$\text{대략}\left[\frac{72}{r\%}\right] \cdots \text{식 (2)}$$

그러나 72 법칙은 어디까지나 근사치를 보여줄 뿐이므로 정확한 기간은 식 (1)을 이용하여 계산해야 한다. 또한 이자율이 10%를 초과하거나 6% 미만일 때는 72를 조정해 주어야 한다. 또한 분모의 r% 자리의 숫자에 주의해야 한다.

2. 현재가치와 할인

오늘 10,000원을 1년 후 10,000원보다 선호하는 사람들은 1년 후 10,000원의 오늘 가치는 10,000원을 할인하여 10,000원보다는 작게 평가할 것이다. 얼마나 작게 평가하는지 또는 얼마나 할인하는지는 할인율 r의 크기에 따라 달라질 것이다. r=100%라면 1년 후 10,000원의 오늘 가치는 5,000원이 될 것이고, 10%라면 약 9,090원이 될 것이다. 여기서 5,000원과 9,090원을 1년 후 10,000원의 현재가치가 된다.

r=10%일 때 1년 후 발생하는 10,000원의 현재가치는 1년 후 10,000원을 얻기 위해서 1년 이자율이 10%인 예금에 입금해야 하는 원금과 동일하다.

$$\text{1년 후 10,000원} = [\text{원금}+\text{원금}\times 0.1] = \text{원금}\times[1+0.1]^1 \Rightarrow \text{원금} = \left[\frac{10,000}{(1+0.1)^1}\right] = 9,090\text{원}$$

$$\text{1년 후 10,000원의 현재가치} = \left[\frac{10,000}{(1+0.1)^1}\right] = 9,090\text{원}$$

$$\text{현재가치} = \left[\frac{\text{원금}\times(1+0.1)}{(1+0.1)^1}\right] = \text{원금}$$

이와 같이 원금 9,090원을 연 이자율 10%를 지급하는 은행에 예금하면 1년 후에 받을 수 있는 금액은 10,000원이 될 것이므로 9,090원은 1년 후 발생하는 10,000원의 현재가치가 되는 것이다.

동일한 논리로 연 이자율이 10%일 때 2년 후 발생하는 10,000원의 현재가치는 2년 후 10,000원을 얻기 위해서 연 이자소득 10%를 얻을 수 있는 은행에 지금 입금해야 하는 원금과 동일하다. 따라서 2년 후 10,000원의 현재가치는 약 8,264원이다.

$$\text{2년 후 10,000원} = \text{원금}\times[1+0.1]^2$$

$$\text{원금(현재가치)} = \left[\frac{10,000}{(1+0.1)^2}\right] = 8,264\text{원}$$

이런 식으로 미래 여러 시점의 값들의 현재가치를 계산하면 미래 t시점에 발생하는 1원의 현재가치(present value, 이하 PV)는 식 (3)과 같이 일반화할 수 있다. 여기서 PVIF(r,t)는 현재가치요소(present value interest factor)로서 미래 t시점에 발생하는 1원의 현재가치를 의미한다. PVIF(r,t)는 또한 미래의 금액을 할인하므로 할인요소(discounting factor)라고도 한다. 식 (1)의 미래가치가 복리 계산된 것처럼 식 (3)의 현재가치 역시 복리 계산된다.

$$\text{현재가치}: PV_0 = 1\text{원} \times \left[\frac{1}{(1+r)^t}\right] = 1\text{원} \times PVIF(r,t) \quad \cdots \text{ 식 (3)}$$

식 (1)과 식 (3)을 비교하면 PVIF(r,t)와 FVIF(r,t) 간에는 역의 관계가 존재하는 것을 알 수 있다.[3] 예를 들면, r=10%일 때 현재 시점의 10,000원은 1년 후 발생하는 11,000원의 할인(discounting)된 값이고, 1년 후 11,000원은 현재 시점의 10,000원의 할증(compounding)된 값이다. 즉, 미래가치는 현재 금액이 r로 할증되어 증가하지만, 미래 금액의 현재가치는 r로 할인되어 감소한다.

예제 4

Lee는 내년에 배낭여행을 가기 위해서 200만원이 필요하다면 1년 동안 7%의 이자수입을 얻을 수 있는 A은행 상품에 얼마를 투자해야 하는가? 또한 2년 후 배낭여행을 간다면 부모님이 경비의 절반을 지원해준다고 한다. 그러면 지금 얼마를 A은행 상품에 투자해야 하는가?

〈풀이〉

1년 후 필요금액은 200만원이므로, 200만원=투자금액×$[1.07]^1$을 풀면 투자금액은 다음과 같이 1,869,159원이어야 한다.

$$\text{투자금액} = \left[\frac{2{,}000{,}000}{(1+0.07)^1}\right] = 1{,}869{,}159\text{원}$$

3) $PVIF(r,t) = \left[\frac{1}{(1+r)^t}\right] = \left[\frac{1}{FVIF(r,t)}\right]$에서 볼 수 있는 것처럼 $PVIF(r,t)$는 $FVIF(r,t)$의 역수이다.

2년 후 필요금액은 100만원이므로 투자금액은 다음과 같이 873,439원이어야 한다.

$$투자금액 = \left[\frac{1,000,000}{(1+0.07)^2}\right] = 873,439원$$

예제 5

B기업의 약속어음(액면금액=100만원)을 현금으로 교환하는 조건으로 C은행은 화폐의 시간가치와 수수료 등을 고려하여 20% 할인된 80만원을 제시하였다. C은행의 제시조건은 타당하다고 할 수 있는가?

〈풀이〉

C은행이 언급한 할인율은 20%이다. 따라서 액면금액의 20% 할인된 금액은 다음과 같이 833,333원이어야 한다.

$$20\%\ 할인된\ 금액 = \left[\frac{1,000,000}{(1+0.2)^1}\right] = 833,333원$$

C은행은 20% 할인을 다음과 같이 적용하여 800,000원을 제시한 것이다.

C은행의 20% 할인된 금액 = [1,000,000원-0.2×1,000,000원] = 800,000원

만약 C은행이 제시한 800,0000원으로 어음을 교환한다면 실제로 적용된 할인율은 다음과 같이 25%가 된다.

$$\left[\frac{1,000,000}{(1+r)^1}\right] = 800,000원 \Rightarrow r=0.25=25\%$$

따라서 20% 할인조건으로 제시한 800,000원은 타당한 금액이 아니다.

(1) 할인의 힘(Power of discounting)

FV가 복리 계산 되었듯이 PV도 복리로 할인된다. 할인의 정도는 t가 동일하면 r이 클수록, r이 동일하면 t가 길수록 많이 할인된다. 즉, t가 길수록, r이 클수록 할인의 힘(power of discounting)이 강하게 나타난다.

〈표 2 : 현재가치, PV_0〉

t \ r	5%	10%	15%	20%
1	0.95	0.91	0.87	0.83
2	0.91	0.83	0.76	0.69
3	0.86	0.75	0.66	0.58
4	0.82	0.68	0.57	0.48
5	0.78	0.62	0.50	0.40

〈그림 2〉

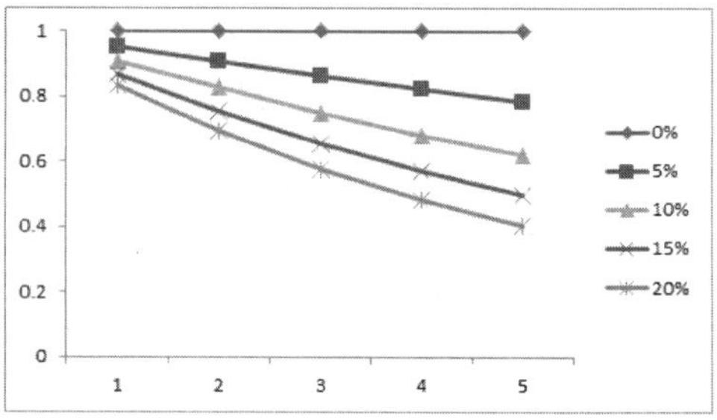

<그림 2>과 <표 2>에서 보는 것처럼 r=20%인 경우 t가 길어질수록 기간별 1원의 현재가치는 0.83원, 0.69원, 0.58원 순으로 점점 작아지고 있으며, t=5인 경우 r이 커질수록 5년 후 1원의 현재가치는 0.78원, 0.62원, 0.50원 순으로 점점 작아지는 것을 알 수 있다. 이것을 통하여 PV는 r, t와 (-)의 상관관계를 가지고 있다는 것을 알 수 있다.

(2) 현재가치에서 r의 의미

식 (3)에서 r은 미래의 금액을 PV로 전환해주는 할인율이다. 동일한 시점에서 발생하는 동일한 금액이라도 현재가치는 할인율의 크기에 따라 달라진다. 할인율의 크기에는 미래 시점에 발생하는 금액의 불확실성 정도가 반영되어 있다. 한 달 후에 발생하는 100만원이 도박으로 발생하는 것인지, 주식투자로 얻을 수 있는 것인지, 적금이 만기가 되어서 발생하는 것인지에 따라서 불확실성의 정도가 다르기 때문에 동일한 금액이라도 현재가치로 할인되는 정도가 다를 것이다. 불확실성이 클수록 할인율이 커져서 현재가치는 작게 평가될 것이다. 또한 먼 기간에 발생하는 CF일수록 불확실성이 클 것이므로 현재가치로 전환할 때 많이 할인될 것이다.

이와 같이 사람들은 일반적으로 불확실한 상황, 즉, 위험을 싫어하는 성향이 있다는 것이 재무관리 제 3법칙의 내용이다.

> 재무관리 제 3 법칙 : 확실한 $1가 불확실한 $1보다 가치 있다.
> (A certain $1 is worth more than a risky $1)

3. 현재가치 기본등식

PVIF(r,t)는 FVIF(r,t)의 역수라는 특징을 이용하면 식 (1)의 FV_t와 식 (3)의 PV_0 사이에는 식 (4)와 같은 관계가 존재한다.[4] 식 (1)에 의하면 현재(t=0) 1원의 미래 t시점에서의 가치는 FV_t=1원×$[1+r]^t$ 일 것이고, 식 (3)에 의하면 미래 t시점 1원×$[1+r]^t$[=FV_t]의 현재가치는 PV_0=[1원×$[1+r]^t/[1+r]^t$]=1원일 것이므로, 식 (4)와 같은 현재가치 기본등식(basic present value equation)을 얻을 수 있다.

$$\text{현재가치 기본등식 : } PV_0 = \left[\frac{FV_t}{(1+r)^t}\right] \cdots \text{ 식 (4)}$$

식 (4)는 1기간 이자율이 r이라면 t=0의 원금 1원의 t=1에서의 FV_1은 원금 1원이 할증되어 [원금 1원+이자 r원]이고, t=1의 [원금 1원+이자 r원]의 t=0의 PV_0는 [원금 1원+이자 r원]이 할인되어 원금 1원이라는 것을 의미한다.[5] 이 내용을 <그림 3>이 보여주고 있다.

〈그림 3 : 원금 1원, 이자율 10%〉

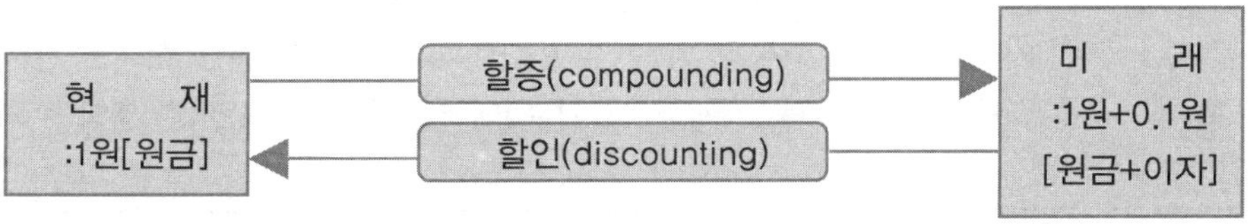

예제 6

Park은 금융자산에 300만원 투자하고자 한다. 그 투자는 매우 안전하고 3개월 후 350만원에 매도할 수 있다고 한다. Park은 이 투자를 하지 않는다면 위험이 없는 다른 금융자산 투자로부터 매월 8%의 수익률을 얻을 수 있다고 한다. Park의 현재 투자선택은 적절한가?

---

4) FV_t와 PV_0에 아래 첨자(t, 0)를 사용한 것은 미래 t시점의 가치와 현재 t=0의 가치라는 것을 강조하기 위해서이다.

5) 투자개념으로 확장하면 t=0의 투자금액 1원의 1기간 수익률이 r이라면 t=1의 FV_1은 투자금액 1원이 할증되어 [투자금액 1원+이익 r원], t=1의 [투자금액 1원+이익 r원]의 t=0의 PV_0은 [투자금액 1원+이익 r원]이 할인되어 투자금액 1원이라는 것을 의미하기도 한다.

〈풀이〉

적절한 투자선택이란 미래 발생하는 투자수익들의 현재가치들의 합이 현재 투자비용보다 크거나, 투자수익률이 기회비용보다 큰 경우라고 할 수 있을 것이다.

Park이 다른 무위험자산에 투자하여 얻을 수 있는 3개월 후 금액은 다음과 같이 377.91만원이다.

$$3\text{개월 후 금액} = 300\text{만원} \times [1.08]^3 = 377.91\text{만원}$$

따라서 현재 고려중인 투자가 적절한 선택이 되기 위해서는 3개월 후 발생하는 투자수익이 377.91만원보다 많아야 하는데, 350만원에 불과하므로 적절한 투자선택이라고 할 수 없다.

투자수익률과 기회비용을 비교하여도 Park의 지금 투자선택은 적절하지 않음을 확인할 수 있다. 현재 300만원에 매입(투자)하여 3개월 후 350만원에 매도(투자수익)하는 투자의 월별 수익률은 다음과 같이 약 5.3%(〈기회비용 8%)에 불과하기 때문이다.

$$300 \times (1+r)^3 = 350 \quad \Rightarrow r = \left[\frac{350}{300}\right]^{1/3} - 1 \quad \Rightarrow r = 5.3\%$$

☑ 예제 7

8년 후 자녀의 대학등록금으로 1,000만원이 필요한 Kim이 현재 통장에 남아있는 350만원을 투자하여 매년 20%의 수익률을 얻을 수 있다면 8년 후 필요한 대학등록금을 충당할 수 있는가? 또한 8년 후 등록금을 충당하기 위해서는 최소한 매년 몇 %의 수익률을 얻어야 하는가?

〈풀이〉

먼저 350만원을 투자하여 매년 20%씩의 수익률을 얻으면, 8년 후 다음과 같이 약 1,505만원의 수익을 얻을 수 있으므로 대학등록금 1,000만원을 충당할 수 있을 것이다.

$$8\text{년 후 수익} = 350\text{만원} \times [1.2]^8 = 1{,}505\text{만원}$$

8년 후 대학등록금 1,000만원을 충당하기 위하여 현재 350만원을 투자할 경우 필요한 최소한의 연간수익률은 다음과 같이 14.02%이다.

$$350\text{만원} \times [1+r]^8 = 1{,}000\text{만원} \Rightarrow r = \left[\frac{1{,}000}{350}\right]^{1/8} - 1 \quad \Rightarrow r = 14.02\%$$

8년 후 등록금 1,000만원을 충당하기 위해서 14.02%의 수익률을 매년 얻기만 하면 되는데, 20% 수익률을 얻을 수 있다면 8년 후 수익은 필요한 등록금 이상이 될 것이다.

예제 8

Choi는 새 집을 구입하기 위해서 2억 5000만원이 필요하다고 한다. 그 동안 열심히 저축하여 현재까지 1억원을 모았다고 한다. 연 10%의 수익률을 얻을 수 있는 투자를 한다면 새 집을 구입하기 위해서는 몇 년을 기다려야 하는가? 또한 저축한 금액이 2배로 증가한 경우와 수익률이 2배로 증가한 경우는 각각 몇 년을 기다려야 하는가?(단, 기다리는 기간 동안 새 집 가격과 저축해 둔 금액은 변하지 않는다고 가정)

〈풀이〉

매년 10%의 수익률을 얻을 수 있다면 '1억원×[1+0.1]^t = 2.5억원'의 관계가 성립하므로 양변에 로그를 취하여 계산하면 약 9.61년을 기다려야 한다.

$$\log(1.1^t)=\log(2.5) \quad \Rightarrow t=\left[\frac{\log(2.5)}{\log(1.1)}\right]=\left[\frac{0.3979}{0.0414}\right]=9.61\text{년}$$

저축한 금액이 2억원으로 2배 증가한 경우는 '2억원×[1+0.1]^t = 2.5억원'의 관계가 성립하여 약 2.34년을 기다려야 하고,

$$\log(1.1^t)=\log\left(\frac{2.5}{2}\right) \quad \Rightarrow t=\left[\frac{\log(1.25)}{\log(1.1)}\right]=\left[\frac{0.0969}{0.0414}\right]=2.34\text{년}$$

수익률이 20%로 2배 증가한 경우는 '1억원×[1+0.2]^t = 2.5억원'의 관계가 성립하여 약 5.03년을 기다려야 한다.

$$\log(1.2^t)=\log(2.5)\Rightarrow t=\left[\frac{\log(2.5)}{\log(1.2)}\right]=\left[\frac{0.3979}{0.0792}\right]=5.03\text{년}$$

‖ 2.3절 여러 기간 발생 현금흐름의 미래가치와 현재가치 ‖

1. 여러 기간 발생 현금흐름

식 (1)과 식 (3)은 현금흐름이 1기간(1회)만 발생하는 경우의 미래가치와 현재가치를

의미한다. 그러나 학자금 대출의 상환, 커피전문점 사업의 수익과 비용, 신기계 교체에 따른 수익과 비용처럼 CF가 여러 기간에 걸쳐 발생하는 경우가 재무적 의사결정에서 더욱 자주 접하는 상황들이다. 이와 같이 여러 기간에 걸쳐 발생하는 CF들도 당연히 화폐의 시간가치를 반영하여 의사결정을 해야 한다.

여러 기간에 걸쳐 발생하는 CF들의 시간가치를 반영하는 기본적인 방법은 CF가 1회 발생하는 경우의 FV_t와 PV_0를 매 기간 발생하는 CF마다 계산하여 그 값들을 모두 더하는 것이다. 다만 CF의 특징에 따라서 어떤 조건을 만족하는 경우는 그 과정을 간단한 식으로 만들 수 있다.

예제 9

Kang은 방학 두 달 동안 아르바이트를 하고자 한다. 커피전문점 종업원은 첫 달에 200,000원, 다음 달에 250,000원을 받을 수 있고, 과외는 첫 달에 250,000원, 다음 달에 200,000원을 받을 수 있다고 한다. r=10%라고 하면 Kang은 어느 아르바이트를 선택해야 하는지 현재가치와 두 달 후 미래가치로 각각 평가하시오.

〈풀이〉

먼저 설명의 편의를 위하여 커피점 아르바이트를 A, 과외 아르바이트를 B라고 표기하자. 두 경우 모두 두 달 동안 받을 수 있는 금액의 합은 350,000원으로 동일하다. 하지만 화폐의 시간가치를 고려하면 두 아르바이트 수익의 가치는 달라질 것이다. 먼저 PV_0로 평가하면 다음과 같이 B(과외)의 가치가 392,562원으로 A(커피점)의 388,430원보다 크게 나타난다.

$$A=\left[\frac{200,000}{(1+0.1)}\right]+\left[\frac{250,000}{(1+0.1)^2}\right]=388,430\text{원}$$

$$<B=\left[\frac{250,000}{(1+0.1)}\right]+\left[\frac{200,000}{(1+0.1)^2}\right]=392,562\text{원}$$

FV_2로 평가해도 B(과외)의 가치가 475,000원으로 A(커피점)의 470,000원보다 큰 것을 알 수 있다.

$$A=[200,000\times(1+0.1)^1]+[250,000]=470,000\text{원}$$

$$<B=[250,000\times(1+0.1)^1]+[200,000]=475,000\text{원}$$

이와 같이 PV로 평가하여 가치가 더 크게 평가된 투자안(B)은 FV로 평가하여도 더 큰 가치를 가지게 된다.

예제 9의 계산 과정을 보면 CF가 2기간 발생하는 경우의 PV와 FV는 CF가 1기간 발생하는 경우의 PV와 FV를 두 번 사용하여 그 값들을 합한 것임을 알 수 있다.

따라서 할인율이 r이고 t=1～T 동안 CF가 발생하는 경우의 PV는 다음 그림과 식에서 보여주는 것처럼 t시점 CF들의 PV의 합으로 계산하면 된다.

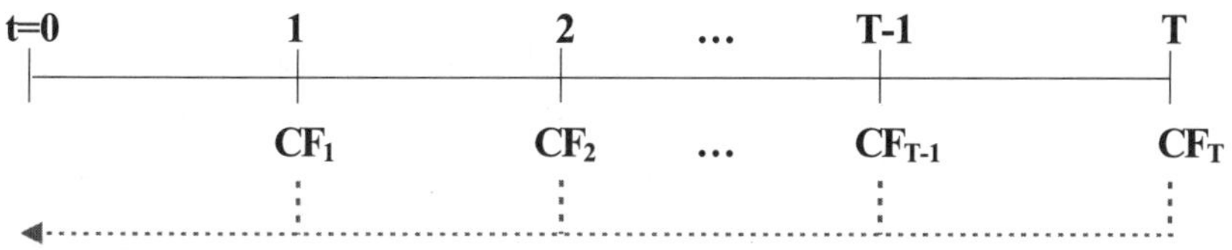

$$PV_0 = \left[\frac{CF_1}{(1+r)} + \frac{CF_2}{(1+r)^2} + \cdots + \frac{CF_{T-1}}{(1+r)^{T-1}} + \frac{CF_T}{(1+r)^T}\right] = \sum_{t=1}^{T} \frac{CF_t}{(1+r)^t}$$

여기서 $CF_1/(1+r)^1$, $CF_2/(1+r)^2$, …, $CF_T/(1+r)^T$는 t=1, 2, …, T에 발생하는 CF_1, CF_2, … , CF_T의 PV_0를 각각 의미한다.

반면에 이자율이 r이고 t=1～T 동안 CF가 발생하는 경우 T시점의 FV는 다음 그림과 식에서 보여주는 것처럼 t시점 CF들의 FV의 합으로 계산하면 된다.

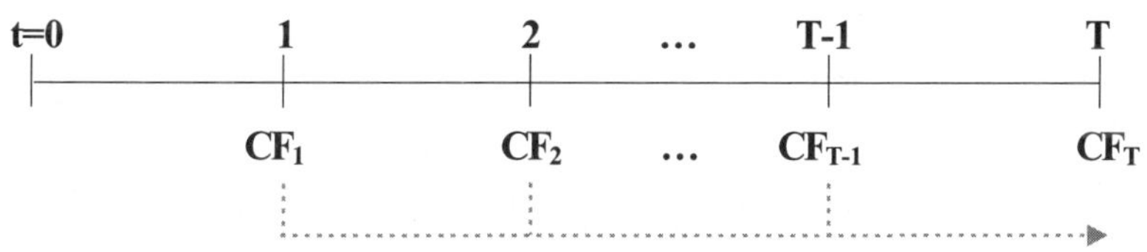

$$FV_T = \left[CF_1 \times (1+r)^{T-1} + CF_2 \times (1+r)^{T-2} + \cdots + CF_{T-1} \times (1+r)^1 + CF_T\right]$$

여기서 $CF_1 \times (1+r)^{T-1}$, $CF_2 \times (1+r)^{T-2}$, …, $CF_{T-1} \times (1+r)^1$, CF_T는 t=1, 2, …, T-1, T에 발생하는 CF_1, CF_2, … , CF_{T-1}, CF_T의 FV_T를 각각 의미한다.

예제 10

P의 친구는 자신에게 투자하면 첫 번째 연도에는 200만원, 두 번째 연도에는 400만원, 세 번째 연도에는 600만원, 네 번째 연도에는 800만원의 수익을 보장해 준다고 한다. P가 친구에게 투자하지 않고 은행에 예금하면 연 12%의 수익을 얻을 수 있다면 P는 친구에게 최대 얼마까지 투자해야 하는가?(단, 투자수익은 모두 연말에 지급)

〈풀이〉

P는 은행 예금을 포기하고 친구에게 투자하는 것이므로 투자 수익들의 PV는 다음과 같이 기회비용에 해당하는 은행이자율 12%로 할인해야 한다.

$$PV_0 = \left[\frac{200}{(1+0.12)} + \frac{400}{(1+0.12)^2} + \frac{600}{(1+0.12)^3} + \frac{800}{(1+0.12)^4}\right] = 1{,}433\text{만원}$$

예제 6에서 언급한 적절한 투자선택 기준에 의하면 P는 친구에게 최대 1,4333만원까지만 투자해야 한다.

2. 연금의 현재가치와 미래가치

(1) 연금의 현재가치

연금(annuities)이란 일정 기간(t=1, 2, …, T) 동안 항상 동일한 금액을 발생시키는 현금흐름의 형태를 말한다. 단, CF는 기말에 발생하는 것으로 가정한다.[6] 예를 들어, t=1이 2013년 1월 1일부터 2013년 12월 31일까지라면 t=1의 CF는 2013년 12월 31일 기말에 발생한다는 것이다.

할인율이 r이고 t=1, 2, …, T 동안 항상 동일한 크기의 CF인 C가 기말에 발생하는 연금의 현재가치(present value of annuities, 이하 PVA)는 식 (5)와 같이 계산된다.

연금의 현재가치 :

$$PVA_0 = \sum_{t=1}^{T}\left[\frac{C}{(1+r)^t}\right] = C \times \left[\frac{1-\left\{\frac{1}{(1+r)^T}\right\}}{r}\right] = \frac{C}{r}\left[1-\left(\frac{1}{1+r}\right)^T\right] = C \times PVIFA\,(r, T)$$

… 식 (5)

6) CF가 기말에 발생한다고 가정하는 것은 CF의 특징에 따라 현재가치와 미래가치를 구하는 방법의 공식화를 쉽게 하기 위해서이다. 이렇게 만들어진 공식을 이용하면 CF가 기초에 발생하는 것도 조금만 수정하여 쉽게 산할 수 있다.

여기서 PVIFA(r,T)는 연금의 현재가치요소(present value interest factor for annuities, 이하 PVIFA)로서 할인율이 r일 때 t=1, 2, …, T 동안 매 기간 말 1원씩 발생하는 CF의 현재가치를 의미한다. 식 (5)의 PVIFA(r,T)와 식 (3)의 PVIF(r,T) 사이에는 다음과 같은 관계가 성립한다.

$$PVIFA\,(r,T) = \left[\frac{1-\left\{\frac{1}{(1+r)^T}\right\}}{r}\right] = \left[\frac{1-PVIF(r,\ T)}{r}\right]$$

식 (5)의 PVA_0는 CF가 t=1부터 발생하는 연금의 현재가치를 계산한다. CF가 t=3부터 4기간 동안 동일한 금액 C가 발생하는 연금의 현재가치를 계산하려면 식 (5)를 이용하여 먼저 PAV_2[=C×PVIFA(r,4)]를 계산한 후 PVA_0[=PVA_2/$(1+r)^2$]를 계산해야 한다. 주택담보대출처럼 일정 기간 이자만 납부하는 거치기간이 지난 후 원금을 상환하는 경우가 이런 현금흐름에 해당한다.

예제 11

M은 신차를 구입하기 위해 1개월 후부터 매달 50만원을 월급에서 마련할 수 있을 것으로 판단하였다. 48개월 동안 월 1%의 이자율을 부담하면 지금 얼마까지 빌릴 수 있는가? 만약 3개월 후부터 갚기 시작한다면 얼마를 빌릴 수 있는가? (단, 월간 이자율은 1%로 변하지 않는다고 가정)

〈풀이〉

M이 48개월 동안 매월 동일하게 갚아나갈 50만원은 원금의 일부와 이자의 합이므로 〈그림 3〉에 의하면 48개월 동안 발생하는 50만원의 현재가치들은 빌린 원금의 일부들일 것이고, 그것들의 합이 지금 M이 빌릴 수 있는 원금이 될 것이다. 따라서 1개월 후부터 48개월 동안 50만원을 갚아나가면 다음과 같이 1,899만원을 빌릴 수 있을 것이다.

$$PVA_0 = 50\left[\frac{1-\left(\frac{1}{1+0.01}\right)^{48}}{0.01}\right] = 50 \times PVIFA\,(1\%, 48) = 1{,}899\text{만원}$$

3개월부터 48개월 동안 50만원을 갚아 나간다면 2개월 후에 빌릴 수 있는 1,899만원에서 2개월 동안의 이자를 제외한 금액만 빌릴 수 있을 것이다. 그 금액은 다음과 같이 1,861만원이 될 것이다.

$$PVA_0 = \frac{PVA_2}{(1+0.01)^2} = \frac{50 \times PVIFA\,(1\%, 48)}{(1+0.01)^2} = \frac{1{,}899}{(1+0.01)^2} = 1{,}861\text{만원}$$

(2) 선불연금의 현재가치

연금의 CF는 기말에 발생하는 것으로 가정하여 식 (5)와 같은 연금의 현재가치를 구하는 식이 도출되었다. 그러나 기초에 현금흐름이 발생하는 경우도 있을 것이다. 기초에 CF가 발생하는 연금을 선불연금(annuities due)이라고 한다.[7]

예를 들어, t=2가 2014년 1월 1일부터 2014년 12월 31일까지라면 선불연금의 t=2의 CF_2는 기초시점인 2014년 1월 1일에 발생하므로 일반연금의 t=1의 기말시점인 2013년 12월 31일과 동일한 시점에 발생하는 것으로 간주된다. 따라서 선불연금과 일반연금의 CF 사이에는 식 (6)과 같은 관계가 성립한다.

$$\text{선불연금의 } CF_t = \text{일반연금의 } CF_{t-1} \quad \cdots \text{ 식 (6)}$$

☑ 예제 12

r=10%라고 하면 5년 동안 연초에 1,000만원씩 지급 해주는 보험금의 현재가치는 얼마인가?

〈풀이〉

5년 동안 매년 말에 1,000만원씩 지급하는 일반연금과 함께 선불연금의 CF를 그려보면 다음 그림과 같다.

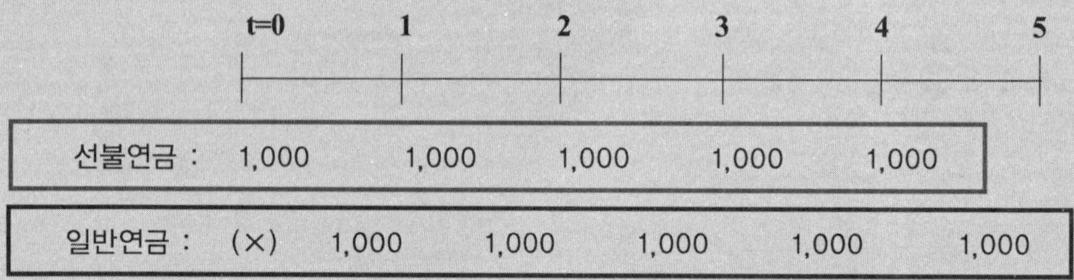

선불연금과 일반연금의 현재가치를 계산하면 다음과 같다.

$$PVA_0[\text{선불연금}] = 1{,}000 + \frac{1{,}000}{(1.1)} + \frac{1{,}000}{(1.1)^2} + \frac{1{,}000}{(1.1)^3} + \frac{1{,}000}{(1.1)^4} = 4{,}170\text{만원}$$

---

7) '(2) 선불연금의 현재가치'에서만 선불연금의 CF 발생시점이 다른 것을 강조하기 위하여 기말에 CF가 발생하는 연금을 연금이라고 하지 않고 일반연금이라고 표기한다.

$$PVA_0[\text{일반연금}] = \frac{1{,}000}{(1.1)} + \frac{1{,}000}{(1.1)^2} + \frac{1{,}000}{(1.1)^3} + \frac{1{,}000}{(1.1)^4} + \frac{1{,}000}{(1.1)^5} = 3{,}791\text{만원}$$

여기서 다음과 같이 $PVA_0[\text{일반연금}]$에 (1+0.1)를 곱하면 $PVA_0[\text{선불연금}]$과 동일하게 됨을 알 수 있다.

$$PVA_0[\text{선불연금}] = PVA_0[\text{일반연금}] \times (1+0.1) = 3{,}791 \times (1+0.1) = 4{,}170\text{만원}$$

이와 같이 일반연금의 현재가치를 식 (5)을 통하여 계산한 후 (1+r)을 곱하면 선불연금의 현재가치를 얻을 수 있다.

예제 12를 보면 동일한 기간 동안 발생하는 연금형태의 CF에 대한 선불연금의 현재가치와 일반연금의 현재가치 사이에는 다음 식 (7)과 같은 관계가 성립함을 알 수 있

선불연금의 현재가치 = 일반연금의 현재가치 × (1+r)

$$: PVA_0[\text{선불연금}] = [C \times PVIFA(r, T)] \times (1+r) \quad \cdots \text{식 (7)}$$

(3) 연금의 미래가치

이자율이 r이고 t=1, 2, …, T 동안 항상 동일한 크기의 CF인 C가 기말에 발생하는 연금의 T시점의 미래가치(FVA, future value of annuities)는 식 (8)과 같이 계산된다.

연금의 미래가치 :

$$FVA_T = \sum_{t=0}^{T-1}[C \times (1+r)^t] = C \times \left[\frac{(1+r)^T - 1}{r}\right] = \frac{C}{r}[(1+r)^T - 1] = C \times FVIFA(r, T) \quad \cdots \text{식 (8)}$$

여기서 FVIFA(r,T)는 연금의 미래가치요소(future value interest factor for annuities, 이하 FVIFA)로서 할인율이 r일 때 t=1, 2, …, T 동안 1원씩 발생하는 CF의 미래가치를 의미한다. 식 (8)의 FVIFA(r,T)와 식 (1)의 FVIF(r,T) 사이에도 다음과 같은 관계가 성립한다.

$$FVIFA\,(r,T)=\left[\frac{(1+r)^{T}-1}{r}\right]=\left[\frac{FVIF(r,T)-1}{r}\right]$$

식 (6)의 t=1, 2, …, T와는 다르게 식 (8)은 $\sum$의 t가 0부터 시작하여 T-1로 끝난다. 여기에 대해서는 t=1~3 동안 10,000원씩 기말에 발생하는 CF의 FVA_3를 계산하는 과정을 살펴보면 이해할 수 있게 된다. t=3 기말에 발생하는 10,000원의 FV_3은 $10{,}000\times(1+r)^0$이 되고, t=1 기말에 발생한 10,000원의 FV_3은 2기간(1~2, 2~3)만 복리 계산되므로 $10{,}000\times(1+r)^2$이 된다. CF_t의 FV_T가 (1+r)의 T승이 아니라 (T-t)승이 되는 것은 기말에 발생한 CF_t의 복리 계산이 1회 적게 되기 때문이다.

예제 13

C군이 앞으로 매월 말에 받을 과외비 30만원을 전부 은행에 저축한다면, 1년 후 얻을 수 있는 금액은 얼마가 되겠는가? 은행이자율은 연간 4.5%라고 한다. 또한 2년 동안 저축하면 1년 동안 저축한 금액의 2배가 되는가?

〈풀이〉

C군이 30만원을 매월 저축하는데 주어진 은행 이자율은 연 4.5%이므로 월간 이자율 0.375%[=4.5%/12]로 조정하여 CF 발생주기와 이자율 적용주기를 일치시켜야 한다. 1년(12개월) 동안 매월 30만원씩 저축할 경우 1년 후 얻을 수 있는 금액과 2년(24개월) 동안 매월 30만원씩 저축할 경우 2년 후 얻을 수 있는 금액은 연금의 미래가치를 계산하는 식 (8)를 이용하여 계산할 수 있다.

$$FVA_{12}=30\times\left[\frac{(1+0.00375)^{12}-1}{0.00375}\right]=30\times FVIFA\,(0.375\%,12)=367.52\text{만원}$$

$$FVA_{24}=30\times\left[\frac{(1+0.00375)^{24}-1}{0.00375}\right]=30\times FVIFA\,(0.375\%,24)=751.92\text{만원}$$

1년 동안 저축할 경우 얻을 수 있는 금액은 367.52만원인 반면에 2년 동안 저축할 경우 얻을 수 있는 금액은 751.92만원으로 367.52만원의 2배보다 많다. 이와 같이 동일한 금액을 동일한 이자율로 2년 저축한 것이 1년 저축한 것보다 2배 이상의 금액을 얻을 수 있는 것은 복리계산(이자에 대한 이자 계산) 때문이다.

3. 특수한 현금흐름 형태를 보이는 연금

(1) 영구연금의 현재가치

영구연금(perpetuities)은 동일한 크기의 C가 영원히 발생하는 CF 형태를 말한다. 영구연금의 현재가치(PVP_0)는 식 (9)와 같이 간단하게 계산할 수 있으며, 주식이나 기업의 가치를 평가할 때 유용하게 사용된다.

영구연금의 현재가치 : $PVP_0(r, \infty) = \left[\frac{C}{r}\right]$ … 식 (9)

예제 14

D회사는 보통주에 우선하여 일정한 배당금을 지속적으로 지급하는 우선주를 주당 10,000원에 발행하기를 원한다. D회사와 기업규모, 업종, 투자관련 위험 등이 매우 비슷한 E회사의 우선주는 분기별 100원의 배당금을 지급하는데 주당 4,000원에 거래되고 있다. D회사는 1년에 얼마의 배당금을 지급해야 10,000원에 우선주를 발행할 수 있는가?

〈풀이〉

D회사는 분기별 일정한 배당금 d를 영원히 지급하는 우선주가 주당 10,000원에 거래되기를 원하므로 식 (9)를 이용하면 '10,000=[d/r]'과 같이 나타낼 수 있다.

D회사와 아주 유사한 E회사의 우선주 가격 4,000원과 배당금 100원을 식 (9)에 대입하면 4,000=[100/r] 이 되므로 분기별 할인율 r은 2.5%가 된다. 따라서 E회사의 분기별 할인율 2.5%를 D회사의 할인율로 사용하여 계산하면 D회사는 다음과 같이 분기별 배당금을 250원 지급해야 한다.

$$10{,}000 = \left[\frac{d}{r}\right] \Rightarrow 10{,}000 = \left[\frac{d}{0.025}\right]$$ ⇒ 분기별 배당금 d=250원

분기별 배당금이 250원이므로 1년 동안 지급해야 하는 우선주 배당금은 총 1,000원이 될 것이다.

(2) 성장연금과 성장형 영구연금의 현재가치

성장연금이란 t=1, 2, …, T 동안 발생하는 CF가 바로 전 시점의 CF보다 항상 일정

한 비율(g)만큼 증가(또는 성장)하는 형태의 연금을 말하고, 성장형 영구연금이란 전 시점의 CF보다 동일한 비율로 성장하는 CF가 발생하는 기간이 무한대인 형태의 연금을 말한다. CF가 성장하는 두 연금의 시점별 CF들 사이에는 다음 관계가 성립한다.[8)]

$$CF_t = CF_{t-1} \times (1+g) = CF_0 \times (1+g)^t$$

성장연금의 현재가치는 식 (10), 성장형 영구연금의 현재가치는 식 (11)과 같이 계산된다. 두 식에서 g는 CF가 매 기간 일정한 비율로 증가하는 성장률, C_1은 첫 번째 기간에 발생하는 CF를 각각 의미한다. 또한 식 (11)은 할인율 r이 성장률 g보다 큰 경우에만 현재가치를 계산할 수 있다. CF가 영원히 발생하는 상황에서, 전 시점보다 CF가 증가하는 정도를 의미하는 성장률 g가 PV를 계산할 때 미래 CF를 할인하는 할인율 r보다 크다면 성장형 영구연금의 현재가치는 너무 크기 때문에 측정할 수 없을 것이다. 너무 커서 측정할 수 없는 가치를 식 (11)로 (-) 값을 계산하는 오류를 범하지 말아야 한다.

성장연금의 현재가치 : $PVA_0(t, r, g) = C_1 \times \left[\dfrac{1 - \left(\dfrac{1+g}{1+r} \right)^t}{r-g} \right]$ … 식 (10)

성장형 영구연금의 현재가치 : $PVA_0(\infty, r, g) = \left[\dfrac{C_1}{r-g} \right]$, 단 $r > g$ … 식 (11)

예제 15

복권당첨금의 1년 후 첫 지급액은 200만원이고, 그 이후 매년 지급액이 5%씩 증가한다고 한다. 할인율이 11%일 때 20년에 걸쳐 지급되는 복권 당첨금과 영원히 지급되는 복권 당첨금의 현재가치는 각각 얼마인가?

8) $CF_t = CF_{t-1} \times (1+g)$을 이용하면 $CF_1 = CF_0 \times (1+g)^1$, $CF_2 = CF_1 \times (1+g) = CF_0 \times (1+g) \times (1+g) = CF_0 \times (1+g)^2$이 될 것이므로 $CF_t = CF_0 \times (1+g)^t$도 성립한다.

〈풀이〉

첫 번째 연도에 200만원이 지급되고 20년 동안 매년 5%씩 증가하는 복권당첨금의 현재가치는 식 (10)을 이용하여 계산하면 2,236.34만원이 된다.

$$PVA_0(20, 11\%, 5\%) = 200 \times \left[\frac{1 - \left(\frac{1+0.05}{1+0.11} \right)^{20}}{0.11 - 0.05} \right] = 2,236.34\text{만원}$$

전년도보다 5%씩 증가되는 당첨금이 영원히 지급되는 복권당첨금의 현재가치는 할인율 11%가 성장률 5%보다 크므로, 식 (11)을 이용하여 계산하면 3,333.33만원이 된다.

$$PVA_0(\infty, 11\%, 5\%) = \left[\frac{200}{0.11 - 0.05} \right] = 3,333.33\text{만원}$$

‖ 2.4절 실효연이자율과 명시연이자율 ‖

K은행의 ○○대출이 '연이자율이 10%(6개월마다 복리계산)' 이라면 100만원을 대출할 경우 1년 동안 부담하는 이자는 연이자율 10%로 계산하여 10만원이라고 혼동하기 쉽다. 그러나 연이자율 10%라는 것은 이자를 1년 단위(즉, 1년에 1회)로 복리 계산할 경우 원금의 10%라는 것이다.

(　)안의 '6개월마다 복리계산'을 적용하면 실제로 부담한 이자율은 10%가 아닐 것이다. 6개월 단위로 1년에 2회 복리 계산을 하면 6개월에 적용되는 이자율은 5%(=10%/2회)가 될 것이고, 이자에 대한 이자도 발생할 것이다. 전반부 6개월이 지나면 원금에 대한 이자 5만원(=100만원×5%)만 발생할 것이다. 그러나 후반부 6개월이 지나면 원금에 대한 이자와 전반부 6개월에 발생한 이자 5만원에 대한 이자까지 포함하여 총 5.25만원(=105만원×5%)의 이자가 발생할 것이다. 따라서 6개월 복리 계산을 하면 1년 동안 총 10.25만원의 이자가 발생하여 실제로 부담한 이자율은 10%가 아닌 10.25%(=10.25/100만원)가 된다.

여기서 K은행 상품에 표시된 연이자율 10%를 명시(또는 표시)연이자율(quoted interest rate), 실제로 부담한 이자율 10.25%를 실효연이자율(effective annual rate, 이하 EAR)

이라고 한다. 실효연이자율(EAR, effective annual rate)과 명시연이자율(quoted interest rate) 사이에는 식 (12)와 같은 관계가 성립된다.

$$실효연이자율(EAR) = \left[1+\left(\frac{표시연자율,\ r}{복리계산횟수,\ m}\right)\right]^m - 1 \qquad \cdots \text{ 식 (12)}$$

예제 16

다음 3개 은행들의 이자율을 비교하여 예금은 어느 은행에, 대출은 어느 은행에서 하는 것이 유리한지 판단하시오.

- A 은행 : 연이자율 15%, 매일 복리계산
- B 은행 : 연이자율 15.5%, 3개월마다 복리계산
- C 은행 : 연이자율 16%, 1년마다 복리계산

〈풀이〉

은행 간 예금이나 대출 금리는 명시연이자율이 아니라 EAR을 가지고 비교해야 한다. 우선 C은행은 1년마다 복리 계산하므로 명시연이자율 16%와 EAR이 동일하다.

A은행의 매일 복리 계산하는 명시연이자율 15%의 EAR, B은행의 3개월마다 복리계산하는 명시연이자율 15.5%의 EAR은 다음과 같이 계산할 수 있다.

$$EAR(A) = \left[1+\frac{0.15}{365}\right]^{365} - 1 = 0.1618, \quad EAR(B) = \left[1+\frac{0.155}{4}\right]^{4} - 1 = 0.1642$$

$$EAR(C) = \left[1+\frac{0.16}{1}\right]^{1} - 1 = 0.16$$

EAR을 기준으로 하면 예금은 가장 많은 수익을 얻을 수 있는 B은행, 대출은 가장 적은 이자를 부담하는 C은행의 금리가 유리할 것이다.

예제 17

J는 저축은행에서 1년만기 500만원을 대출 받으려고 한다. 저축은행이 제시한 이자율은 [12%+2p]이다. 여기서 2p(point)는 대출금의 2%로, 대출금에서 미리 차감하는 선이자를 말한다. 12%의 이자율은 대출원금에 대한 이자비용이다. J가 1년 동안 실제로 부담하는 이자율은 얼마인가?

〈풀이〉

J가 실제로 수령한 대출금액은 500만원의 2%를 제외한 490만원[=500만원−500만원×0.02]이다. 그러나 1년 후 상환해야 할 금액은 560만원[=500만원×1.12]이다. 따라서 J가 실제로 1년 동안 부담한 이자율은 0.1429[=(560/490)−1], 즉, 14.29%이다.

∥ 2.5절 원금균등상환과 원리금균등산환 대출의 비교 ∥

금융기관에서 대출 받은 후 만기까지 매 기간 원리금을 갚아 나가는 대출을 분할상환대출(amortized loans)이라고 한다. 분할상환대출은 다시 원금균등분할상환과 원리금균등분할상환으로 구분된다.

원금균등상환은 매 기간 원금을 균등하게 나누어서 상환하는 방식이고, 원리금균등상환은 매 기간 원금과 이자의 합인 원리금을 균등하게 나누어 상환하는 방식이다. 동일한 금액을 동일한 이자율로 대출 받아서 동일한 기간에 나누어 상환함에도 불구하고 두 상환방식 간에 차입자가 부담하는 이자비용은 다르게 발생한다.

학자금 500만원을 대출 받아 앞으로 5년에 걸쳐 연간 4.9%의 이자율을 부담하면서 원금균등상환 하는 경우와 원리금균등상환 하는 경우를 비교해 보자.

1. 원금균등상환 방식

원금균등상환은 대출받은 학자금 500만원의 원금을 5년 동안 균등하게 100만원씩 나누어 상환하는 방식이다. 5년 동안의 대출상환과정을 <표 3>에 정리하였다.

〈 표 3 : 원금균등상환 (단위:만원) 〉

기 간	기초금액	상환원금	이 자	원리금	기말금액
1	500	100	24.5	124.5	400
2	400	100	19.6	119.6	300
3	300	100	14.7	114.7	200
4	200	100	9.8	109.8	100
5	100	100	4.9	104.9	0
총 액		500	73.5	573.5	

기간 1의 금액들로 <표 3>의 내용과 계산방법을 설명하면 기초금액 500만원은 해당 기간에 남아 있는(갚아야 하는) 원금, 상환원금 100만원은 해당 기간에 균등하게 상환한 원금의 일부, 이자 24.5만원은 해당 기간에 부담해야 하는 이자로 [해당 기간 기초금액 500만원×이자율 4.9%]과 같이 계산한다. 원리금 124.5만원은 해당 기간에 납부한 상환원금과 이자의 합이다. 기말금액 400만원은 해당 기간 초에 남아 있던 원금에서 해당 기간 상환원금을 제외한 금액이다. 기말금액은 해당 기간이 지나고 남은 원금이므로 다음 기간의 기초금액이 된다.

2. 원리금균등상환 방식

원리금균등상환은 대출받은 학자금 500만원의 원금과 5년 동안 부담해야 하는 이자 총액을 합한 원리금을 5년 동안 균등하게 나누어 상환하는 방식이다.

원리금균등상환 방식은 먼저 5년 동안 균등하게 상환할 원리금을 식 (5)의 PVA_0를 이용하여 계산해야 한다. 매 기간 동일하게 상환하는 원리금들은 원금의 일부와 이자의 합이므로 그것들을 할인하여 PV를 계산하면 <그림 3>처럼 원금의 일부들만 남을 것이다. 따라서 다음과 같은 식을 만들 수 있다.

$$500\text{만원} = C \times PVIFA(4.9\%, 5) = C \times 4.34$$

따라서 5년 동안 매 기간 균등하게 상환할 원리금은 115.21만원이다. 원리금균등상환 방식의 5년 동안 대출상환과정을 정리하면 <표 4>와 같다.

〈 표 4 : 원리금균등상환 (단위:만원) 〉

기 간	기초금액	원리금	이 자	상환원금	기말금액
1	500	115.21	24.5	90.71	409.29
2	409.29	115.21	20.06	95.15	314.14
3	314.14	115.21	15.39	99.82	214.32
4	214.32	115.21	10.50	104.71	109.61
5	109.61	114.98	5.37	109.61	0
총 액		575.82	75.82	500	

기간 1의 금액들로 <표 4>의 내용과 계산방법을 설명하면 기초금액 500만원은 남아 있는(갚아야 하는) 원금, 원리금 115.21만원은 매 기간 균등하게 상환하는 금액, 이자 24.5만원은 해당 기간 부담해야 하는 이자로 [해당 기간 기초금액 500만원×이자율 4.9%]과 같이 계산한다. 상환원금 90.71만원은 균등상환하는 원리금 115.21만원에서 해당 기간의 이자 24.5만원을 제외한 금액으로 원리금에서 이자를 제외하고 해당 기간에 상환한 원금 일부를 의미한다. 기말금액 409.29만원은 해당 기간 초에 남아 있던 원금에서 해당 기간 상환한 원금을 제외한 금액이다. 기말금액은 해당 기간이 지나고 남은 원금이므로 다음 기간의 기초금액이 된다.

<표 3 : 원금 균등상환>은 해당 기간 상환하는 원금이 먼저 정해지고, 해당 기간의 이자를 합하여 해당 기간 납부해야 하는 원리금이 결정되는 반면에, <표 4 : 원리금 균등상환>은 해당 기간 납부해야 하는 원리금이 먼저 결정되고, 원리금에서 해당 기간 이자에 해당하는 금액이 먼저 정해지고 남은 금액이 해당 기간에 상환한 원리금의 일부가 되는 것이다.

<표 3>과 <표 4>를 비교하면 상환방법만 다른 동일한 조건의 대출임에도 원금균등상환은 73.5만원의 이자를, 원리금균등상환은 75.82만원의 이자를 부담하는 것을 확인할 수 있다. 이런 점들 때문에 무심코 지나칠 수 있는 자동차 할부나 주택담보대출 등의 계약을 주의 깊게 살펴보아야 한다.

연습문제

2-1. 다음 질문에 답하시오.

① A회사는 5년 후 매각하기를 원하는 빌딩을 현재 5억원에 매입할 것을 고려중이다. 최근 부동산 경기가 침체되어 비슷한 수준의 빌딩투자의 수익률은 25% 정도라고 한다. 5년 후 빌딩 가격은 최소 얼마가 되어야 A회사의 투자선택이 적절했다고 할 수 있는가?

② B군은 지금 100만원을 통장에 비상금으로 가지고 있다. 유럽 배낭여행을 가기 위해서는 총 500만원이 소요될 것으로 예상된다. 연 5%의 수익률을 얻을 수 있는 금융상품에 가입하면 여행경비를 마련하는데 몇 년이 걸리겠는가? 만약 5개월 후 가고 싶다면 월 몇 %의 수익률을 얻을 수 있는 투자 상품을 선택해야 하는가?

③ 연 이자율이 4.8%일 경우 다음 달부터 월 30만원씩 60개월 갚기로 할 경우 지금 빌릴 수 있는 금액과 지금부터 월 30만원씩 60개월 갚기로 할 경우 빌릴 수 있는 금액은 각각 얼마인가?

④ C은행에서 3년 동안 매월 10만원씩 적금하면 연 12%의 수익률을 제공하겠다고 한다. 만약 3년 후 C은행 적금에 가입하여 받을 수 있는 금액과 동일한 금액을 얻기 위해서 적금보다는 오늘 X원을 은행에 예금하려고 한다면 얼마를 예금해야 하는가?

⑤ 이자율이 10%라고 하면 10년 동안 매년 초에 500만원씩 지급하는 선불연금의 현재가치는 얼마인가?

⑥ D회사는 우선주를 주당 10,000원에 발행하기를 원한다. D회사와 위험 등이 아주 유사한 E회사의 우선주는 분기별 100원의 배당금을 지급하는데 주당 4,000원에 거래되고 있다고 한다. D회사는 배당금을 1년에 얼마를 지급해야 10,000원에 우선주를 발행할 수 있는가? (단, 우선주를 매입하면 투자자들은 매 기간 동일한 금액의 배당금을 영원히 지급 받을 수 있다고 한다.)

⑦ 복권당첨금의 1년 후 첫 지급액은 500만원이고 그 이후 매년 지급액이 5%씩 증가한다고 한다. 할인율이 10%일 때 30년에 걸쳐 지급되는 복권 당첨금과 영원히 지급되는 복권 당첨금의 현재가치는 각각 얼마인가?

⑧ 다음 2개의 은행이자율을 보고 저축을 하면 어느 은행에, 차입을 하면 어느 은행에

하는 것이 유리한지 판단하시오.

□ F 은행 : 연이자율 10%이고 반기별 복리계산

□ G 은행 : 연이자율 9%이고 월별 복리계산

2-2. H증권은 다음과 같은 금융상품을 개발하였다. 가입자는 매월 20만원씩 5년간 60회를 납부하면, 납부완료 후 다음 달부터 5년간 매월 10만원씩 지급받고, 5년 후부터는 20년간 매월 20만원씩 지급받는다고 한다. 현재 시장이자율은 연 12%이고 앞으로 변화가 없다고 가정하시오.

① 가입자가 납부한 금액의 현재가치는 얼마인가?

② 납부완료 후 다음 날부터 5년간 지급받는 금액들(첫 번째 수령기간의 현금유입액)의 현재가치는 얼마인가?

③ 납부완료 5년 후부터 20년간 지급받는 금액들(두 번째 수령기간의 현금유입액)의 현재가치는 얼마인가?

④ 이 상품에 가입하는 것이 유리한가?

2-3. K군은 앞으로 대학을 마치고 대학원에 진학하려고 하는데 내년부터 3년간 매년 1,000만원이 필요할 것으로 예상된다. 앞으로 3년 동안 금리가 연 4.5%라고 하고 1년 후부터 매년 1,000만원씩 인출하는 예금을 하려고 한다.

① K군은 지금 얼마를 예금해야 3년 동안의 학비를 충당할 수 있는가?

② 첫 번째 1,000만원을 인출한 시점의 예금잔고는 얼마인가?

③ 두 번째 1,000만원을 인출한 시점의 예금잔고는 얼마인가?

2-4. 학자금 300만원을 대출 받아 3년에 걸쳐 연간 2.5%의 이자율을 부담하면서 상환하는 경우 다음 질문에 답하시오

① 원금균등상환의 경우 두 번째 연도의 상환하는 원리금은 얼마인가?

② 원리금균등상환의 경우 매년 납부하는 원리금은 얼마인가?

③ 원리금균등상환의 경우 첫 번째 연도에 상환하는 원금은 얼마인가?

④ 원금균등상환과 원리금균등상환의 납부총액을 비교하고 어떤 상환방법의 비용부담이 적은지 선택하시오.

제3장
재무제표와 현금흐름

‖ 3.1절 K-IFRS 도입 배경 및 변화 ‖

1. IFRS(국제회계기준) 도입 배경

최근 사회 각 분야가 모두 글로벌화 되어가면서 회계나 재무 분야에서는 IFRS라는 용어가 많이 언급되고 있다. IFRS는 'International Financial Reporting Standards'의 약자로 '국제적인 재무보고기준'이 정확한 명칭이지만 보통 '국제회계기준'이라고 한다.

기업들의 사업영역이 자국에 국한되지 않고 점점 전 세계적으로 확장되면서 기업의 재무상태와 경영성과에 관심을 보이는 외부관계자들도 전 세계적으로 확장되고 있다. 그러나 나라마다 회계기준이 다르다면 기업들 간의 재무상태와 경영성과의 국제적인 비교가 어려워진다. 나라마다 다르게 적용된 회계기준 때문에 동일한 사건의 결과도 얼마든지 다르게 작성될 수 있기 때문이다. 이런 상황에서 기업재무정보의 국제적인 비교가능성과 신뢰성을 높이기 위해 나라별 상이한 회계기준을 국제적으로 통일시키고자 하는 것이 IFRS이다.

기업입장에서는 새롭게 모든 회계관련 시스템을 변경해야 하므로 단기적으로 비용증가와 혼란이 발생하겠지만 장기적으로는 국제적으로 공인된 회계기준의 적용으로 재무정보의 신뢰성을 높일 수 있으므로 여러모로 이익이 될 수 있을 것이다.

우리나라의 경우 K-IFRS의 적용대상을 상장회사(코스닥상장회사 포함)로 제한하고 있다[1]. 단, 금융회사는 상장 여부에 관계없이 원칙적으로 모두 IFRS를 적용해야 한다.[2]

2. K-IFRS 도입에 따른 변화

기존의 일반기업회계기준으로 작성된 재무제표를 통하여 기업의 재무상태와 경영성과를 파악하던 정보이용자들은 K-IFRS로 작성된 재무제표에서는 다음 사항들에 주의해야 한다.

첫 번째, K-IFRS는 원칙중심(principles-based)의 회계기준이다. 일반기업회계기준은 특정 사건에 대하여 구체적인 회계처리방법과 재무제표의 표시방법까지 정해주는 규

1) K-IFRS는 한국(Korean)채택국제회계기준을 말하며 국제회계기준에 맞춰 2007년 말 제정된 새로운 회계기준이다. 2010년 조기도입 당시에는 K-IFRS 적용기업이 152사에 불과했지만 2012년 말 3,156사로 증가하였다.

2) 우리나라가 미국기준(US-GAAP)이 아닌 IFRS를 도입하게 된 이유는 이미 전 세계적으로 150개 이상의 국가가 IFRS를 채택, 수용하기로 결정하였고 G-20 정상들도 '고품질 단일회계기준 제정에 합의(2009년 4월)'하면서 IFRS가 글로벌회계기준으로서 위상이 확고해진 상황이었기 때문이다.

정중심(rules-based)이었던 것에 반하여 K-IFRS는 회계처리의 기본원칙과 방법만을 제시하고 이것을 실무에 적용하는 것은 회계정보제공자인 기업에게 맡긴다. 기업 활동이 다양해지고 경제상황이 복잡해짐에 따라 모든 것을 규정화하는 데는 한계가 있기 때문이다.

두 번째, K-IFRS의 모든 자산과 부채의 원칙적인 평가기준은 공정가치이다. 일반기업회계기준에서는 재무상태표의 자산과 부채는 공정가치 평가가 가능한 것은 공정가치로, 어려운 것은 취득원가로 표시하였다. 이로 인하여 재무상태표를 보고 기업의 자산가치를 파악하는 것은 매우 어려운 일이었다. 그러나 K-IFRS에서는 모든 자산과 부채, 특히 투자부동산, 유형자산, 금융자산 및 금융부채 등 객관적인 평가가 어려운 항목에 대해서도 공정가치로 평가하도록 하여 정보이용자들에게 재무상태표 보고시점의 기업의 재무상태를 보다 정확하게 파악할 수 있도록 하였다.

세 번째, IFRS는 개별기업의 재무제표 대신 연결재무제표가 주된 재무제표로 작성되게 한다. 연결재무제표(consolidated financial statement)란 지배회사와 종속회사를 단일 기업집단으로 보아 각각의 개별재무제표를 합한 것으로, 50%를 초과하는 지분관계에 있는 모든 회사를 사실상 한 회사(연결실체라고 함)로 보고 작성한 재무제표를 말한다. 지배회사는 종속회사를 이용하여 자신의 재무상태와 경영성과를 조작할 수 있으므로 하나의 회사로 통합하여 재무제표를 작성하게 한 것이다. 과거에도 연결재무제표를 작성하였지만 K-IFRS는 연결범위를 보다 넓게, 엄격하게 적용한다.[3] 그리고 과거에는 개별재무제표를 작성하고 보완자료로 연결재무제표를 작성하였는데 K-IFRS에서는 연결재무제표가 기본재무제표이므로 지배회사의 결산작업이 종속회사와 연결하여 이루지게 된다.

K-IFRS의 재무제표에는 일반기업회계기준과 동일하게 재무상태표, 포괄손익계산서, 현금흐름표, 자본변동표 및 주석이 포함된다. 다만 대차대조표와 손익계산서의 명칭만 재무상태표와 포괄손익계산서로 차이가 날 뿐이다.[4]

재무상태표의 자산과 부채의 표시방법과 포괄손익계산서의 분류와 표시에 대하여 K-IFRS는 표시할 최소한의 계정과목만 제시할 뿐, 구체적인 계정과목이나 표시순서 등을 따로 정하고 있지는 않다. 다만 예외적으로 재무상태표의 자산과 부채의 배열에

3) K-IFRS는 과거에는 연결대상에서 제외되었던 자산규모가 100억원 미만인 소규모종속회사, 청산 중인 종속회사도 모두 연결대상에 포함시킨다.

4) 포괄손익계산서에 대해서는 3.2절의 손익계산서에서 자세히 설명할 것이다.

대해서는 유동성/비유동성법을 원칙으로 하나, 유동성배열법이 더 유용하다고 판단되는 경우는 이것을 선택하여 사용할 수 있도록 하고 있을 뿐, 대부분은 해당 기업의 특성에 맞게 보고양식을 정하면 된다.[5)]

현금흐름표(statement of cash flow)는 일반기업회계기준처럼 직접법이나 간접법을 선택할 수 있으나, 가능하면 직접법 표시를 K-IFRS는 권장하고 있다. 그러나 일반기업회계기준에서는 이자수익, 이자비용, 배당금수익은 언제나 영업활동으로 인한 현금흐름으로, 배당금지급은 언제나 재무활동으로 인한 현금흐름으로 표시했지만, K-IFRS에서는 이자수익은 영업활동 또는 투자활동으로 인한 현금흐름으로, 이자비용은 영업활동 또는 재무활동으로 인한 현금흐름으로, 배당금지급은 영업활동 또는 재무활동으로 인한 현금흐름으로, 배당금수익은 영업활동 또는 투자활동으로 인한 현금흐름으로 선택하여 나타낼 수 있다.

‖ 3.2절 재무상태표와 손익계산서 ‖

재무학이나 경제학에서는 사람들은 많으면 많을수록 좋아하는 성향(the more, the better 또는 多多益善)이 있다고 가정한다. 많으면 많을수록 좋다고 생각하는 것들에는 부(富, wealth)와 소득(所得, income)도 포함될 것이다.

부와 소득의 개념과 차이점은 재무상태표와 손익계산서를 설명하는 기본이 된다. 부는 어떤 것들을 쌓는다는 축적(stock) 개념이고, 소득은 흐름(flow)의 개념이다. 그래서 stock개념의 변수들은 기준 시점이, flow개념의 변수들은 특정 기간이 명확해야 한다. 기업의 자산이 1억원이라면 1년 전의 1억원인지, 현재 1억원인지가 명확해야 하고, 근로자의 소득이 5,000만원이라면 1달 동안의 소득인지, 1년 동안의 소득인지가 명확해야 기업의 자산과 근로자의 소득에 대한 어떤 판단을 할 수 있을 것이다.

다음에 설명할 재무상태표는 부의 개념, 손익계산서는 소득의 개념을 가지고 살펴보면 이해에 도움이 될 것이다.

---

5) 유동성 / 비유동성법은 자산은 유동자산과 비유동자산으로, 부채는 유동부채와 비유동부채로 구분하여 나타내면 된다. 반면에 유동성배열법이란 모든 자산과 부채를 엄격하게 유동성의 순서에 따라 배열하는 방법이다.

1. 재무상태표

K-IFRS는 재무상태표에 대하여 재무상태표의 자산과 부채의 배열에 대해서는 유동성/비유동성법을 원칙으로 하나, 유동성배열법이 더 유용하다고 판단되는 경우는 이것을 선택하여 사용할 수 있도록 하고 있을 뿐 자산과 부채의 표시방법 등에 대한 구체적인 지시를 하고 있지 않으므로 해당 기업의 특성에 맞게 보고양식을 정하면 된다.

재무상태표(statement of financial position)는 특정 시점(회계연도 말 또는 분기 말)의 기업의 자금운용과 자금조달 등의 재무상태를 보여준다. 왼쪽 차변(借邊)의 자산(assets) 항목은 기업이 무엇을 소유하고 있는지 또는 어떤 자산에 투자하여 자금을 운용하고 있는지를 보여준다. 반면에 오른쪽 대변(貸邊)의 부채(liabilities)와 자본(equities) 항목은 자산투자에 필요한 자금을 어디서 얼마씩 조달하였는지 또는 타인에게서 조달한 부채와 기업의 소유자인 주주로부터 나온 자본에서 얼마씩 조달하였는지를 보여주고 있다.

재무상태표를 구성하는 자산, 부채, 자본 사이에는 다음 식 (1)과 같은 관계가 존재한다. 이런 관계를 재무상태표 등식이라고 한다.

재무상태표 등식 : 자산 = 부채 + 자본
자본 = 자산 - 부채 … 식 (1)

식 (1)의 첫 번째 식은 기업이 보유하거나 투자한 자산의 가치는 그 자산의 취득이나 투자에 필요한 자금으로 조달된 부채와 자본 가치의 합과 동일하다는 것을, 두 번째 식은 기업의 자산을 팔아서 갚아야 할 부채를 모두 상환하고 남는 것이 주주들의 몫이라는 것을 각각 의미한다.

자산(assets)은 과거 사건의 결과로 현재 기업에 의해 지배되고 있고, 미래의 경제적 효익(economic benefit)을 창출할 것으로 기대되는 자원을 말한다. 자산의 정의에서 고려해야 할 첫 번째 사항은 기업에 의해 실질적(경제적)으로 지배되어야 한다는 점이다. 항공사가 리스한 항공기는 항공사에게 법적인 소유권이 없지만 항공사가 실질적으로 지배하고 있기 때문에 유형자산 항목에 포함시킨다. 반면에 프렌차이즈점이 건물을 임

대하고 있으면 매장의 실질적인 지배는 건물주에게 있으므로 자산항목에 포함시키지 않지만, 인테리어 관련 자원들은 프렌차이즈점이 실질적인 지배를 하고 있으므로 자산에 포함시킨다. 두 번째 고려 사항은 자산은 미래에 기업에게 경제적 효익을 발생시켜야 한다는 점이다. 예를 들면, 1개월 후에 받기로 한 매출채권 1,000만원 중에 회수가 불가능할 것으로 예상되는 100만원은 경제적 효익을 발생시키지 않을 것이므로 대손충당금으로 분류하여 자산의 매출채권 항목에서 제외시켜야 한다.

자산은 현금화 시키는데 소요되는 기간 또는 투자기간 1년을 기준으로 유동자산과 비유동자산으로 구분된다. 유동자산(current assets)은 1년 이내 현금화 되거나 투자기간이 1년 이하인 자산으로 현금 및 현금등가물, 매출채권, 재고자산 등이 포함된다. 현금등가물(cash equivalent)은 현금(cash)은 아니지만 현금전환이 용이하고 이자율 변동에 따른 가치 변화가 크지 않아서 현금과 유사하게 취급될 수 있는 것으로 주로 화폐시장(money market)의 단기금융상품들이 포함된다. 매출채권(account receivable)은 정상적인 영업활동으로 제품이나 서비스를 제공하여 매출로 인식은 되지만 대금은 미래에 받기로 합의한 것으로 구두 약속에 의한 것은 외상매출금으로, 어음을 받은 경우는 받을 어음으로 분류한다. 매출채권은 가까운 미래에 유입될 현금이므로 자산에 포함된다. 재고자산(inventory)은 기업이 판매를 목적으로 보유하는 상품이나 제품 등을 말한다. 재고자산은 판매가 되면 이익을 창출할 것이므로 자산에 포함된다.

비유동자산(non-current assets)은 1년 이후에 현금화 되거나 투자기간이 1년 이상인 자산으로 투자자산, 유형자산, 무형자산 등이 포함된다. 투자자산(investment assets)은 기업의 주된 영업활동과는 직접적인 관련이 없는 투자수익을 얻기 위하여 장기적으로 투자하는 장기금융상품, 장기투자증권, 투자부동산 등을 말한다. 유형자산(tangible assets)은 기업이 영업활동을 위해 장기적으로 보유하는 물리적인 실체가 있는 자산으로 토지, 건물, 기계장치 등이 포함된다. 토지를 제외한 유형자산은 시간이 지나면서 가치가 감소하는 감가상각(減價償却, depreciation)이 발생하므로 정기적으로 자산재평가(asset revaluation)가 이루어져야 한다. 무형자산(intangible assets)은 기업이 재화의 생산이나 용역의 제공 등에 사용할 목적으로 보유하는 물리적인 실체가 없는 비화폐성 자산으로 영업권, 특허권 등이 포함된다. 영업권(goodwill)은 권리금과 유사한 것으로 특정 기업을 인수할 때 시장가치보다 추가하여 지불한 금액을 말한다. 어떤 기업이 다른 기업을 시장가치 이상을 지급하고 인수할 때는 미래에 경제적 이익이 창출할 것으로 예상하고 있으므로 영업권도 자산항목에 포함된다. 특허권(patent right)도 앞으로 기업에게 경제적 효익을 발생시킬 것이므로 자산항목에 포함시킨다. 다만 특허권으로 인한 미래 경제적 효익의 구체적인 금액은 신뢰성 있게 측정되기 어려우므로 측정 가능한 특허등록수수료만 자산으로 인식한다.[6)]

자산의 세부항목은 유동성(liquidity)이 높은 자산들부터 순서대로 배열하여 재무상태표를 통하여 투자자들이 쉽게 각 자산들의 유동성을 판단할 수 있도록 하고 있다. 그래서 유동자산을 비유동자사보다 먼저 배열하고, 유동자산은 현금 및 현금등가물 ~ 재고자산 순으로 배열하는 것이다.

유동성은 자산을 빨리 현금화시킬수록 좋지만 현금화가 빨리 이루어지기 위해서는 가치손실을 감수해야 한다. 예를 들면, 중고차를 급하게 처분해야 하는 경우보다는 시간을 두고 천천히 처분해도 되는 경우 더 좋은 가격을 받을 수 있을 것이다. 따라서 유동성에는 현금화의 용이함과 가치손실 사이의 상충(trade-off)관계가 존재한다. 또한 유동성이 가장 높은 현금을 너무 많이 보유하면 좋은 투자기회를 놓치게 되므로 유동성과 수익창출 기회 사이에도 상충관계가 존재한다는 것을 알 수 있다.

재무상태표의 대변은 부채와 자본으로 구성된다. 부채(liabilities)는 미래에 기업이 자원의 유출을 부담해야 하는 의무로 유동부채와 비유동부채로 구분된다. 1년 이내에 상환해야 하는 유동부채(current liabilities)에는 매입채무와 미지급금, 단기차입금, 선수금, 유동성장기부채 등이 포함된다. 매입채무(account payables)는 정상적인 영업활동 과정에서 상품이나 원재료 등을 외상으로 매입한 것을 말한다. 상품이나 원재료 이외의 비품, 건물, 토지 등을 외상으로 매입하면 미지급금으로 분류한다. 단기차입금(short-term borrowing)은 금융기관으로부터의 당좌차월(bank overdraft)과 1년 이내 상환해야 할 차입금을 말한다.[7)] 선수금(advances received)은 일반적인 거래에서 상품이나 제품, 서비스를 제공하기로 약속하고 미리 받은 대금으로 계약금이나 각종 상품권 등이 포함된다. 건설회사와 조선회사 등은 선수금의 비중이 일반 기업들보다 높다.[8)] 유동

---

6) 인적자원(human capital)은 임직원의 가치를, 브랜드가치(brand value)는 조사기관에 따라 순위와 가치의 편차가 심하므로 두 경우 모두 신뢰성 있는 측정이 어렵기 때문에 기업에게는 중요한 자산이지만 아직은 무형자산에 포함시키지는 않는다.

7) 당좌차월은 직장인들의 마이너스 통장과 유사한 개념으로 기업이 수표를 발행하면 금융기관이 결제해 주기로 계약한 당좌예금의 잔액 한도를 초과한 금액을 말한다. 당좌차월은 금융기관이 당좌예금의 잔액한도를 초과하여 결제해준 금액이기 때문에, 선수금은 상품이나 제품, 서비스를 제공하지 않고 돈을 미리 지급 받았기 때문에 각각 기업의 부채로 인식한다.

8) 2011년 D조선사의 유동부채 81,244억원 중에서 42,726억원이 선수금이었다. 이런 기업의 부채비율 해석은 주의 해

성장기부채는 원래는 비유동부채였지만 상환시점이 1년 이내로 다가온 부채를 말한다.

1년 이후에 상환해야 하는 비유동부채(non-current liabilities)에는 사채와 장기차입금 등이 포함된다. 사채(corporate bond)는 기업이 사업에 필요한 자금을 채무 형식으로 조달하기 위하여 발행하는 증권을 말하고, 장기차입금(long-term borrowing)은 1년 이후 갚기로 하고 빌려온 자금을 말한다.[9]

부채는 기업입장에서는 언젠가는 갚아야 할 의무이므로 부채를 사용하지 않는 것이 최선인가에 대해서는 논쟁의 여지가 있다. 부채는 채권자들에게 안정적인 고정수익을 제공해 주는 좋은 투자안이며, 주주들에게도 기업의 자산규모를 확대시켜 투자위험을 분산시켜 준다. 또한 이자비용이 법인세 부담을 줄여주기도 한다. 그러나 너무 많은 부채를 사용하면 파산가능성이 증가할 것이므로 주주 몫의 불확실성이 커질 것이다. 기업의 부채수준은 결국 기업의 상황에 맞게 기업 스스로가 선택해야 할 사항일 것이다.

자본(equity)은 자산에서 부채를 차감한 나머지로 자산에 대한 주주의 청구권을 의미하며 주주들이 기업 설립부터 기업에 투자한 자본금들의 총합이다. 자본은 자본금, 자본잉여금, 자본조정, 이익잉여금, 포괄손익누계액으로 구성된다. 자본금(capital stock)은 기업이 발행한 주식의 액면가액(face value)의 총액을 말하며, 자본잉여금(capital surplus)은 주주나 출자자가 기업에 제공한 금액 중 자본금을 초과한 부분을 말한다.[10] 자본조정(capital adjustment)에는 자본금, 자본잉여금, 이익잉여금으로 분류할 수 없는 것들을 일시적으로 기록한 항목들로 주식할인발행차금, 자기주식처분손실, 배당건설이자 등이 포함된다. 기업의 순자산이 법정자본금을 초과하는 부분을 잉여금이라고 하는데, 그 중에서 이익을 원천으로 하는 잉여금을 이익잉여금(earned surplus)이라고 하며 기업의 영업활동에서 생긴 순이익이나 유보이익의 누적액이다. 기업이 보유하고 있는 주식이나 토지 등 유형자산의 시가상승을 반영한 평가이익은 포괄적으로 보아서는 손익이지만, 아직 실현되지 않았기 때문에 이익잉여금에는 포함되지 않는다. 기타포괄손익누계액(other accumulative gain or loss)에는 이와 같이 손익계산서에 인식되지 않은

야 한다.

9) 부채는 금융부채와 비금융부채로 구분할 수도 있다. 매입채무, 미지급금, 차입금, 사채처럼 현금으로 결제해야 하는 부채는 금융부채에, 선수금과 선수수익처럼 재화나 서비스를 제공해야 할 의무는 비금융부채에 포함된다.부채는 또한 부채의 존재가 확실하여 지급할 금액도 확정되어 있는 확정부채와 결산일 현재 부채의 존재가 불확실하거나 지출시기 또는 금액이 불확실한 각종 충당금 같은 충당부채로 구분할 수도 있다.

10) 2011년 유명 연예기획사의 액면가 500원인 주식의 공모가가 34,000원이었고, 상장 첫날 78,200원에 거래가 종료되었다. 만약 100주를 발행했다면 자본금은 50,000원[=500원×100주], 자본잉여금은 3,350,000원[=(34,000원 -500원)×100주]이 된다.

미실현 손익들이 누적된다.

1장의 운전자본관리에서 언급했던 순운전자본(net working capital, 이하 NWC)은 유동자산과 유동부채의 차이로 1년 이내에 현금화시킬 수 있는 자산으로 1년 이내에 갚아야 할 부채를 충당할 수 있는 지, 즉, 기업의 단기지급능력을 보여준다. NWC은 (+)인 경우가 바람직하지만 너무 크면 안정적인 수익을 장기적으로 얻을 수 있는 비유동자산에 대한 투자가 부족해질 수도 있을 것이다. 반면에 NWC이 (-)이면 유동자산으로 유동부채를 모두 상환하지 못하므로 빠른 시간 안에 현금화가 쉽지 않은 비유동자산을 가치손실을 많이 보면서 처분해야 할 수도 있다. 따라서 적정수준의 NWC를 보유하는 것이 중요하다.

기존의 일반기업회계기준에 의하면 재무상태표의 자산은 공정가치 평가가 가능한 것은 공정가치로, 어려운 것은 취득원가(historical cost)로 표시하였다. 그러나 자산을 취득한 시점의 역사적 원가로 작성된 자산가치는 현재 시장가치(market value, 이하 MV)와 다를 수 있을 것이다. 건물, 토지와 같은 유형자산은 취득시점과 평가시점간의 가치차이가 크게 발생할 수 있다. MV는 자산을 지금 시장에서 사고 팔 수 있는 가격으로 투자자들의 자산에 대한 평가를 반영하고 있으므로 취득원가로 인식한 장부가치(book value, 이하 BV)보다 가치평가에 유용한 정보이다. 또한 BV는 실제 자산가치 변화가 발생하지 않았음에도 불구하고 회계정책 변화만으로도 변할 수 있지만 MV는 회계정책 변화에 영향을 받지 않고 위험(risk)과 수익(return)에 따라 결정된다. 따라서 자산의 가치를 평가할 때는 BV보다 유용한 MV가 반영되어야 하며, MV를 이용할 수 없는 경우에 한하여 BV로 가치평가를 해야 한다. K-IFRS가 도입된 중요한 이유 중의 하나도 금융자산과 부채, 유·무형자산 및 투자부동산의 공정가치 측정을 의무화하여 기업의 재무상황과 내재가치에 대한 의미 있는 정보를 투자자들에게 충실하게 제공하기 위해서이다.

〈 표 1 : H기업의 2013년과 2012년 재무상태표, 단위 : 십억원 〉

자 산	2013	2012	부채 및 자기자본	2013	2012
유동자산	13,260	11,605	**유동부채**	12,289	14,029
현금 및 현금등가물	523	608	매입채무	2,299	2,450
매출채권	3,415	3,247	단기차입금	4,282	3,915
미청구공사[11]	3,571	2,567	선수금	908	1,062
재고자산	2,886	2,834	초과청구공사	4,203	5,876
기타유동자산	2,865	2,349	기타유동부채	597	726
비유동자산	17,377	18,315	**비유동부채**	3,158	1,172
투자자산	8,591	9,445	사채	1,200	300
유형자산	8,145	8,137	장기차입금	1,958	872
무형자산	374	370	**자본**	15,190	14,719
기타비유동자산	267	363	자본금	380	380
			자본잉여금	1,044	1,044
			자본조정	(1,400)	(1,400)
			기타포괄손익누계액	498	852
			이익잉여금	14,668	13,843
자산총액	30,637	29,920	**부채 및 자본총액**	30,637	29,920

예제 1

지금 이 문제를 접하고 있는 독자는 앞에서 설명한 자산과 부채의 정의로 볼 때 자신들은 부모님의 자산인가? 부채인가? - 〈풀이〉는 생략

예제 2

A기업의 시장가치와 장부가치로 작성한 재무상태표가 다음과 같다고 한다. 빈칸을 완성하시오.

〈A기업의 MV와 BV의 재무상태표(단위:백만원)〉

자 산			부채 및 자기자본		
항목	BV	MV	항목	BV	MV
순운전자본	400	600	비유동부채	500	500
비유동자산	700	1,000	자기자본	(①)	(③)
자산총액	1,100	1,600	부채 및 자기자본 총액	(②)	(④)

11) 미청구공사는 진행 중인 건설공사에서 발주자에게 받을 금액 중 미청구한 금액의 합계를 의미하며, 누적발생원가에 인식한 이익을 가산한 금액에서 진행청구액과 인식한 손실을 차감하여 계산한다. 반면에 진행청구액이 누적발생원가에 인식한 이익을 가산한 금액을 초과하는 경우에는 초과청구공사 총액을 유동부채로 분류한다. 건설회사나 조선회사의 재무상태표에 주로 나타나는 항목들이다.

〈풀이〉

여기서는 보통의 재무상태표와는 다르게 유동자산과 유동부채를 순운전자본 하나로 표기하였다. 순운전자본은 유동자산에서 유동부채를 차감한 것이므로 만약 유동자산이 100만원이고 유동부채가 50만원이면 순운전자본은 50만원만 표기된다.

재무상태표 등식을 이용하면 ②은 1,100만원, ④은 1,600만원이 될 것이다. 그리고 ②와 ④에서 비유동부채를 차감하면 ①은 600만원, ③은 1,100만원이 될 것이다.

2. 손익계산서와 포괄손익계산서

포괄손익계산서의 분류와 표시에 대해서 K-IFRS는 표시할 최소한의 계정과목만 제시할 뿐, 구체적인 계정과목이나 표시순서 등을 따로 정하고 있지 않다.

손익계산서(income statement)는 일정 기간 동안 기업의 경영성과를 보여준다. 즉, 일정 기간 동안 기업이 소유하고 있는 경제적 자원(즉 자산)을 이용하여 발생시킨 수익에서, 수익을 발생시키는 과정에서 유출된 비용을 차감한 순이익 또는 순손실을 보여준다.

매출총이익(gross profit)은 기업의 주된 영업활동으로 창출된 이익으로 매출액에서 매출원가를 차감한 금액이고, 영업이익(EBIT, earning before interest and tax)은 매출총이익에서 판매비와 관리비를 차감한 금액이다. 판매비와 관리비는 상품과 제품, 서비스의 판매활동이나 기업의 유지 · 관리활동에서 발생하는 비용으로 매출원가에 속하지 않는 급여, 복리후생비, 감가상각비 등의 영업비용이 포함된다.

기존 일반기업회계기준의 영업외수익과 영업외비용을 K-IFRS에서는 금융관련 부분을 구분하여 금융수익과 기타영업외수익, 금융비용과 기타영업외비용으로 나누어 표기한다. 기존의 영업외수익과 영업외비용에는 이자수익, 배당금수익, 외환차익, 이자비용, 외환차손처럼 금융관련 항목들이 많은 비중을 차지하고 있었기 때문에 구분한 것이다.

지분법 손익은 지분비율이 20～50% 이하인 관계기업의 순자산가치변동액 중 지분비율에 해당하는 금액을 말한다. 지분비율이 25%인 경우 관계기업의 순자산이 100억원 감소했다면 투자주식의 가치도 25억원 감소했다고 가정하여 투자회사의 순손익 계산에 포함시킨다.

〈 표 2 : H기업 2013년 포괄손익계산서, 단위 : 십억원 〉

매출액		54,973
매출원가		50,330
매출총이익		6,642
판매비와 관리비		2,649
감가상각비	462	
기타 판매비와 관리비	2,187	
영업이익		1,993
금융수익		2,744
금융비용		1,745
기타영업외수익		219
기타영업외비용		1,405
지분법손익		(369)
과세대상소득 (=법인세비용차감전순이익)		1,435
법인세비용(법인세율=28.92%)		415
당기순이익		1,020
기타포괄손익		(285)
총포괄이익		734
당기순이익의 귀속		
지배기업의 소유주지분	984	
비지배지분	36	
총포괄이익의 귀속		
지배기업의 소유주지분	707	
비지배지분	27	
주당순이익(원)		17,823
현금배당금총액		153
주당배당금(원)		2,500
연결에 포함된 종속기업수		64

과세대상소득(taxable income) 또는 법인세차감전순이익(EBT, earning before tax)은 영업이익에 금융수익과 기타영업외수익을 더하고 금융비용과 기타영업외비용을 차감한 금액이고 당기순이익(net income)은 과세대상소득에서 법인세를 차감한 금액이다. 2013년 기준 우리나라의 법인세율은 과세표준에 따라서 10%~22%로 차등 적용되고 있는데 이것은 세법에 정해진 명목세율이며, 실제 기업이 부담한 법인세율은 각종 공제와 감면을 적용한 후의 실효세율(effective tax rate)이다. 실효세율은 기업이 실제로 부담한 세액을 과세대상소득으로 나누어 계산한다.

기타포괄손익은 당기순손익에 인식되지 않은 수익과 비용으로 매도가능금융자산평가손익, 파생금융상품평가손익, 유형자산의 재평가이익, 해외산업환산손익 등이 해당된다. 총포괄손익은 당기순손익과 기타포괄손익의 합이다.

당기순이익의 일부는 주주에게 배당금으로 지급되고 나머지는 재투자를 위하여 기업내부에 유보되어 자본의 이익잉여금 항목에 누적된다. 주당순이익(EPS, earning per share)과 주당배당금(DPS, dividend per share)은 당기순이익과 배당금을 각각 유통주식수[=발행주식수 - 자사주]로 나누어 준 값이다.

(1) 발생주의 원칙과 수익 · 비용 대응의 원칙

손익계산서에서 해당 연도의 수익과 비용으로 인식된다고 해당 연도에 현금유입과 유출이 모두 발생하는 것은 아니다. 즉, 해당 연도에 실제 현금유입과 현금유출이 발생하지 않았는데 수익과 비용으로 인식되는 경우도 있고, 현금유입과 현금유출이 발생했는데 수익과 비용으로 인식되지 않는 경우도 있다. 따라서 해당 연도의 실제 현금유입과 현금유출을 정확하게 반영하지 못하는 손익계산서의 이익은 해당 연도에 기업의 증가된 현금이 아닐 것이다.

수익(revenue)과 현금유입(cash inflow)이 일치하지 않는 이유를 유동자산의 매출채권으로 설명하고자 한다. <표 2>의 H기업의 2013년 매출액 54,973십억원에는 2013년 외상으로 판매한 매출채권 3,415십억원도 포함되어 있다. 3,415십억원은 2013년 재무상태표 보고시점에서는 아직 현금유입이 발생하지 않은, 1년 이내(2014년)에 현금유입이 이루어질 유동자산에 포함되어 있는 매출채권이다. 2013년에는 (2013년 매출액에 포함되지 않은)2012년 매출채권 3,247십억원의 현금유입이 발생하였다. 따라서 2013년 매출액에는 2013년에 현금유입이 발생하지 않은 2013년 매출채권은 포함되어 있는 반면에 2013년에 현금유입이 발생한 2012년 매출채권은 포함되어 있지 않기 때문에 2013년 수익과 2013년 현금유입이 일치하지 않게 되는 것이다.

비슷한 논리로 이번에는 비용(cost)과 현금유출(cash outflow)이 일치하지 않는 이유를 유동부채의 매입채무로 설명하고자 한다. H기업의 2013년 매출원가 50,330십억원에는 2013년 외상으로 구매한 매입채무 2,299십억원이 포함되어 있다. 2,299십억원은 2013년 재무상태표 보고시점에서는 아직 현금유출이 발생하지 않은, 1년 이내(2014년)에 현금유출이 발생할 유동부채에 포함되어 있는 매입채무이다. 2013년에는 (2013년 매출원가에 포함되지 않은) 2012년 매입채무 2,450십억원의 현금유출이 발생하였다. 따라서 2013년 매출원가에는 2013년에 현금유출이 발생하지 않은 2013년 매입채무는 포함되어 있는 반면에 2013년에 현금유출이 발생한 2012년 매입채무는 포함되어 있지 않기 때문에 2013년 비용과 2013년 현금유출이 일치하지 않게 되는 것이다.

이와 같이 해당 연도의 수익과 비용이 해당 연도의 현금흐름(cash flow)을 충실하게 반영하지 못하는 이유는 손익계산서 작성기준인 발생주의 원칙과 수익 · 비용 대응의 원칙 때문이다.

발생주의 원칙을 설명하기 위해서 먼저 현금주의 회계(cash basis accounting)와 발생주의 회계(accrual accounting)의 개념을 간단한 예를 통하여 비교 설명하고자 한다. 납세자 A가 2012년 세금 100만원을 납부하지 않고 연체하였다가 2013년에 납부하는 경우 현금주의 회계에서는 현금을 수취한 시점인 2013년의 세입으로 인식하고, 발생주의 회계에서는 세입을 발생시키는 사건이 발생한 2012년의 세입으로 인식한다. 언제 세입으로 인식하는지가 현금주의 회계와 발생주의 회계의 기본적이면서도 핵심적인 차이에 해당한다. 발생주의 회계에서는 현금유출입 시점과 관계없이 '결정적 사건'이 언제 발생했는지에 따라 수익과 비용을 확정하여 경영성과를 계산한다.

이제 발생주의 원칙을 설명하면 발생주의 원칙(accrual principle)란 수익을 발생시키는 상황이 종료되어 재화나 서비스의 가치를 알 수 있거나 신뢰성 있게 측정할 수 있으면 현금유입 여부와 상관없이 수익으로 인식한다는 것이다. 따라서 H기업의 2013년 매출채권은 2013년에 현금유입은 발생하지 않지만 수익을 발생시키는 상황이 종료되어 재화나 서비스의 가치를 신뢰성 있게 측정할 수 있기 때문에 2013년 매출액에 포함된 것이다.

비용은 기업의 경영활동 전 과정을 통하여 발생하므로 자산을 사용하거나 자산이 감소할 때 인식해야 하지만 현실적으로 엄격하게 적용하는 것이 쉽지 않다. 그래서 손익계산서에서는 비용을 수익·비용 대응의 원칙으로 인식하고 있다. 수익·비용 대응의 원칙(matching principle)이란 발생주의 원칙에 따라 해당 기간의 수익을 먼저 인식하고 그 수익을 발생시키는 과정에서 소요된 경제적 자원을 측정하여 해당 기간의 비용으로 인식하는 것이다. 즉, 비용은 현금유출 시점과 상관없이 어느 기간 수익을 창출하는 과정에 기여하였는지를 판단하여 기여한 수익이 인식되는 기간에 비용으로 대응시키는 것이다.

비용을 수익에 대응시키는 방법으로는 재화를 판매하여 얻은 수익이 인식될 때 비용으로 인식하는 직접대응, 교육훈련비나 광고비처럼 투자효과가 어느 기간에 발생했는지 측정하기 힘들 경우 비용이 발생한 기간에 전액 인식하는 기간대응, 유형자산의 감가상각비처럼 그 자산이 사용되는 기간에 걸쳐 체계적이고 합리적으로 배분하는 방법 등이 있다.

H기업의 2013년 매입채무는 2013년 매출액 창출에 기여하였기 때문에 현금유출 시점과 상관없이 2013년 수익인 매출액에 대응하여 2013년 비용인 매출원가에 포함된 것이다.

(2) 감가상각비

손익계산서의 이익이 해당 기간의 CF을 충실하게 반영하지 못하는 다른 이유로는 손익계산서에 해당 기간의 현금유출이 발생하지 않는 감가상각비가 비용으로 인식되어 있기 때문이다. <표 2> H기업의 감가상각비 462십억원은 매우 큰 비용항목이다.

감가상각(depreciation)은 시간이 흐름에 따라 발생하는 유형자산의 가치 감소분을 반영하는 과정이라고 할 수 있다. 그러나 건물을 5억원에 매입하여 사무실로 10년을 사용하였는데 건물가치가 10억원으로 상승한 경우 앞에서 언급한 감가상각의 정의는 모순에 빠진다. 오히려 K-IFRS의 공정가치 평가기준에 따르려면 건물의 가치 상승분을 반영해야 할 것이다.

위와 같은 모순을 고려할 때 감가상각은 '취득한 자산의 재화와 서비스를 창출하는 능력인 용역잠재력 중 소멸된 부분을 비용으로 배분하는 과정'이라고 정의하는 것이 더욱 적합할 것이다. 10년 동안 건물을 사용하면 영업활동을 통해 수익을 창출했을 것이므로 사무실로 사용할 수 있는 수명인 용역잠재력은 10년 감소했을 것이다. 수익을 창출하기 위해 건물의 용역잠재력을 사용한 만큼 비용으로 처리하는 것이 감가상각의 의미이고, 이렇게 10년 동안 매년 감가상각비를 배분하는 것도 수익 · 비용 대응의 원칙에 해당된다.

감가상각비는 자산의 취득원가와 잔존가치의 차액을 내용연수 기간 동안 나누어 비용으로 인식한다.[12] 감가상각비는 정액법, 정률법, 연수합계법, 생산량비례법 등으로 추정되지만 해당 기간의 정확한 용역잠재력의 감소분과는 차이가 발생할 수 있을 것이다.

---

12) 내용연수(useful life)는 자산이 사용 가능할 것으로 기대되는 기간 또는 자산으로부터 예상되는 생산량을 말한다.

내용연수 동안 분배된 감가상각비는 자산 취득에 따른 현금유출 시점과 수익·비용 대응의 원칙에 따른 비용인식 시점을 다르게 만든다. 현금유출은 자산을 구입한 시점에 모두 이루어졌는데 비용인식은 구입 이후 내용연수 동안 나누어서 이루어지기 때문이다. 만약 H기업이 내용연수가 5년인 신기계를 2010년에 500만원에 현금으로 구입하고 정액법으로 감가상각하며 5년 후 잔존가치는 0이라고 하면 내용연수 5년에 해당하는 2011년부터 20115년까지 인식되는 매 기간의 감가상각비 100만원은 현금유출이 발생하지 않는 비용이 된다.[13] 그러므로 손익계산서의 이익은 실제 현금유출이 발생하지 않은 감가상각비를 비용으로 인식하여 계산되었기 때문에 현금흐름을 정확하게 반영하지 못하게 되는 것이다.

위에서 언급한 감가상각비를 내용연수 기간 동안 나누어 인식하는 것도 수익·비용 대응의 원칙으로 설명될 수 있다. 특정 자산의 용역잠재력 감소는 그 해 매출액 창출에 특정 자산이 기여했기 때문에 발생한 것이므로 영업이익을 계산할 때 수익인 매출액에서 매출원가와 더불어 감가상각비도 비용으로 대응시키는 것이다.

그러나 감가상각비는 기업의 현금흐름에 긍정적인 효과도 가져다준다. 감가상각비는 현금유출이 발생하지 않았음에도 비용으로 인식되는 바람에 기업에게 세금부담을 줄여주는 세금공제(tax-deductibility)효과를 발생시킨다. H기업은 2013년 감가상각비 462십억원이 없었다면 '462십억원×법인세율' 만큼의 세금을 더 납부했을 것이다. 그러나 감가상각비가 비용으로 인식되는 바람에 세금을 그만큼 적게 납부하게 된 것이다. 감가상각비로 인한 세금공제액은 '감가상각비×법인세율'이 된다.

‖ 3.3절 세금 ‖

1. 평균세율과 한계세율

<표 2>의 H기업의 법인세 415십억원을 보면 세금은 기업의 매우 큰 현금유출 항목이다. CFO는 기업이 부담해야 하는 세금과 추가적인 소득이 발생하면 부담해야 하는 세금이 얼마인지도 고려하여 의사결정을 해야 할 것이다.

---

13) 정액법으로 계산한 감가상각비 = [취득원가-잔존가치] / 내용연수 = [500-0]/5 = 100만원

평균세율(ATR, average tax rate)은 기업이 소득 1단위당 부담하고 있는 평균적인 세금으로 앞에서 언급한 실효세율에 해당하며 기업이 부담한 세금총액을 과세대상소득으로 나누어 계산하다. 한계세율(MTR, Marginal tax rate)은 기업이 현재 소득에서 추가적으로 발생하는 소득 1단위가 부담해야 하는 세율을 말한다. CFO의 세금관련 의사결정에서는 그 결정으로 증가하는 수익에 따라 세금을 얼마나 부담해야 하는지도 중요하다.

☑ 예제 3

법인세율이 다음 표와 같다면 과세대상소득(EBT) 100만원에 대한 평균세율과 한계세율은 각각 얼마인가?

과세대상소득(단위:만원)	0 ～ 50	50 ～ 75	75 ～
세 율	10%	20%	35%

〈풀이〉

먼저 세금총액을 계산하면 다음과 같이 18.75만원이 된다.

$$50 \times 0.1 + (75-50) \times 0.2 + (100-75) \times 0.35 = 18.75\text{만원}$$

따라서 평균세율은 다음과 같이 계산할 수 있다.

$$\text{평균세율} = \frac{\text{세금총액}}{\text{과세대상소득}} = \frac{18.75}{100} = 18.75\%$$

현재 소득이 100만원이므로 추가적으로 발생하는 소득에 대해서는 75만원 초과소득에 대하여 적용되는 세율 35%가 과세될 것이므로 한계세율은 35%가 된다.

2. 우리나라의 법인세율(참고)

• 우리나라의 법인세율 변천과정

과세표준	1998~	2002~	2005~	2008	2009	2010	2011	2012
1억 이하	16%	15%	13%					
2억 이하				11%	11%	10%	10%	10%
1억 초과	28%	27%	25%					
2억 초과				25%	22%	22%	22%	
2억 초과 ~200억 이하								20%
200억 초과								22%

• 주요 기업들의 2010~2012년 법인세 납부액 (단위:십억원)[14)]

	삼성전자	현대차	POSCO	기아차	신한지주	SK텔레콤	현대중공업
2010	3,193	1,490	1,081	624	570	559	1,565
2011	3,432	2,342	1,068	1,202	919	609	1,132
2012	6,069	2,548	983	1,299	738	296	415

‖ 3.4절 현금흐름의 개념 및 계산 ‖

1. 현금흐름의 개념

1장에서 언급한 가치평가의 기본개념에 의하면 기업의 가치는 기업이 창출하는 CF를 기업의 위험수준을 반영한 적절한 할인율로 할인하여 평가할 수 있을 것이다. 본 절에서는 그 중에서 기업이 창출하는 CF의 개념 및 CF 계산과정을 설명하고자 한다.

기업의 가치를 평가하기 위한 CF로 손익계산서의 이익을 바로 사용하는 것은 적합하지 않다. 3.2절에서 언급한 것처럼 손익계산서의 이익은 해당 기간의 CF를 정확하게 반영하지 못하기 때문이다. CF의 cash는 말 그대로 현금이다. 지금 기업의 금고 안에 있어서 언제든지 바로 사용할 수 그런 현금을 말하는 것이다.

14) K-IFRS로 작성된 연결포괄손익계산서의 법인세비용을 참고하였다.

CF는 해당 연도에 현금유입(cash inflow)과 현금유출(cash outflow)이 발생한 것들의 차이로 측정되므로 해당 연도에 기업이 실제로 벌어들인 현금이다. 해당 연도의 CF가 발생하지 않은 거래지만 발생주의 원칙과 수익 · 비용 대응의 원칙에 따라 수익과 비용으로 인식하여 계산한 손익계산서의 이익보다는 CF가 재무정보 이용자들에게는 기업의 가치를 평가하는데 더 유용한 정보가 될 것이다. 여기에는 재무관리의 제 1 법칙이 적용된다.

재무관리 제 1법칙 : 현금이 최고다(Cash is King)!

2. 현금흐름 계산하기

기업의 자산(투자)으로부터 발생하는 현금흐름(cash flow from assets, 이하 CFA)은 기업의 주된 영업활동으로 발생하는 영업현금흐름과 투자활동으로 발생하는 자본적 지출과 순운전자본변화량으로 측정한다. 기업의 주된 활동으로 발생하는 영업현금흐름은 투자수익(return)의 성격을, 자본적 지출과 순운전자본변화량은 수익을 얻기 위해 투자된 비용(cost)의 성격을 가지고 있으므로 CFA는 기업의 자산투자 수익에서 그 수익을 얻기 위하여 투자한 비용을 차감하여 계산하므로 손익계산서의 이익 계산과 유사하지만 측정하고자 하는 것에서는 중요한 차이점이 발생한다.

CFA는 다음 박스의 식 (2)~(5)의 과정을 거쳐서 계산된다. 이 과정은 손익계산서의 이익항목에 해당 기간의 실제 CF을 반영할 수 있도록 조정하는 순서로 이루어진다.

현금흐름 = [영업현금흐름 − 자본적 지출 − 순운전자본변화량] … 식 (2)

영업현금흐름 = [영업이익 + 감가상각비 − 법인세] … 식 (3)

자본적 지출 = [기말비유동자산−기초비유동자산 + 감가상각비] … 식 (4)

순운전자본변화량 = [기말순운전자본−기초순운전자본] … 식 (5)

영업현금흐름(operating cash flow, 이하 OCF)은 기업의 주된 영업활동으로 창출된 CF로 영업이익(earning before interest and taxes, 이하 EBIT)에 감가상각비(depreciation)

는 더해주고 법인세는 차감하여 계산한다. 감가상각비는 해당 연도에 현금유출이 발생하지 않았음에도 영업이익을 계산할 때 차감되었기 때문에 다시 더해주는 것이고, 세금은 기업의 주된 영업활동으로 창출된 이익에 대하여 과세되었기 때문에 차감하는 것이다. 그러나 이자비용(interest)은 자본조달 활동과 관련된 현금유출이므로 영업활동으로 발생한 영업현금흐름 계산에서는 고려하지 않는다.[15)]

<표 2>의 자료를 가지고 식 (3)을 이용하여 H기업의 OCF을 계산하면 다음과 같다.

영업현금흐름(OCF) = [**영업이익** + **감가상각비-법인세**]
= [1,993 + 462-415] = 2,030 **십억원**

자본적 지출(capital spending, 이하 CS)은 기업이 수익을 얻기 위하여 장기적으로 투자한 금액으로 비유동자산변화량으로 측정한다. 해당 기간의 비유동자산변화량으로 신규투자와 기존 투자자산의 처분 등이 반영된 해당 기간의 순투자금액을 측정할 수 있을 것이다.

그러나 주의해야 할 것은 비유동자산의 유형자산에서는 감가상각이 발생한다는 점이다. 기초의 유형자산은 기말이 되면 해당 연도의 감가상각이 발생하여 기초보다 자산가치가 감소되어 있을 것이다. 만약 기초에 유형자산가치가 1,000만원이고 해당 연도의 감가상각비가 100만원일 경우 해당 기간 유형자산의 투자활동이 없었다면 유형자산의 CS는 0이 되어야 한다. 그러나 유형자산의 변화량만으로 CS를 측정하면 (-)100만원[=900-1,000만원]이 될 것이다. 유형자산의 기말가치는 해당 연도의 감가상각을 반영한 900만원이 되어있을 것이기 때문이다.

따라서 CS, 자본적 지출은 식 (4)와 같이 기말비유동자산에서 기초비유동자산을 차감하고 감가상각비를 더해주어야 한다.

<표 1, 2>의 자료를 가지고 식 (4)를 이용하여 H기업의 CS를 계산하면 다음과 같다.

자본적 지출(CS) = [**기말비유동자산** - **기초비유동자산** + **감가상각비**]
= [17,317-18,315 + 462] = (-)476 **십억원**

15) 여기에는 기업의 가치가 자본조달 방법 또는 자본구조에 의하여 영향 받는 것을 차단하기 위한 의도가 반영되어 있다. CF을 측정할 때는 영업활동으로 발생한 CF에만 초점을 맞추는 것이 합리적일 것이라고 판단한 것이다. 그런 이유로 CF 측정 대상 기업은 실제 부채사용 여부와 상관없이 100% 자기자본 조달을 가정한다.

기업이 자본적 지출과 같은 장기적인 투자활동을 하게 되면 유동자산과 유동부채에도 영향을 미치게 된다. 예를 들어, 새로운 기계를 교체하여 매출액이 10% 증가하면, 신용거래로 인한 매출채권도 증가할 것이고, 재료를 외상으로 매입한 매입채무도 증가할 것이다. 따라서 자본적 지출에 따른 순운전자본의 변화도 CF를 계산할 때 고려해야 할 것이다.

자산과 부채의 변화량을 기업의 현금유입/현금유출과 연결하여 살펴보면 자산이 증가하거나 부채가 감소하면 현금유출이 발생하고, 자산이 감소하거나 부채가 증가하면 현금유입이 발생할 것이다. 그러므로 유동자산변화량에서 유동부채변화량을 차감한 순운전자본변화량(ΔNWC, net working capital)이 (+)이면 유동자산 변화량으로 인한 현금유출이 유동부채 변화량으로 인한 현금유입보다 많았다는 것을 의미하고, 순운전자본변화량이 (-)이면 그 반대라는 것을 의미한다.

<표 1>의 자료를 가지고 식 (5)를 이용하여 H기업의 순운전자본변화량을 계산하면 다음과 같다.

순운전자본변화량(ΔNWC) = [유동자산변화량 - 유동부채변화량]
= [(13,260-11,605) - (12,289-14,029)] = 3,395 십억원

식 (3), (4), (5)를 이용하여 계산한 영업현금흐름, 자본적 지출, 순운전자본변화량을 가지고 H기업의 2013년도 CF를 식 (2)를 이용하여 계산하면 다음과 같다.

현금흐름 = [영업현금흐름 - 자본적 지출 - 순운전자본변화량]
= [2,030 - (-476) - 3,395] = (-)889 십억원

자산투자로부터 발생하는 현금흐름(CFA)을 계산하는 순서를 정리하면 다음과 같다.

Step 1. 손익계산서의 영업이익에 감가상각비를 더해주고 법인세를 차감하여 영업현금 흐름 계산 Step 2. 재무상태표에서 자본적 지출과 순운전자본변화량을 계산 Step 3. 영업현금흐름 – [자본적 지출 + 순운전자본변화량]

연습문제

3-1. K-IFRS이 기존의 일반기업회계기준과 재무제표 작성에 대한 중요한 차이점은 무엇인가?

3-2. wealth와 income의 개념을 비교 설명하시오.

3-3. 포괄손익에 대하여 설명하시오.

3-4. 수익과 현금유입이 다르고, 비용과 현금유출이 다를 수 있는 이유를 모두 설명하시오.

3-5. 감가상각비의 개념을 설명하시오.

3-6. U기업과 L기업은 L기업이 부채 $10,000(이자율=8%)를 사용한 것과 U기업은 부채를 사용하지 않은 것을 제외하고 모두 동일하다. 과세대상소득에 따른 세율이 아래와 같다고 한다.

- U, L 모두 : 매출액=$100,000, 매출원가=$70,000, 감가상각비=$1,000
- $0 ~ $20,000 : 10% ■ $20,001~100,000 : 22% ■ $100,001 : 30%

① 평균세율(ATR, average tax rate)은 각각 얼마인가?

② 매출액이 25% 성장할 경우 추가적으로 부담해야 하는 세금은 각각 얼마인가?

3-7. 다음 재무상태표와 손익계산서를 바탕으로 각각의 질문에 답하시오.

〈○○ 주식회사 2011, 2012 재무상태표 (백만원)〉

자 산	2011	2012	부채 및 자기자본	2011	2012
유동자산			유동부채		
현금	350	500	매입채무	350	400
매출채권	500	700	지급어음	450	200
재고자산	400	300	합계	800	600
합계	1,250	1,500	장기부채	1,000	1,500
비유동자산			자기자본		
순고정자산	1,750	2,000	보통주와 자본잉여금	600	600
(감가상각 후 공장과 설비)					
			유보이익(이익잉여금)	600	[①]
			합계	1,200	1,400
자산총액	3,000	3,500	부채 및 자기자본 총액	3,000	3,500

〈○○ 주식회사 2012 손익계산서 (백만원)〉

매출액	3,000
(−) 매출원가	1,000
(−) 감가상각비	500
이자 및 법인세비용 차감전 순이익(=영업이익, EBIT)	1,500
(−) 이자비용	150
Taxable income, **법인세 차감전 순이익 또는 과세대상소득(=EBT)**	1,350
(−) 세금(20%)	270
순이익(=당기순이익)	1,080
배당금	880
유보이익	200

① 재무상태표의 2012년 유보이익(이익잉여금)은 얼마인지 채우고 이유를 설명하시오.

② 2012년 자산투자로부터 발생하는 현금흐름(CFA, CF from Asset)은 얼마인가?

PART 2
자본시장

제4장

주식시장

4.1절 보통주와 우선주
4.2절 자본금의 변화 : 상장, 증자, 잠식
4.3절 주식매매
4.4절 주식시세 정보와 주가지수
4.5절 주식의 가치평가

‖ 4.1절 보통주와 우선주 ‖

1. 보통주

보통주(common stock)는 일반적으로 주식이라고 하는 것이며, 우선주(preferred stock)와 비교되기 위하여 보통주라고 표현한다.

주식(株式, stock)이란 주식회사(株式會社, corporation)가 사업자금을 조달하기 위하여 자본가치를 표시하여 발행하는 증서를 말하며, 주식을 발행하여 조달한 사업자금을 자본금(資本金, capital stock), 주식을 매입하여 주식회사에 자금을 제공하는 사람을 주주(株主, stockholder)라고 한다. 주주로부터 조달한 자본금은 기업의 자기자본(equity)을 구성한다.

주주는 자본금 조성에 기여하는 금액만큼 지분(持分, quota)을 가지게 되며, 지분율(=지분 / 자본금)만큼 회사의 이익을 분배 받을 수 있고, 주요 의사결정 사항에 대한 권리를 행사할 수 있다.

주식을 최초로 발행할 때 정한 주식 1주당 가격을 주식의 액면가(par value) 또는 장부상의 가격(book value)이라고 한다. 우리나라 상법에 의하면 주식회사의 자본금은 그 금액이 동일한 주식으로 분할하여야 하고, 1주의 금액은 100원 이상으로 하도록 하고 있다.[1] 회사의 정관에서 액면가를 정하고 나면, 그 후에 발행하는 주식들은 액면가보다 낮은 금액으로 발행할 수 없다. 우리나라에서는 액면가가 표시되는 액면주(par stock)만 발행할 수 있지만, 미국, 일본 등에서는 액면가를 표시하지 않고 지분율만 표시하는 무액면주(no-par stock)도 발행할 수 있다.[2]

기업의 경영성과와 관련된 주주의 특징은 다음과 같다. 첫 번째, 주주는 자신의 지분율에 비례하는 권한과 책임을 가지고 회사경영에 참가할 수 있다. 경영관련 주요사항을 결정하는 주주총회에서 지분율만큼의 의결권을 행사할 수 있다. 또한 주식회사의 부채나 손실에 대한 주주의 책임은 보유지분에 한정된다. 보유지분을 넘어서는 부채나 손실에 대해서 주주는 책임지지 않아도 된다. 이것을 주주의 유한책임(limited liability)이라고 한다. 두 번째, 주주는 자신의 지분율에 비례하여 배당으로 지급하는 현금이나

---

1) 주식의 액면가는 회사의 정관규정 사항이며, 우리나라에서는 500원, 5,000원이 가장 많고, 100원, 250원, 10,000원도 있다.

2) 액면주는 주식의 시장가격이 액면가보다 낮게 형성되면 상법 규정에 의하여 추가로 주식을 발행할 수 없고, 시장가격과 차이가 큰 경우가 많기 때문에 무액면주 도입의 필요성이 제기되고 있다.

주식을 받을 수 있다. 그러나 배당금은 기업이 벌어들인 이익이 분배되는 과정에서 다른 이해관계자들(채권자, 정부 등)에게 먼저 분배된 후 주주에게 지급되므로 주주는 잔여청구권자(residual claimants)라고 할 수 있다. 세 번째, 주주는 주가가 상승하면 매매차익을 통하여 주주 자신의 부(wealth)를 증가시킬 수 있다.

2. 우선주

우선주(preferred stock)는 보통주에 대비되는 주식이다. 우선주를 소유한 주주는 보통주를 소유한 주주에게는 부여되지 않는 혜택을 누리게 된다. 첫 번째, 배당금은 보통주보다 많은 금액을 우선하여 지급 받는다.[3] 두 번째, 기업의 해산 시 보통주 소유자보다 우선하여 자산을 청구할 수 있다. 그러나 채권자보다는 후순위이다. 세 번째, 기업이 추가적으로 자본을 조달하기 위하여 우선주를 발행할 경우 신주인수권을 행사할 수 있다.[4] 그러나, 보통주 주주보다 혜택을 제공받는 대신 주요 경영사항에 대한 의결권은 부여받지 못한다.

대부분의 우선주는 누적배당(cumulative dividends)을 하고 있다. 즉, 지난 기에 지급되지 않은 배당금이 있다면 이번 기 배당금에 누적되어 보통주 배당금보다 우선 지급된다.[5] 우선주 배당금이 지급되지 않으면 우선주 주주들에게 경영사항에 대한 의결권을 배당금이 지급될 때까지 한시적으로 주어진다.

기업은 경영참여보다는 배당금이나 주가상승을 통한 매매차익에 관심이 많은 주주들로부터 자금을 조달하려고 할 때 우선주를 발행한다. 그러나 우리나라에서는 의결권이 없는 우선주는 기업의 지배력(governance) 경쟁에 불리하게 작용하므로 대주주들에게 선호되지 않는다. 또한 보통주 배당금보다 더 받는 배당금도 크지 않고, 보통주 배당금이 지급되지 않으면 우선주 배당금도 지급되지 않으므로 소액주주들에게도 많은 관심을 받지 못하고 있다. 이런 이유로 우선주를 발행하는 기업이 많지 않으며, 우선주의 가격도 보통주 가격보다 낮게 형성되는 경우가 많다.

우리나라에서는 1996년 12월 1일부터 과거의 우선주들과는 다른 우대조건이 부여된 신형우선주가 발행되기 시작하였다.[6] 새로운 우대조건들로는 첫 번째, 만기(존속기간)

---

3) 우리나라에서는 대체로 보통주 배당금보다 액면가 대비 1% 정도 더 받는다. 액면가가 5,000원이면 보통주 배당금보다 50원 더 받게 된다.

4) 그러나 특별히 규정을 하지 않는 한 보통주에 대한 신주인수권을 받을 수는 없다. 보통주 소유자도 우선주에 대한 신주인수권을 받을 수 없기는 마찬가지이다.

5) 2013년 9월 모그룹이 법정관리 수순을 밟으면서 우선주 투자자들이 최대 14년간 누적된 배당금을 날릴 위기에 처하기도 하였다. 이것은 우선주의 배당지급이 누적되기 때문이다.

를 도입하였다. 예를 들면, 일정 기간(3～10년) 후 만기가 되면 보통주와 1대 1로 교환될 수 있도록 하였다. 두 번째, 보통주의 증자에도 참여할 수 있게 하였다. 세 번째, 최저배당률을 적용하여 구형우선주보다 배당금을 높게 만들었다. 예를 들면, 회사 정관에 '매년 액면가 대비 최소 10%는 신형우선주에 배당한다'라는 조항을 만들어 채권의 이자수입과 같은 안정적인 수익을 보장해 주었다. 이런 우대조건들로 인하여 신형우선주의 주가가 보통주보다 높게 형성되기도 한다.

‖ 4.2절 자본금의 변화 : 상장, 증자, 잠식 ‖

1. 상장(上場)과 공모(公募)

상장(listing)이란 한국거래소(Korea Exchange, 이하 KRX)가 정한 요건을 충족한 기업이 발행한 주권이 주식시장에서 거래될 수 있도록 하는 것을 말한다. 상장기업은 KRX가 정한 기업규모, 주식의 분산정도, 경영성과, 기업의 안전성 및 건전성 등의 상장요건을 충족시켰으므로 기업의 인지도가 제고되어 일반투자자들에게 유상증자를 통하여 거액의 자금을 쉽게 조달할 수 있게 된다. 상장기업은 상장 직전에 총발행주식 중 일정비율 이상을 공모하여 상장기업의 소유권을 분산시켜야 한다.[7]

유가증권시장에 상장된 기업은 주권상장법인, 코스닥시장에 상장된 기업은 코스닥상장법인이라고 하며, 상장된 기업이라도 경영상태가 악화되거나 시장규칙을 위반하면 상장폐지될 수 있다. 상장종목은 일반종목, 관리종목, 투자회사, 부동산 투자회사, 상장지수펀드, 선박투자회사 등으로 분류될 수 있다.

공모(公募, public offering)란 새로 회사를 설립하거나 자본금을 늘리려고 할 때 불특정 다수의 일반투자자를 대상으로 자본금을 모집하는 것을 말한다.[8] 반면에 소수의 개인, 기존 주주, 회사와 관련된 기관 등에게만 자본금을 모집하는 것을 사모(私募,

---

6) 신형우선주라는 표현은 그 이전에 발행되었던 우선주와 구분하기 위한 것이며, '삼성전자2우B'처럼 표기한다. 여기서 B는 신형우선주를 의미하고, 2는 2차 발행을 의미한다.

7) 유가증권시장과 코스닥시장의 신규상장의 공모에서는 일반 청약자에게 20% 이상 배정해야 한다. 우리사주조합에게는 유가증권시장에서는 반드시 20%, 코스닥시장에서는 20% 안에서 배정해야 한다.

8) 우리나라의 자본시장통합법에 의하면 주식회사의 공모는 '주식회사가 50명 이상의 투자자에게 유가증권을 넘겨 자본금을 모집하는 일'이라고 정의되어 있다. 또한 공모로 10억원 이상의 자본금을 모집하려면 금융감독원에 '유가증권 신고서'를 제출하여 심사와 허가를 받아야 한다.

private offering)라고 한다. 자본금을 모집할 때 신주를 발행하는 것을 모집(또는 신주공모)라고 하고, 기업이 보유하고 있던 이미 발행된 주식을 매도하는 것을 매출(또는 구주매출)이라고 한다.

주식의 공모는 발행 회사가 직접 모집하는 직접공모, 증권회사 등의 금융기관이 중개하는 간접발행, 증권회사가 일단 총액을 인수하고 그 후에 일반대중에게 전매하는 총액인수방식 등이 있다. 대부분의 공모는 발행위험이 크고 사무절차도 복잡하므로 증권발행을 전문기관에 일임하는 간접발행 방식을 채택하고 있다.

공모절차는 증자를 위하여 공모를 의뢰하는 발행회사가 공모절차를 대행하는 공모주간사를 선정하면서 시작된다. 공모주간사는 주로 증권회사이며 공모액의 일정비율을 수수료로 받는다. 공모주간사는 우선 발행회사 관련 내용들을 파악하여 예비 공모가를 결정하고 사업설명서, 유가증권신고서, 직전연도 감사보고서 등을 금감원에 제출하여 공모허락을 받으면 수요예측(book building) 작업에 들어간다. 주간사가 일반투자자에게 발행주식을 인도하는 역할을 하는 기관투자자(주로 증권사)들에게 공모주 인수희망 물량과 적정 가격 등을 파악하는 것을 수요예측이라고 한다.

주간사는 기관투자자의 청약관련 내용을 종합하여 발행회사와 협의하여 결정한 최종 공모가 등이 포함된 유가증권발행 신고서를 금감원에 제출한다.[9]

최종 공모가격이 결정되면 주간사는 언론에 기사를 내거나 기업설명회 등을 통하여 발행회사와 공모를 홍보한다. 이런 과정을 로드쇼(road show)라고 한다. 그리고 주간사는 투자자 그룹별로 일정 비율이 넘지 않도록 조정하면서 공모주 물량을 배정한다.

공모주 물량이 그룹별로 배정된 후 주간사와 기관(증권사) 영업점에서는 2~3일간 일반투자자를 상대로 공모주 청약 신청을 받는다. 일반 투자자의 개인별 청약신청 물량에는 제한이 있으며 청약신청일에 인수희망 수량을 신청하고, 청약증거금도 납부해야 한다. 청약 신청이 완료되면 기관별로 신청자별 청약 가능한 공모주 물량을 배정, 통보하고 청약금 납입과 초과청약금이나 잔여증거금의 환불 절차가 진행된다. 보통 청약일로부터 공모주식이 주식시장에 상장 또는 거래되기까지는 3~4주 정도 소요된다.

특별히 주식회사가 상장하면서 주주를 공모하여 자본금을 조달하면서 주식 소유권을 일반 투자자들에게도 널리 분산하는 것을 기업공개(IPO, initial public offering)라고 한다.

IPO로 발행되는 신주는 상장일 개장 시간 이전 주문가격의 제한폭이 이미 상장되어

9) 그러나 공모액이 50억원 미만인 경우는 수요예측을 생략하고 발행사와 주간사가 협의하여 공모가를 결정할 수 있다.

거래되고 있는 일반 주식들과 다르게 적용된다. 일반 주식은 전일 종가 대비 ±15%의 범위 안에서 주문가격이 형성되지만, IPO 신주는 공모가의 90∼200% 범위 내에서 주문가격이 형성된다. 또한 IPO 신주는 장중에는 개장 시간 이전 주문가격으로 형성된 시가(opening price) 대비 ±15% 범위 안에서 이루어진다.[10)]

2. 증자(增資)

증자(capital increase)는 주식회사가 주식을 추가로 발행하여 자본금을 증가시키는 것을 말한다. 증자는 신주를 발행하여 기존주주나 새로운 주주들에게 현금을 받고 신주를 파는 유상증자(capital increase with consideration)와 신주를 기존 주주에게 무상으로 나누어 주는 무상증자(increase of capital stock without consideration)로 구분할 수 있다. 유상증자는 주주들로부터 증자금액만큼 현금이 유입되므로 기업의 자본총액이 증가하지만, 무상증자는 증자금액만큼 잉여금이 자본금으로 이전되어 자본항목들 간의 금액 변화만 발생할 뿐 자본총액의 변화는 발생하지 않는다.

유상증자는 주주총회나 이사회에서 결정되며 주주배정 방식, 일반공모 방식, 제 3자 배정 방식 중 하나 또는 동시에 두가지 이상의 방법으로 이루어질 수 있다.

주주배정 방식은 기존 주주에게 공모형식으로 신규발행 주식을 분배하는 것으로 주주우선 공모방식 또는 기존주주 배정방식이라고도 한다. 주주는 자신의 지분율에 비례하여 신규발행 주식을 매입할 수 있는 신주인수권(pre-emptive right)을 보유하게 된다. 증자비율(또는 배정비율)이 10주당 1주(또는 10%)라면 기존 주주들은 보유주식 10주당 신주 1주씩을 배정 받을 수 있다.

일반공모 방식은 불특정 다수 투자자를 대상으로 공모주 청약을 실시하여 신주를 공개적으로 판매하는 방식이다. 일반 투자자들이 유상증자에 참가할 수 있는 증자방식이다.

제 3자 배정 방식은 주주는 아니지만 회사와 특별한 연고가 있는 자에게 신주를 매입할 수 있는 권리를 부여하는 방식이다. 주로 회사의 임직원이나 거래관계에 있는 기업 및 개인에게 배타적으로 신주를 매입할 수 있는 권리를 부여하는 경우가 많다.

기업이 유상증자를 하는 이유는 금융기관을 통한 대출이나 채권발행을 통한 자본조달처럼 이자비용과 원금상환의 부담이 없고, 자본금을 증가시켜 재무구조를 개선시킬 수

---

10) 따라서, 기존 주식의 전일 종가가 10,000원이면 당일 상한가는 11,500원이지만, IPO 신주의 공모가격이 10,000원이면 상장일 상한가는 23,000원[=(10,000원×200%)×1.15]도 될 수 있다.

있고, 주요 투자들을 원활하게 진행하여 장기적으로 주가를 상승시킬 수 있기 때문이다.

무상증자는 예를 들어 설명하면, A주식의 액면가 10,000원, 발행주식수 10,000주, 자본금 1억원, 주주가 10명인 상황에서 1% 무상증자를 실시하면 기존 자본금 1억원의 1%에 해당하는 잉여금 100만원을 무상증자 방식으로 자본금으로 이전한다는 것을 의미한다. 따라서 액면가 10,000원의 주식 100주가 10명의 주주에게 10주씩 무상으로 분배되고, 잉여금 100만원은 자본금으로 이전된다.

자본금의 추가유입이 발생하지 않는 무상증자는 기업이 과거부터 벌어놓은 자금(잉여금)을 재원으로 주주들에게 보너스를 지급하는 것과 마찬가지이므로 보너스 주식이라고도 한다. 무상증자는 기업에 대한 정보가 부족한 외부 투자자들에게 기업의 재무구조와 자금사정의 안정성을 알려서 주가를 관리하고자 할 때 주로 이용된다.

3. 자본잠식(資本蠶食)

자본잠식(impaired capital)이란 영업부진으로 기업의 누적적자가 확대되어 잉여금이 바닥나고 납입자본금까지 잠식되는 것을 말한다. 자본잠식은 자본금이 아직은 남아 있는 부분자본잠식과 자본금까지 모두 잠식되어 자본총액이 (-)인 완전자본잠식으로 나눌 수 있다. 자본잠식의 판단기준은 자본총액이 아니라 자본의 구성항목인 자본금이다.

예를 들어, 자본총액과 자본금 모두 1억원인 B기업이 2013년 6천만원의 손실을 보게 되면 자본총액은 4천만원으로 자본금 1억원보다 적게 되고, 자본잠식율은 60%가 될 것이다. 이와 같이 자본총액이 자본금보다 적은 상황을 부분자본잠식이라고 한다. 유가증권시장에서는 자본잠식율이 50% 이상이면 관리종목 지정사유가 되며, 2년 연속 50% 이상인 자본잠식은 상장폐지 사유가 된다.

만약 B기업이 2014년에도 5천만원의 손실이 발생한다면 자본총액은 (-)1,000만원이 되므로 완전자본잠식 상태가 될 것이다. 완전자본잠식 기업은 유가증권시장과 코스닥시장 모두 상장폐지, 퇴출된다.

자본잠식을 벗어나는 방법으로는 첫 번째, 감자(減資, capital reduction)가 있다. 감자란 기업의 누적결손금을 주주의 손실로 처리하여 자본금을 감소시키는 것을 말한다. B기업은 부분자본잠식인 상황에서 60% 무상감자를 실시하면 자본금이 1억원에서 4천만원으로 감소하면서 자본잠식을 벗어나게 된다. 두 번째, 부채의 일부를 자본으로 전환시키는 증자가 있다. B기업의 경우 채권단과 협의하여 제 3자 배정 유상증자를 통하여 부채 6천만원을 자본금으로 전환시키는 것이다. 그러면 부채는 6천만원 감소하고 자본금이 6천만원 증가하여 자본총액은 1억원이 되므로 자산총액은 변함이 없게 된다. 세 번째, 대표이사의 사재출현, 모기업의 출자 등이 있다.

‖ 4.3절 주식매매 ‖

1. 매매주문과 체결

주식을 거래하려면 투자자는 거래소 회원사(membership)인 증권사 영업점에 '증권위탁거래 계좌'를 개설하고 주문만 내면 증권사가 주식, 현금 교환 및 모든 매매절차를 처리해 준다. 매매주문은 '사자 주문(매수주문, buy order)'과 '팔자 주문(매도주문, sell order)'으로 구분되고, 'XYZ 종목 20주를 1주당 15,000원에 매수하시오'처럼 종목, 수량, 가격이 기본적으로 명시되어야 한다.

매도주문과 매수주문의 가격이 일치하여 매매가 이루어지면 '주문 또는 거래가 체결된다'고 한다. 체결은 주문수량 전부가 일치하지 않더라도 일치된 수량만 먼저 체결된다. 만약 XYZ 종목 20주를 15,000원에 매수하는 주문이 나왔을 때 15,000원의 매도주문은 10주만 존재한다면 10주만 15,000원에 거래가 체결되고, 당일 거래량에는 체결된 주식 10주만 포함된다.

주문(order)에는 지정가 주문, 시장가 주문, 조건부지정가 주문, 최유리지정가 주문, 최우선지정가 주문 등이 있다. 지정가 주문(limit order)은 매매종목, 수량, 원하는 가격을 주문자가 직접 지정하는 주문이다.

시장가 주문(market order)은 매매종목과 수량만 지정하고, 가격은 시장에서 형성되는 가격으로 체결해 달라고 증권사에 위임하는 주문이다. 가격을 완전히 위임하기도 하고 특정 가격 이하(이상)로 매수(매도)해 달라고 가격 범위를 지정하기도 한다. 시장가 주문은 동일한 조건이라면 지정가 주문보다 먼저 체결된다.

조건부지정가 주문(conditional limit order)은 장중에는 투자자가 원하는 지정가 주문으로 매매하고, 종가(closing price)가 결정되는 시점까지 체결되지 않으면 미체결 잔량이 시장가 주문으로 전환되어 종가결정에 참가하는 주문이다.

최유리지정가 주문(best limit order)은 매매종목과 수량만 지정되는 것은 시장가 주문과 유사하지만 매수(buy)할 때는 최저가로, 매도(sell)할 때는 최고가로 거래가 체결되도록 하여 주문자에게 가장 유리하게 매매가격이 형성되는 주문이다. 반면에 최우선지정가 주문은 최유리지정가 주문과는 반대로 매수(buy)할 때는 최고가로, 매도(sell)할 때는 최저가로 거래가 체결되도록 하여 주문자에게 가장 불리한 매매가격이 형성되지만 가장 먼저 체결될 수 있는 주문이다.

지정가 주문, 시장가 주문, 최유리지정가 주문에는 IOC나 FOK의 조건을 부여할 수 있다. IOC(Immediate or Cancel)는 해당 주문의 접수시점에서 주문수량 중 체결 가능한 수량에 대해서는 매매거래를 체결하고, 미결제잔량은 바로 취소하는 조건이다. FOK(Fill or Kill)은 해당 주문의 접수시점에서 주문수량 전부가 체결 가능한 경우만 매매거래를 체결하고 그렇지 않으면 바로 해당주문을 전부 취소하는 조건이다.

체결되지 않은 주문은 언제든지 취소와 정정이 가능하며 오늘 낸 주문이 체결되지 않으면 정규장이 끝나면 자동으로 취소된다.

유가증권시장의 주식 매매단위는 기본적으로 장중 10주가 원칙이고, 전일 종가가 50,000원 이상인 종목은 장중 1단위도 주문 가능하다.[11]

호가(quotation)란 거래소의 회원인 증권회사가 자기명의로 시장에 매도/매수 의사표시를 하는 것으로, 회원은 투자자의 주문을 위탁받아 해당주문을 거래소에 호가하여야 한다. 호가는 매수호가와 매도호가로 구분되며 투자자들이 사고자 하는 가격과 팔고자 하는 주식가격의 의사표시라고 할 수 있다.

유가증권시장과 코스닥시장의 가격대별 호가단위는 다음 <표 1>과 같다. <표 1>에 의하면 유가증권시장에서 주가가 30,000원인 주식은 50원의 배수가 되는 가격들로만 매수/매도호가를 제시할 수 있으므로 30,020원처럼 호가를 제시할 수는 없다.

주식시장에 제시되는 수많은 매수호가와 매도호가들을 체결시키는 원칙은 첫 번째, 가격우선, 두 번째, 시간우선, 세 번째, 수량우선의 원칙이다.

가격우선의 원칙은 매도(sell)호가는 낮은 가격을, 매수(buy)호가는 높은 가격을 우선하여 가장 낮은 매도호가를 가장 높은 매수호가에 체결시키고, 그 다음 낮은 매도호가와 그 다음 높은 매수호가 순서대로 매매를 체결시키는 것이다.

시간우선의 원칙은 가격이 동일한 매수/매도호가에 대해서는 시간상으로 먼저 시장에 제시된 호가부터 체결시키는 것이다. 시간마저 동일하다면 수량우선의 원칙을 적

11) 이와 같이 매매 기본단위에 미치지 못하는 주식을 단주(odd lot)라고 하는데 수수료를 더 부담해야 하며, 상/하 한가에는 매매가 이루어지지 않는다.

용하여 주문 수량이 많은 주문부터 체결시킨다.

그 외에도 투자자를 보호하기 위하여 증권회사가 자기매매업과 위탁매매업을 겸업함에 따라 발생할 수 있는 이익충돌을 방지하고자 하는 위탁자우선 원칙이 있다. 즉, 위탁자의 주문이 먼저 전량 체결된 후 증권회사는 자기매매분을 체결해야 한다.

〈 표 1 〉 주식가격대별 호가단위

주가 범위	유가증권시장	코스닥시장
5,000원 미만	5원	5원
5,000원 이상 ~ 1만원 미만	10원	10원
1만원 이상 ~ 5만원 미만	50원	50원
5만원 이상 ~ 10만원 미만	100원	100원
10만원 이상 ~ 50만원 미만	500원	100원
50만원 이상 ~	1,000원	100원

주식매매는 주문을 제출하고, 체결되어, 거래가 결제되어야 최종 완료된다. 거래가 체결된다는 것은 매매자간에 주식과 대금을 교환하기로 약정·계약만 하는 것이므로, 거래가 완료되기 위해서는 주식과 대금의 교환이 이행되어야 한다. 여기서 주문이 체결된 날을 약정일, 주식과 대금의 교환이 이행되는 날을 결제일이라고 한다.

유가증권시장이나 코스닥시장 모두 주문체결부터 결제까지 거래체결일을 포함하여 거래일 기준 3일이 소요된다. 여기서 3일은 순수 거래일(trading day)을 의미한다. 만약 금요일 거래가 체결되었다면 금요일, 월요일, 화요일 3일이 소요되어, 화요일에 주식과 대금의 교환이 이행된다. 주식을 매입하는 투자자는 거래가 체결된 날이 아니라 거래가 결제된 날부터 주주명부에 기재되어 주주의 자격을 인정받게 되는 것이다.[12)]

2. 매매비용과 주식양도세

주식을 매매할 때는 거래수수료와 증권거래세라는 거래비용이 발생하므로 투자자는 거래비용을 고려하여 투자결정을 해야 한다.

12) 보통 거래결제 소요기간을 'T+3일' 이라고 하는데 거래체결일(T)을 포함하여 3일이고, 3일에는 휴장일은 포함되지 않는다는 것과 배당이나 신주인수권을 배정 받기를 원하는 투자자들은 T+3일을 고려하여 주식을 매입해야 하는 것을 주의해야 한다.

거래수수료는 증권사 영업망을 통해 주식을 매매할 때 거래대금 중 일부를 증권사에게 수수료로 지불하는 것을 말하며, 거래가 체결되었을 때만 지불한다. 최근에는 증권사들 간의 경쟁으로 거래수수료는 점점 낮아지는 추세이다. 개인투자자들이 많이 이용하는 HTS(home trading system)의 거래수수료는 거래대금의 0.015～0.1% 정도이다.

거래수수료가 주식 매수자와 매도자 모두가 부담하는 것에 비하여, 증권거래세는 주식을 매도하는 투자자만 부담하는 세금이다. 장내 거래에서는 주식판매액의 0.30%(농어촌특별세 0.15% 포함)를 증권거래세로 증권사가 원천징수하고, 장외 거래에서는 주식판매액의 0.50%의 증권거래세를 주식 매도자가 자진 신고해야 한다.

HTS의 거래수수료율을 0.015%라고 하면, HTS을 이용하여 유가증권시장의 주식을 매매하는 투자자는 주식을 매수할 때는 0.015%, 매도할 때는 0.315%의 거래비용을 부담해야 하므로 주식 1주를 10,000원에 매입하여 10,000원에 매도하여도 33원 [=10,000×(0.015%+0.315%)]의 손실을 보는 것이나 마찬가지이다.[13)]

〈 표 2 〉 주식양도 소득세율 (2013년 10월 기준)

상장여부	기 업	주주	양도 장소	보유기간	소득세율
상장	중소기업	소액주주	장내	–*	비과세
			장외	–	10%
		대주주**	–	–	10%
	중소기업 이외	소액주주	장내	–	비과세
			장외	–	10%
		대주주	–	1년 이상	20%
			–	1년 미만	30%
비상장	중소기업	–	–	–	10%
	중소기업 이외	소액주주	–	–	20%
		대주주	–	1년 이상	20%
			–	1년 미만	30%

* – : 해당 기준에 구분 없이 모두 적용된다는 것을 의미함

** 대주주란 유가증권시장에서는 지분율 3% 이상 또는 시가총액 100억원 이상에 해당하는 주식을 소유한 자를, 코스닥시장에서는 지분율 5% 이상 또는 시가총액 50억원 이상에 해당하는 주식을 소유한 자를 말한다.

13) 1회 거래비용으로 0.33% 정도는 적을 수 있으나 단타거래 성향이 강한 우리나라의 개인투자자들에게는 누적되는 거래비용은 적지 않은 부담이 될 것이다.

거래비용에 포함되는 증권거래세 이외에 주식을 매매하여 차익을 얻는 자는 주식양도 소득세도 부담해야 한다. 소액 개인투자자는 장외시장 거래를 제외하면 주식양도 소득세는 면제된다. 구체적으로 부담해야 하는 주식양도 소득세율은 다음 <표 2>처럼 양도주식, 양도자, 발행기업의 특징 등에 따라서 다양하다.

‖ 4.4절 주식시세 정보와 주가지수 ‖

1. 주식시세 정보

주식시세를 포함한 증시정보는 주식매매체결 시스템을 개발 및 운영하는 KOSCOM이 공표한다. 각종 일간지, 포털사이트 등의 경제란에서 <표 3>과 같은 특정기업의 주가에 대한 시세정보들을 얻을 수 있다.

〈표 3〉 2013년 10월 2일 현대중공업 보통주 시세정보

종목명	종목코드	종가	시가	등락	거래량	거래대금	고가	저가	기준가
현대중공업	009540	264,000	263,500	▲4,000	219,766	57,804	267,000	262,500	260,000

<표 3>의 내용들로 시세정보 항목들을 설명하면 종목명과 종목코드는 해당주식 고유의 항목들이다. 종가(終價, closing price)는 정규장을 마감할 때 거래가 체결된 가격, 시가(始價, opening price)는 장중 처음 체결된 거래가격을 말한다. 유가증권시장과 코스닥시장에서는 종가는 오후 2시 50분~3시까지, 시가는 오전 8시~9시까지 모든 거래를 중지하고 주문만 받은 후 단일가 매매방식으로 가격을 결정한다.

등락 또는 전일비는 거래일 기준 전일 종가와 비교한 당일 종가의 변화량을 말한다. 보통 상승한 경우는 ▲, 동일한 경우는 ○, 하락한 경우는 ▼ 표시 옆에 변화량을 표기한다. <표 3>의 '▲4,000'은 2013년 10월 2일 현대중공업 종가 264,000원은 전일 종가보다 4,000원 상승하였다는 것을 의미한다.

거래량은 거래 당일 매매된 주식수량으로 주문이 체결된 것만 포함되며 단위는 10

주이다. 따라서 거래량 219,766은 2,197,660주가 10월 2일 체결되었다는 것을 의미한다. 거래대금은 거래당일 체결된 모든 거래의 체결가격과 체결수량을 곱한 것들의 합이며 단위는 백만원이다.

고가(高價, high)와 저가(低價, low)는 거래 당일 체결된 거래들 중에서 가장 높은 체결가격과 가장 낮은 체결가격을 각각 의미한다. 기준가는 특별한 경우를 제외하고 거래일 전일 종가를 말하며, 가격제한폭 등의 기준이 되는 가격이다. 현대중공업의 10월 2일 시가, 고가, 저가, 등락, 기준가, 종가를 연결하여 가격흐름을 파악하면 현대중공업 주가는 10월 2일 263,500원으로 체결되기 시작하여 장중에 최저 262,500원부터 최고 267,000원까지 거래되다가 전일 종가보다 4,000원 상승된 264,000원에 마감되었다고 할 수 있다.

우리나라 주식시장에는 가격제한폭이 존재한다. 장중에 주가의 급격한 변동으로부터 투자자들을 보호하기 위하여 전일 종가 대비 ±15% 범위 내에서만 가격이 형성되도록 하고 있다. 만약 전일 종가가 10,000원이라면 당일 상승할 수 있는 최고 시세(상한가)는 11,500원, 하락할 수 있는 최저 시세(하한가)는 8,500원이 된다.

그러나 미국, 영국, 홍콩 시장 등에는 가격제한폭이 존재하지 않는다. 가격제한폭이 존재하면 증시 주변의 호재나 악재가 신속하게 주가에 반영되지 못하므로 증시의 시장기능을 저하시킬 수 있다는 이유 때문이다. 예를 들면, 주가를 반 토막 낼 수 있는 악재가 발생하면 미국 시장에서는 발생 당일 주가가 50% 수준으로 하락할 수 있지만, 15%의 가격제한폭이 존재하는 한국 시장에서는 며칠에 걸쳐서 하락하거나, 50% 수준까지 하락하지 않을 수도 있다.

2. 주가지수

주가지수(stock price index)는 주식시장의 전반적인 움직임 또는 흐름을 나타내기 위하여 개별종목들의 주가변동을 종합하여 만든 지수를 말한다.

주가지수는 경제동향 및 주식시장의 중요한 지표로 활용되며, 물가지수나 경제지수처럼 경제 전반의 상황을 알려 준다. 또한 투자자들에게 은행예금 금리, 부동산 투자수익률 등과 비교하여 투자대상을 선택할 수 있는 기준이 되어 준다.

(1) 한국주식시장의 대표지수

우선 가장 많이 알려진 KOSPI(Korean Composite Stock Price Index) 지수는 유가증

권시장의 종합주가지수로서 유가증권시장에 상장된 모든 종목들로 계산된다.

KOSPI 지수는 비교 시점의 모든 종목들의 시가총액(=발행주식수×주가)을 합하여 상장종목 전체의 시가총액을 구한 후, 기준시점의 시가총액과 비교하여 계산된다.

KOSPI 지수의 기준 시점은 1980년 1월 4일이며, 기준시점의 시가총액은 100으로 하여 식 (1)과 같이 비교시점(t)의 KOSPI 지수를 계산한다.

$$\text{KOSPI(t)}=\left[\frac{t\text{시점의 상장종목 시가총액의 합}}{\text{기준시점의 상장종목 시가총액의 합}}\right]\times 100 \quad \cdots \text{ 식 (1)}$$

2013년 10월 2일 KOSPI=1,999.47포인트는 2013년 10월 2일 유가증권시장 상장주식의 시장가치가 기준시점인 1980년 1월 4일보다 약 20배 커졌다는 것을 의미한다.

KOSPI 지수는 1980년 1월 4일 이후 상장기업들이 주식을 추가로 발행하거나, 상장폐지, 신규상장 등이 발생할 때마다 기준시점의 시가총액도 수정하여 계산된다.

유가증권시장의 주가 움직임을 나타내는 다른 중요한 지수로는 KOSPI 200 지수가 있다. KOSPI 200 지수는 전년도 시가총액, 거래량, 업종대표성 등을 고려하여 유가증권시장 전체 종목들 중에서 200개만 선택하여 계산한 지수이다[14]. KOSPI 200 지수의 기준 시점은 1990년 1월 3일이고, 기준 시점의 시가총액은 100이다.

코스닥시장의 주가 움직임을 나타내는 KOSDAQ(Korea Securities Dealers Automated Quotation) 지수 역시 KOSPI처럼 모든 상장종목들을 가지고 시가총액 방식으로 계산한다. 기준 시점은 1996년 7월 1일이며 기준 시점의 시가총액은 처음에는 100이었다가 2004년 1월부터 1,000으로 수정되었다. 2013년 10월 2일 KOSDAQ=532.02포인트는 이날의 코스닥시장 상장주식의 시장가치는 기준시점인 1996년 7월 1일의 거의 절반 밖에 되지 않는다는 것을 의미한다.

코스닥시장에도 KOSPI 200 지수처럼 대표 30개 종목으로 계산하는 스타지수(KOSTAR)가 있다. 기준 시점은 2004년 1월 26일이며 기준 시점의 시장가치는 1,000이고, 2013년 10월 2일 지수는 1,238.81이다.

---

14) KOSPI 200 지수에 포함되는 200개 종목들의 시가총액은 KOSPI를 구성하는 전체 종목들 시가총액의 약 70%를 차지한다.

1998년 유가증권시장과 코스닥시장 본부가 하나로 합쳐지면서 한국거래소는 유가증권시장과 코스닥시장을 망라하여 업종대표성과 시가총액 등을 기준으로 100개의 종목을 선정하여 KRX 100 지수를 발표하고 있다. KRX 100 지수의 기준일은 2001년 1월 2일이며, 기준 시점의 시장가치는 1,000이고, 2013년 10월 2일 지수는 4,281.74이다.

〈표 4〉 2013년 10월 2일 국내주요 주가지수

종 류	KOSPI	KOSPI 200	KOSDAQ	스타지수	KRX 100
지 수	1,999.47p	261.87p	532.02p	1,238.81p	4,281.74p
기준일	1980. 1. 4	1990. 1. 3	1996. 7. 1	2004. 1.26	2001. 1. 2
기준일 시가총액	100p	100p	1,000p	1,000p	1,000p

(2) 외국주식시장의 대표지수

미국의 주요 주식시장은 뉴욕증권거래소(NYSE, New York Stock Exchange)와 나스닥(NASDAQ, National Association of Securities Dealers Automated Quotation)이다. NYSE에는 규모가 크고 오래된 미국기업과 외국기업들이 주로 상장되어 있고, NASDAQ에는 장래 고수익이 예상되고 잠재력이 있는 벤처기업과 IT관련 기업들이 주로 상장되어 있다.

NYSE에서 발표하는 Dow 지수의 정확한 명칭은 다우존스산업평균지수(DJIA, Dow Jones Industrial Average)이며, <월스트리트 저널>의 공동 창간자인 찰스 다우(Charles H. Dow)와 에드워드 존스(Edward. Jones)가 고안하였으며, 주요 종목 30개(blue-chip)의 주가를 단순평균하여 지수를 산출한다.[15] 반면에 NASDAQ지수는 모든 상장종목들에 대해서 시가총액 가중평균방식으로 계산된다.

Dow 지수와 NASDAQ 지수와 더불어 미국의 대표적인 지수로는 S&P 500 지수(Standard and Poor's 500 index)가 있다. 신용평가회사인 S&P가 미국의 대표기업 500개를 시가총액 방식으로 산출한다.

아시아 금융시장의 대표적인 지수로는 일본의 니케이(Nikkei) 225 지수, 홍콩의 항생지수(Hang Seng index) 등이 있다.

---

15) 처음에는 11개 종목이었지만 지금은 30개 종목으로 구성되어 있다. 초기에는 대부분 철도회사 등 기간산업으로 이루어졌지만 경제 환경이 변하면서 식품, 에너지 등 그 시대를 대표하는 기업으로 구성되고 있다. 처음부터 지금까지 Dow지수에 포함된 유일한 기업은 에디슨이 만들고 잭 웰치가 키운 GE(General Electric)이다.

‖ 4.5절 주식의 가치평가 ‖

1. 주식의 가치와 주식투자 수익률

주식의 가치를 평가하기 위해서는 주식을 보유함으로써 얻을 수 있는 현금흐름(cash flow, 이하 CF)과 주식의 위험수준을 적절하게 반영하는 할인율을 알아야 할 것이다. 본 절에서는 주식의 가치를 계산하는 기본식을 특정 시점에 H주식을 매입하여 1년간 보유한 후 매도하는 주식투자를 가정하여 설명하고자 한다.

1년 후 H주식의 가격(P_1)이 10,000원으로 예상되고, 보유기간 동안 배당금(D_1) 500원을 지급 받는다면 H주식을 보유함으로써 얻을 수 있는 CF는 매도가격 10,000원과 배당금 500원이 될 것이다. 즉, 주식을 보유하여 얻을 수 있는 CF는 매도가격과 배당금(지급된다면)이 될 것이다.[16)]

H주식 투자에서 1년 동안 20%의 수익률을 얻기 원하는 투자자는 위와 같은 CF를 얻을 수 있는 H주식을 다음 식의 결과처럼 8,750원에 매입해야 할 것이다.

$$P_0 = \left[\frac{10,000 + 500}{(1+0.2)^1} \right] = 8,750\text{원}$$

위의 식을 통하여 오늘 8,750원을 투자하여 1년 후 10,500원의 수익을 얻는 주식투자의 수익률은 20%임을 알 수 있다. 이것은 투자자 입장에서는 자신이 원하는 수익률을 얻기 위해서는 원하는 수익률로 할인된 가격으로 H주식을 매입해야 한다는 것을 의미한다.

H주식 투자를 일반화하면 t=0에서 매입하여 t=1까지 보유하는 주식의 t=0에서의 가격은 다음과 같을 것이다.

$$P_0 = \left[\frac{P_1 + D_1}{(1+R)^1} \right]$$

예측해야 하는 t=1의 주가 P_1은 P_0의 가치를 구하는 방식과 마찬가지로 P_1을 t=1에서

16) 주식의 배당금은 채권의 이자와 다르게 항상 지급되는 것은 아니다. 기업의 이사회나 주주총회에서 지급을 의결할 경우에만 지급된다. 또한 배당금의 규모도 채권의 이자처럼 항상 일정한 것도 아니다.

주식을 매입하여 t=2까지 보유하는 경우를 가정하여 계산하면 다음과 같을 것이다.

$$P_1 = \left[\frac{P_2 + D_2}{(1+R)^1}\right]$$

P_1을 P_0를 계산하는 식에 대입하면 다음과 같을 것이다.

$$P_0 = \left[\frac{D_1}{(1+R)^1} + \frac{D_2}{(1+R)^2} + \frac{P_2}{(1+R)^2}\right]$$

P_2, P_3, …, P_∞을 위와 같은 방식을 계속 적용하여 계산하면 $[P_\infty/(1+R)^\infty]$은 극한개념을 도입하면 0에 가까운 값을 가질 것이므로 주식의 가치를 계산하는 기본식은 다음 식 (2)와 같이 미래 배당금들의 현재가치의 합으로만 표현할 수 있을 것이다.

$$P_0 = \left[\frac{D_1}{(1+R)^1} + \frac{D_2}{(1+R)^2} + \frac{D_3}{(1+R)^3} + \cdots\right] \quad \text{… 식 (2)}$$

주식투자 수익률은 주가의 매매차익으로 발생하는 자본수익률(capital gains yield)과 배당금으로 발생하는 배당수익률(dividend yield)로 구분할 수 있다. H주식 투자의 수익률 20%는 다음과 같이 자본수익률 14.29%와 배당수익률 5.71%로 구분된다.

$$R_0 = \left[\frac{(P_1 - P_0) + D_1}{P_0}\right] = \left[\frac{(10{,}000 - 8{,}750)}{8{,}750}\right] + \left[\frac{500}{8{,}750}\right] = 14.29\% + 5.71\% = 20\%$$

배당금을 지급하는 주식이라면 자본수익률이 (-)가 되더라도 배당수익률로 인하여 주식투자 수익률은 (+)의 값을 가질 수도 있다.

2. 주식평가 모형 : 배당평가모형

앞 절에서 식 (2)를 통하여 주식의 가치를 배당금만으로도 평가할 수 있다는 것을 살펴보았다. 이번 절에서는 미래 배당금들의 특징별로 구체적인 배당평가모형을 살펴보고자 한다.

(1) 배당금이 동일한 경우 : $D_1 = D_2 = \cdots = D$

기업이 배당금을 변화를 주지 않고 매 기간 동일하게 D만큼 지급(zero-growth)하는 주식의 가치는 영구연금(perpetuity)의 현재가치 공식을 적용하여 다음 식 (3)와 같이 간단하게 계산할 수 있다.[17] 여기서, D는 주당배당금, R은 주식투자자의 요구수익률을 각각 의미한다.

$$P_0 = \left[\frac{D}{(1+R)^1} + \frac{D}{(1+R)^2} + \frac{D}{(1+R)^3} + \cdots\right] = \left[\frac{D}{R}\right] \qquad \cdots \text{ 식 (3)}$$

(2) 배당금이 매 기간 일정한 비율로 증가하는 경우 : $D_t = D_{t-1} \times [1+g]$

기업이 매 기간의 배당금(D_t)을 바로 직전 기간의 배당금(D_{t-1})보다 g비율만큼 일정하게 증가시켜 지급(constant-growth)하는 주식의 기간별 배당금은 다음과 같을 것이다.

$$D_1 = D_0 \times (1+g)$$
$$D_2 = D_1 \times (1+g) = [D_0 \times (1+g)] \times (1+g) = D_0 \times (1+g)^2$$
$$\vdots$$
$$D_t = D_{t-1} \times (1+g) = [D_0 \times (1+g)]^{t-1} \times (1+g) = D_0 \times (1+g)^t$$
$$\vdots$$

위와 같은 배당흐름을 식 (1)에 대입하면 주식의 가치는 성장영구연금의 현재가치 공식을 적용하여 다음 식 (4)와 같이 간단하게 계산할 수 있다. 여기서, D_1 은 t=1의 주당배당금, R은 주식투자자의 요구수익률, g는 배당성장률을 각각 의미한다.

$$P_0 = \left[\frac{D_1}{(1+R)^1} + \frac{D_1 \times (1+g)}{(1+R)^2} + \frac{D_2 \times (1+g)}{(1+R)^3} + \cdots\right] = \left[\frac{D_1}{R-g}\right] \qquad \cdots \text{ 식 (4)}$$

(단, R 〉 g)

17) 주식평가에서는 만기를 언급하는 것이 쉽지 않다. 특별한 경우를 제외하고는 기업은 계속해서 존재한다는 가정 (즉, 무한대로)하여 주식가치를 평가하곤 한다.

단, 식 (4)는 할인율로 사용하는 R이 배당성장률 g보다 큰 경우에만 적용 가능하다. 만약 배당성장률이 할인율보다 크다면 직관적으로 매 기간 배당금이 할인(discount)되는 비율보다 할증(compound)되는 비율이 높은 상태로 무한 기간 배당금이 증가하는 주식의 가치는 평가할 수 없을 정도로 클 것이다. 식 (4)를 배당의 항상성장모형(constant-growth model) 또는 고든모형(Gordon's model)이라고 한다.

예제 1

XYZ 기업은 올해 주당 300원의 배당금을 지급하였다. 주식투자의 요구수익률은 10%라고 한다.

(a) XYZ 기업이 앞으로도 매 기간 주당 300원의 배당금을 지급한다면 현재 주가는 얼마가 되어야 하는가?

(b) XYZ 기업이 매년 배당금을 5%씩 지속적으로 증가시킨다면 5년 후 배당금은 얼마인가?

(c) XYZ 기업이 매년 배당금을 5%씩 지속적으로 증가시킨다면 현재 주가는 얼마가 되어야 하는가?

〈풀이〉

(a) D=300원으로 매 기간 일정하므로 식 (3)을 이용하면 주가는 $\frac{300\text{원}}{0.1} = 3{,}000\text{원}$

(b) 배당금이 매 기간 5%씩 일정한 비율로 상승하면 $D_5 = D_0[1+g]^5 = 300[1.05]^5 = 383\text{원}$

(c) 배당금이 매 기간 5%씩 일정한 비율로 상승하므로 식 (4)를 이용하면 주가는

$$P_0 = \left[\frac{D_1}{R-g}\right] = \left[\frac{300 \times (1+0.05)}{0.1-0.05}\right] = 6,300\text{원}$$

(3) 배당금이 불규칙하게 변동하는 경우

미래 배당흐름에 일정한 패턴이 존재한다면 식 (3)과 (4)처럼 주식의 가치를 간단하게 계산할 수 있다. 그러나 일정한 패턴이 없다면 모든 미래 배당금의 현재가치들을 합하여 주식의 가치를 계산해야 한다.

예제 2

Ice 회사는 올 해 주당 675원의 배당금을 지급하였다. 내년 배당금을 25% 증가시킨 후 산업평균 비율인 5%에 이르는 기간까지는 매년 5%씩 배당성장률을 감소시킨 후, 그 이후부터는 매년 5%씩 일정한 비율로 배당금을 증가시킨다고 한다. 요구수익률이 13.75%라면 현재 Ice주식의 가격은 얼마이어야 하는가?

〈풀이〉

기간별 배당성장률로 배당금을 정리하면 다음과 같다.

t	0	1	2	3	4	5	…
g(%)	0	25%	20%	15%	10%	5%	5%
D(원)	675	675×1.25 = 844	844×1.20 = 1,013	1,013×1.15 = 1,164	1,164×1.1 = 1,281	1,281×1.05 = 1,345	…

t=5부터는 매 기간 5%로 배당금이 일정한 비율로 성장하므로, P_4의 값을 식 (4)를 이용하여 계산하면 $P_4 = \left[\frac{D_5}{R-g}\right] = \left[\frac{1,345}{0.1375-0.05}\right] = 15,371$원

이제 t=1~4의 배당금과 P_4를 할인하면 Ice의 현재 주가를 다음과 같이 계산할 수 있다.

$$P_0 = \left[\frac{844}{(1.1375)^1} + \frac{1,013}{(1.1375)^2} + \frac{1,164}{(1.1375)^3} + \frac{1,281}{(1.1375)^4} + \frac{15,371}{(1.1375)^4}\right] = 12,262\text{원}$$

예제 2처럼 전체 기간의 배당흐름에는 일정한 패턴이 없더라도 일부 기간 동안에는 식 (3)과 식 (4)을 적용시킬 수 있는 패턴이 존재할 수 있다. 그런 경우는 식을 적용할 수 있는 기간은 조금이라도 가치평가 식을 간단하게 조정하는 것이 필요하다. 예제 2는 Ice 주식을 4기간 보유하고 P_4의 가격으로 매도할 경우 현재 주식가치를 계산하는 것과 동일한 상황으로 조정되었다.

3. 주식평가 모형 : PER와 [EV/EBITDA]을 이용한 평가모형

배당평가모형은 주식의 가치를 평가하는 기본 모형이지만 미래 배당흐름과 할인율을 정확하게 추정하는 것이 현실적으로 매우 어려운 일이다. 매 기간 동일한 배당금을 지급하거나 매 기간 일정한 비율을 유지하면서 배당금을 증가시키는 기업들을 현실에서 찾기가 쉽지 않을 뿐만 아니라 배당을 지급하지 않는 기업들에게는 배당평가모형을 적용하는 것이 쉽지 않다.

위와 같은 배당평가모형의 제약 때문에 실무자들은 주가수익비율(price-earning ratio, 이하 PER)과 [EV / EBITDA]를 이용하여 주식가치를 추정한다.

(1) PER를 이용한 주식가치 평가

다음 식 (5)와 같이 PER는 주식가격(P)이 주당순이익(EPS, earning per share)의 몇 배로 형성되어 있는지를 나타낸다. 즉, 주식시장의 투자자들이 회계적 이익인 주당순이익 1단위에 대하여 얼마나 지불하고 있는지를 보여준다.

$$PER = \left[\frac{P}{EPS}\right] \qquad \cdots \text{ 식 (5)}$$

식 (5)를 다음 식 (6)과 같이 주가를 추정할 수 있는 식으로 조정할 수 있다.

$$P = \left[PER^{*} \times EPS\right] \qquad \cdots \text{ 식 (6)}$$

이제는 정확한 주식가치를 평가하기 위해서는 식 (6)의 PER*를 어떻게 추정하는가가 중요할 것이다. 많이 사용되는 방법은 ① 해당 기업의 과거 PER의 평균, ② 해당 기업과 규모, 위험 등이 매우 유사한 기업의 PER, ③ 해당 기업이 속한 산업평균 PER 등이 있다.

만약 H기업의 EPS=1,500원, 과거 평균 PER가 10이라면 H기업의 주식가치는 15,000원[=10×1,500원]으로 평가된다.

(2) [EV / EBITDA] 이용한 주식가치 평가

EV(enterprise value, 기업가치)는 기업의 총가치로 기업을 매수할 때 지급해야 하는 금액을 말한다. 어떤 기업을 100% 지배하기 위해서는 그 기업의 발행주식 모두를 매수해야 하고 그 기업의 빚도 모두 갚아야 할 것이다.

만약 H기업 주식의 시가총액이 1,000만원, 부채가 500만원이고, 현금과 예금, 단기금융상품 등 200만원의 여유자금을 보유하고 있다고 하자. H기업의 순차입금은 부채에서 여유자금으로 갚을 수 있는 부분을 제외한 300만원[=500-200]이 될 것이다. 따라서 H기업의 EV는 시가총액[=1,000만원]과 순차입금[=300만원]의 합 1,300만원이 된다.

EBITDA(Earning Before Interest, Taxes, Depreciation and Amortization)는 이자, 법인세, 감가상각비(무형감가상각비 포함)를 차감하기 전의 이익으로 기업의 이익창출 능

력을 보여주는 지표이다. 일반적으로 영업이익(operating income)에 감가상각비를 더하여 계산한다.

식 (7)처럼 계산되는 [EV/EBITDA]는 기업가치가 영업활동으로 창출된 이익의 몇 배로 평가되는지를 보여준다. 보통 [EV/EBITDA]가 5배라고 하면, 그 기업을 시장가격(EV)로 매수했을 때 그 기업이 벌어들이는 이익(EBITDA)을 5년간 누적시키면 투자원금을 회수할 수 있다는 의미로 해석된다.

$$\left[\frac{EV}{EBITDA}\right]=\left[\frac{\text{시가총액}+\text{순차입금}}{\text{영업이익}+\text{감가상각비}}\right] \qquad \cdots \text{ 식 (7)}$$

식 (7)을 이용하여 주가를 추정하는 과정은 다음과 같다.

Step 1 : EV=[EBITDA×(EV/EBITDA)*]
Step 2 : EV=[시가총액 + 순차입금]
Step 3 : 주가=[시가총액/총발행주식수]

여기서 (EV/EBITDA)*은 ① 해당 기업의 과거 평균, ② 해당 기업과 규모, 위험 등이 매우 유사한 기업의 값, ③ 해당 기업이 속한 산업평균 등으로 추정된 값을 말한다.

H기업과 유사한 규모와 위험을 가진 HH기업의 (EV/EBITDA)=8, H기업의 EBITDA는 2,000만원, 순차입금은 1,000만원, 총발행주식수는 5,000주라면 H기업의 주가는 다음 3단계를 통하여 3만원으로 추정할 수 있다.

Step 1 : EV(H)=[EBITDA(H)×(EV/EBITDA)HH]
= [2,000만원×8배]=16,000만원

Step 2 : EV(H)=[시가총액(H) + 순차입금(H)]
16,000만원=[시가총액(H) + 1,000만원]
시가총액(H)=15,000만원

Step 3 : 주가(H)=[시가총액(H) / 총발행주식수(H)]
주가(H)=[15,000만원 / 5,000주]=3만원

연습문제

4-1. 보통주에게 없는 우선주의 혜택과 우선주가 보통주에 비하여 가지지 못한 것을 각각 설명하시오.

4-2. IPO(initial public offering)의 공모가가 10,000원일 경우 상장일 가장 높은 거래가격과 낮은 거래가격을 추정해 보시오.

4-3. 부분자본잠식과 완전자본잠식을 비교 설명하시오.

4-4. 매수호가와 매도호가를 체결시키는 3가지 원칙을 설명하시오.

4-5. KOSPI 지수와 Dow 지수를 비교 설명하시오.

4-6. Gordon사의 다음 기 배당금은 주당 1,000원이라고 한다. 투자자들은 Gordon사와 유사한 주식에 대하여 15%의 수익률을 요구하고 있다. Gordon사의 배당정책에 의하면 매 기간 배당금을 6%씩 증가시킨다고 한다.

① 현재 Gordon사의 주가는 얼마인가?
② 4년 후 Gordon사의 주가는 얼마인가?

4-7. D기업은 이번 기에 주당 500원의 배당금을 지급하였다. D기업과 유사한 기업에 대한 주식투자자들의 요구수익률은 20%라고 한다.

① 만약 매년 동일한 배당금이 계속 지급된다면 D기업의 주식가격은 얼마로 평가되어야 하는가?
② 만약 다음 기부터 매 기간 10%씩 배당금이 증가하는 경우와 25%씩 증가하는 경우 각각의 주식가치는 얼마가 되어야 하는가?

③ 당신은 ②번의 배당성장률이 10%인 주식을 지금 P_0에 매입(buy)하여 1년 보유하고 P_1으로 매도(sell)할 경우 배당수익률과 자본수익률은 각각 얼마인가? 배당수익률과 자본수익률의 합과 주식투자자들이 요구수익률과 비교하여 당신의 투자성과를 분석하시오.

4-8. A와 B기업 모두 이번 기에 주당 10,000원의 주당순이익(EPS)을 얻었다. A기업은 앞으로도 이익 전액을 배당금으로 지급하는 지금까지의 정책을 계속 유지하여 내년에도 금년도와 동일한 배당금을 지급할 것으로 예상된다. 반면에 B기업은 매년 유보율, b=0.7만큼 이익의 일부를 유보하여 전액 재투자하는 정책을 앞으로도 계속 취할 것이며 올해도 그 정책에 따라 배당금을 3,000원 지급하였다. 두 주식 모두 요구수익률은 20%라고 한다.

① A기업의 주식가격은 얼마인가?

② B기업의 재투자수익률이 25%일 경우 주식가격은 얼마인가?

③ 만약 B기업의 정책이 다음 기에는 수익 전액(다음 기 EPS는 이번 기 EPS보다 ②의 성장률만큼 증가한 금액)을 배당지급하고 그 다음 기에는 배당을 10% 증가시키고, 그 다음 기에는 5%만 증가시킨 후 계속 매년 5%의 배당성장율을 유지한다면 주가는 얼마인가?

제5장
채권시장

‖ 5.1절 채권의 개요 ‖

1. 채권의 개요

채권(bond)은 발행자가 투자자에게 원리금의 지급을 약속하는 채무증서를 말한다. 채무증서에는 원금, 이자, 이자지급방법, 만기 등 원리금 지급조건이 명시되어 있다. 채권 발행자가 채권매입을 제안하여 투자자가 승인/매입하면 발행자와 투자자 사이에 채권/채무관계가 성립된다. 채권은 발행 시 원리금이 확정되어 투자자들에게 일정 기간마다 고정된 수익을 제공하는 고정수익 증권(fixed-income securities)에 해당한다.

채권을 발행주체별로 구분하면 국채, 지방채, 특수채, 회사채 등으로 분류할 수 있다. 국채(government bond)는 정부가 발행한 국고채권, 국민주택 1,2종 채권, (외화표시)외국환평형기금채권 등을 말하고, 지방채(local bond)는 지방자치단체가 발행한 도시철도채권, 지역개발채권, 공모지방채, 기타지방채 등을 말한다. 지방채는 국채와 함께 국가채무에 포함된다. 특수채(special laws bond)에는 특수한 법률에 따라 설립된 법인이 발행한 통화안정증권, 금융특수채, 공사채 등이 포함되고, 회사채(corporate bond)에는 상법상의 주식회사가 발행한 일반사채, 주식관련 사채(전환사채, 신주인수권부사채 등), 금융회사채 등이 포함된다.

원리금 지급방법에 따라 채권은 이표채, 복리채, 할인채, 원금분할상환채 등으로 분류될 수 있다. 이표채(coupon bond)는 만기까지는 이자에 해당하는 쿠폰만 지급하고 만기에 원금을 상환하며, 복리채(compounded interest bond)는 표면이자(또는 쿠폰)를 표면금리(또는 쿠폰이자율)로 만기까지 재투자하여 만기에 1회 원리금을 상환한다. 할인채(discount bond)는 만기에 지급하는 원금을 할인하여 발행하고 추가적으로 이자를 지급하지는 않으며, 원금분할상환채(amortizing bond)는 만기 이전부터 원금이나 원리금을 균등하게 분할하여 만기까지 상환한다.

채권은 또한 담보 유무에 따라 담보채, 무담보채, 후순위채 등으로 분류된다. 담보채(secured bond)는 발행사 또는 제 3자가 원리금 상환을 보증하기 위해 담보가 설정된 채권을 말하고, 무담보채(unsecured bond)는 담보 없이 발행사의 신용만으로 발행되는 채권을 말한다. 후순위채(subordinate bond)는 발행사가 파산했을 경우 다른 채권자들의 부채가 모두 청산된 후에 상환 받을 수 있는 채권이다.[1)]

채권에는 또한 각종 옵션이 부여된 전환사채, 신주인수권부사채, 교환사채, 콜옵션부사채, 풋옵션부사채 등이 있다. 전환사채(CB, convertible bond)는 발행 시에 정해진 조건에 따라 주식으로 전환될 수 있는 채권, 신주인수권부사채(BW, bond with warrant)는 신주를 매입할 수 있는 권리가 주어진 채권, 교환사채(EB, exchangeable bond)는 기존에 발행된 주식과 교환할 수 있는 권리가 부여된 채권이다. 전환사채와 교환사채는 주식으로 전환되면 발행기업의 부채가 자본으로 전환되지만, 신주인수권부사채는 신주인수권을 행사하여도 부채의 성격은 유지되며 발행기업의 자본금이 신주인수금액만큼 증가하게 된다.

콜옵션부사채(callable bond)는 발행자가 만기 이전에 원금을 조기상환할 수 있는 권리가 부여된 채권이며, 풋옵션부사채(puttable bond)는 투자자가 만기 이전에 원금상환을 요구할 수 있는 권리가 부여된 채권이다. 발행 이후 시중금리가 하락하면 채권발행자는 기존의 고금리 콜옵션부사채를 조기상환하고 저금리채권을 발행하는 것이 유리할 것이고, 시중금리가 상승하면 채권투자자가 기존의 저금리 풋옵션부사채를 조기상환 받아 고금리 채권에 투자하는 것이 유리할 것이다.

채권은 발행 당시에 지급이자가 결정되는 이자확정부 증권이다. 우리나라 회사채의 대부분은 3개월마다 이자를 지급하는 3개월 후급 이표채이다. 채권은 또한 만기가 있어서 만기에 원금을 상환 받는 기한부증권이고, 채권자는 주주의 배당금보다 우선하여 이자를 지급 받고, 기업의 청산 등에서도 주주에 우선하여 기업의 재산에 대한 청구권을 가지는 선순위증권이며, 만기 이전에 매매하여 현금을 회수할 수 있는 매매가능 증권이다.

‖ 5.2절 채권의 가치평가 ‖

1. 채권 용어

기업이나 정부는 일반 투자자들로부터 대규모의 자금을 장기간 안정적으로 빌리고자 할 때 채권을 발행한다. 채권발행을 통하여 조달한 자금은 기업의 부채를 구성한다. 다음과 같은 가상의 T-bond를 통하여 채권의 중요 용어를 살펴보자.

---

1) 만기가 5년 이상인 후순위채는 100% 자기자본으로 인정되어 금융기관들이 BIS 자기자본비율 기준을 맞추기 위하여 최근에 많이 발행하고 있다.

가상의 채권, T-bond를 발행하여,

- 10년 동안 1,000만원을 빌리려고 한다.
- 이자는 1년에 1회씩 80만원 지급

일정 기간마다 지급하기로 약속한 80만원의 이자를 채권에서는 쿠폰(coupon) 또는 표면이자라고 한다. 쿠폰은 1년마다, 반년마다, 분기마다 지급될 수 있다. 그러나 반년과 분기마다 지급될 때는 1년의 쿠폰을 2회, 4회에 걸쳐 나누어서 지급된다.

원금을 상환해야 하는 시점인 10년을 만기(maturity)라고 하며, 만기에 원금에 대한 이자계산도 종료된다. 채권의 만기는 채권 발행 후 시간이 지남에 따라 점점 감소하므로 특정 시점에서 만기까지 남은 잔존만기(time to maturity)가 채권투자에서는 중요하다.

만기에 상환되는 원금 1,000만원을 액면가격(FV, face value)이라고 하고, 쿠폰금액을 액면가격으로 나눈 8%[=80만원/1,000만원]를 쿠폰이자율(coupon rate) 또는 표면이자율이라고 한다.

2. 채권의 가치평가

채권의 가치평가는 채권을 보유함에 따라 얻을 수 있는 현금흐름(cash flow, 이하 CF)을 적절한 할인율로 할인한 현재가치들의 합으로 계산할 수 있다. 앞에서 언급하였던 T-bond를 보유함에 따라 얻을 수 있는 CF는 10년 동안 매 기간 일정하게 발생하는 쿠폰 80만원과 만기에 상환되는 액면금액 1,000만원이 될 것이다.

할인율(r)이 10%라고 하면 매 기간 동일한 금액이 발생하는 쿠폰들에 대해서는 매 기간 동일한 크기의 CF가 발생하는 연금의 현재가치 공식을, 만기에 1회 발생하는 액면금액에 대해서는 CF가 1회 발생하는 경우의 현재가치 공식을 적용하여 채권의 가치를 다음과 같이 계산할 수 있다.

$$B_0 = \left[\frac{80}{(1+0.1)^1} + \frac{80}{(1+0.1)^2} + \cdots + \frac{80}{(1+0.1)^{10}}\right] + \frac{1,000}{(1+0.1)^{10}}$$

$$= 80 \times PVIFA(10, 10\%) + 1,000 \times PVIF(10, 10\%) = 491.56 + 385.54 = 877.10$$

채권가치 계산을 일반화하면 다음 식 (1)과 같이 정리할 수 있다.

$$B_0 = C \times \left[\frac{1-\left(\frac{1}{1+r}\right)^t}{r} \right] + \frac{FV}{(1+r)^t} = [\, C \times PVIFA(t,r) + FV \times PVIF(t,r) \,]$$

… 식 (1)

여기서, C는 표면이자, FV는 액면금액, t는 만기, r은 할인율, PVIF(t,r)와 PVIFA(t,r)은 현재가치요소와 연금의 현재가치요소를 각각 의미한다.

쿠폰을 지급받지 않는 할인채(discount bond)는 만기에 1회 발생하는 CF인 액면금액을 적절한 할인율로 할인하여 다음과 같이 계산하면 된다.

$$B_0 = \frac{FV}{(1+r)^t} = [\, FV \times PVIF(t,r) \,]$$

이표채(coupon bond)의 대부분은 이자를 3개월이나 6개월 단위로 나누어서 지급한다. 이런 경우는 연 1회 이자를 지급하는 이표채 가치를 계산하는 식 (1)을 이자지급 횟수에 따라서 조정하여 채권의 가치를 평가해야 한다. 1년에 이자를 나누어서 지급하는 횟수를 n이라고 하면 다음 식 (2)와 같이 채권의 가치를 구하는 식이 조정되어야 한다.

$$B_0 = \left[\frac{C}{n} \times PVIFA\left(t \times n, \frac{r}{n}\right) + FV \times PVIF\left(t \times n, \frac{r}{n}\right) \right] \quad \cdots \text{식 (2)}$$

예제 1

H기업은 액면금액=10,000원이고 만기가 3년 후에 도래하는 채권을 발행하고자 한다. 채권의 할인율은 4%를 적용한다고 한다.

(a) 표면이자 1,000원을 연 1회 지급하는 경우와 3개월마다 지급하는 경우의 이표채의 가치는 각각 얼마인가?

(b) 할인채를 발행한다면 채권가치는 얼마가 되겠는가?

〈풀이〉

(a) 표면이자를 연 1회 지급하는 경우는 식 (1)을 적용하여 계산하면 11,675원, 3개월(연 4회)마다 지급하는 경우는 식 (2)를 적용하여 계산하면 11,688원이 된다.

$$B_0 = 1{,}000 \times \left[\frac{1-\left(\frac{1}{1+0.04}\right)^3}{0.04} \right] + \frac{10{,}000}{(1+0.04)^3} = [2{,}775 + 8{,}900] = 11{,}675\text{원}$$

$$B_0 = \frac{1{,}000}{4} \times \left[\frac{1-\left(\frac{1}{1+\frac{0.04}{4}}\right)^{3\times4}}{\frac{0.04}{4}} \right] + \frac{10{,}000}{\left(1+\frac{0.04}{4}\right)^{3\times4}} = [2{,}814 + 8{,}874] = 11{,}688\text{원}$$

(b) 할인채를 발행하는 경우는 다음과 같이 계산하면 8,900원이 된다.

$$B_0 = \frac{10{,}000}{(1+0.04)^3} = 8{,}900\text{원}$$

3. 채권수익률 : 만기수익률

채권은 발행될 때 액면금액, 이자, 만기 등이 정해지므로 투자자는 언제, 얼마의 CF를 얻을 수 있는지 알고 있다. 채권을 보유함에 따라 얻을 수 있는 CF를 이미 알고 있다면 식 (1)과 (2)의 채권가치는 할인율의 크기에 따라 결정될 것이다.

투자자들은 액면금액, 이자, 만기 등이 동일한 조건의 채권이라도 발행자의 신용상태에 따라 채권가치를 다르게 평가할 것이다. 즉, 빌려준 돈을 갚지 못할 가능성이 높은 발행자에 대해서는 가능한 적은 금액을 빌려주려고 할 것이다. 식 (1)을 보면 다른 조건들이 동일하다면 할인율의 크기가 커질수록(작아질수록) 채권의 가치는 작아질(커질) 것이다. 이것은 투자자들이 동일한 원금과 이자를 받는다고 하여도 신용상태가 나쁠수록 발행자의 채권을 낮은 가격으로 매입한다는 것을 의미한다.

이와 같이 할인율의 크기에 가장 많은 영향을 미치는 요소는 발행자의 신용위험(credit risk)일 것이다. 즉, 발행자가 정해진 시기에 원리금을 지급하지 못하는 채무불이행이 투자자에게는 가장 중요할 것이다. 예를 들어, 정부가 발행하는 3년만기 국채(액면금액 10,000원)의 가격이 신용등급이 낮은 기업이 발행하는 3년만기, 액면금액

10,000원의 할인채의 가격보다 높게 형성된다면, 정부가 발행하는 채권의 채무불이행 가능성은 거의 없기 때문에 투자자들이 동일한 조건의 회사채보다 할인율을 작게 적용하여 가치를 높게 평가하였기 때문이다.

할인율을 채권투자자 입장에서 생각해 보자. 채권투자의 수익인 이자와 액면금액이 알려진 상황에서 투자자가 선택하는 채권 매입가격은 채권투자 비용이라고 할 수 있다. 이와 같이 투자수익을 알고 있는 상황에서 투자비용을 선택한다면, 투자비용에는 투자자가 원하는 수익률이 반영되어 있을 것이다. 110원의 수익을 얻을 수 있는 투자안에 100원을 투자하는 투자자가 원하는 수익률이 10%라는 것을 투자비용 100원을 통해서 추정할 수 있는 것처럼 예제 1의 할인채를 8,900원에 매입한 투자자는 채권 보유기간 3년 동안 매년 4%의 수익률을 원하기 때문에 그 가격에 채권투자를 한 것으로 추정할 수 있다. 따라서 채권가격에 반영되어 있는 채권의 할인율은 채권투자자의 요구수익률(required rate of return) 또는 채권수익률이라고 할 수 있다.

채권수익률은 만기수익률(YTM, yield to maturity)이라고 하는데, 만기수익률은 투자자가 그 채권을 시장가격에 매입하여 만기까지 보유할 경우 얻을 수 있는 연평균수익률을 의미한다. 만기수익률은 채권을 매입할 당시 약속된(promised) 수익률이지만 실제로는 실현되지 않을 수도 있다.

이번에는 할인율을 채권발행자 입장에서 생각해 보자. 투자자들이 매입하고자 하는 채권가격은 채권 발행자 입장에서는 채권발행으로 조달할 수 있는 금액이 된다. 예제 1처럼 3년 후 원금 10,000원을 상환하려는 할인채를 투자자들이 8,900원에 매입하면 발행자는 3년 후 10,000원을 상환하는 조건으로 지금 8,900원을 조달하게 되는 것이다. 즉, 10,000원의 자금을 차입하는 것에 대하여 3년 동안 1,100원의 이자를 부담한 것이 된다. 따라서 채권발행자 입장에서는 할인율이 자본을 조달하는데 부담한 이자율이 되는 것이다.

위의 내용들을 정리하면 채권가치 평가에 사용된 할인율(discount rate)은 채권투자자의 요구수익률(required rate of return)이기도 하고, 만기수익률(yield to maturity)이기도 하고, 발행자가 부담해야 하는 이자율(interest rate)이기도 하다.

☑ 예제 2

만기가 2년, 쿠폰이자율은 10%(연 1회 지급), 액면금액이 10,000원인 XYZ채권이 시장에서 9,500원에 거래되고 있다면 채권수익률은 얼마인가?

〈풀이〉

식 (1)을 적용하면 XYZ채권의 가치는 $B_0 = \left[\frac{C_1}{(1+y)^1} + \frac{C_2+FV}{(1+y)^2}\right]$으로 계산할 수 있다. 그런데 시장에서 9,500원에 거래되고 있으므로 $9{,}500 = \left[\frac{1000}{(1+y)^1} + \frac{1000+10{,}000}{(1+y)^2}\right]$이 된다. 이 식을 2차방정식의 근의 공식이나 시행착오(trial and error)법을 이용하여 계산하면 y는 0.13=13%가 된다.

채권수익률과 채권가격 사이에는 (-)의 상관관계가 존재한다. 즉, 채권수익률이 증가하면 채권가격은 하락하고, 채권수익률이 감소하면 채권가격은 상승한다. 이것은 다음과 같이 이해할 수 있다. 만약 채권투자자가 요구하는 수익률이 증가하면 발행자는 이미 정해진 쿠폰과 액면금액으로 수익을 증가시켜줄 수 없으므로 투자비용에 해당하는 채권가격을 하락시켜야만 요구수익률을 충족시켜줄 수 있을 것이다. 또는 채권투자자가 투자하려는 채권의 높은 신용위험을 부담하는 것에 대한 보상을 요구수익률에 포함시키면 채권의 가치가 낮게 평가될 것이다.

‖ 5.3절 채권의 위험 ‖

예제 2처럼 채권수익률이 13%인 채권에 투자했다면, 투자자는 매년 13%의 수익률을 요구한 것이고 발행자 또는 매도자는 그것을 약속한 것이다. 그러나 실제 실현된 수익률은 13%와 다를 수 있다. 이와 같이 약속된 채권수익률보다 낮은 수익률이 실현되는 상황을 채권의 위험(risk of bonds)이라고 한다.

채권의 위험은 (a) 채권을 만기 이전에 매도하려고 할 때, 채권수익률이 상승하여 채권가격이 하락하는 경우, (b) 채권을 만기까지 보유할 때, 채권수익률이 하락하여 지급받은 이자의 재투자수익이 하락하는 경우 발생할 수 있다.

1. 이자율 위험

(a) 경우처럼 투자자가 만기 이전에 채권을 매도하려고 할 때 채권수익률 상승으로 채권가격이 하락하여, 하락한 가격으로 채권을 매도해야 하는 위험을 이자율 위험

(interest rate risk)이라고 한다. 예를 들면, 만기 3년, 액면가격 10,000원인 할인채를 매수할 때는 9,286원(채권수익률 2.5%)에 매입하였는데, 1년 후 매도하려고 할 때 채권수익률이 5%로 상승하여 채권가격이 9,070원으로 하락하여 매입 당시 약속된 수익률 2.5%가 실현되지 않은 경우를 말한다.

채권의 위험을 분석하기 위해서는 채권투자의 실현된 수익률을 계산하여 약속된 수익률인 만기수익률과 비교해야 한다. t=0에 B_0의 가격으로 매입하여 T기간 말에 매도하는 투자를 생각해보자. T기간 동안 보유기간 평균수익률을 y_T, T기간 동안 채권을 보유하면서 얻은 수익을 M이라고 하면 다음과 같은 관계가 성립하여, 식 (3)과 같이 보유기간 수익률(holding period return, 이하 HPR)을 계산할 수 있다.

$$B_0 \times (1 + y_T)^T = M$$

보유기간 수익률 : $y_T = \left(\frac{M}{B_0}\right)^{\frac{1}{T}} - 1$ … 식 (3)[2)]

$B_0 \times (1+y_T)^T = M$은 은행에 10,000원을 3년 동안 연 5%의 이자율로 예금하면 3년 후 11,576.25원[=10,000×(1.05)^3]이 되는 것처럼, B_0의 금액을 투자하여 T기간 동안 매년 y_T의 수익률을 얻는다면 투자수익은 M이 된다는 것을 의미한다.

식 (3)으로 측정하는 HPR가 채권투자의 실현된 수익률을 의미한다. 만약 B_0=9,500원에 채권을 매입하여 1기간 동안 이자, C_1=1,000원을 지급 받은 후, B_1=9,450원에 매도할 경우 HPR, y_1은 다음과 같이 10%가 될 것이다. 여기서 만약 1기간 HPR=10%가 채권을 투자할 때 약속된 만기수익률보다 낮으면 이자율위험이 발생하게 되는 것이다.

$$y_1 = \left(\frac{M = C_1 + B_1}{B_0}\right)^{\frac{1}{1}} - 1 = \left(\frac{1,000 + 9,450}{9,500}\right)^{\frac{1}{1}} - 1 = 0.1 = 10\%$$

2) 식 (3)에서의 보유기간수익률과 6장. 수익과 위험의 식 (2) 보유기간수익률은 조금 다르다. 여기에서의 보유기간수익률은 보유기간 동안의 연평균수익률을 의미하므로 6장에서 언급하는 식 (4) 기하평균으로 계산한 보유기간평균수익률과 동일한 의미를 가진다.

예제 3

T-bond(액면금액=1,000만원, c=8%, 만기=10년)를 채권수익률(YTM)=8%에 매입하여 1년 후 매도하려고 한다. 1년 후 이자율이 다음과 같을 때 언제 이자율 위험이 발생하겠는가? (a) YTM=8%(동일), (b) YTM=6%(하락), (c) YTM=10%(상승)

〈풀이〉

(a) YTM=8%(동일)인 경우, $B_0=B_1$=1,000만원 (c=YTM 이면 채권가격=액면금액)

$$y_1 = \left(\frac{80+1{,}000}{1{,}000}\right)^{\frac{1}{1}} - 1 = 8\%$$ 이므로, HPR = YTM(=8%)

(b) YTM=6%(하락)인 경우, 먼저 B_1을 식 (1)을 이용하여 계산하면 1,136.03원이 된다.

$$B_1 = \left(\frac{80}{1.06}\right)^1 + \left(\frac{80}{1.06}\right)^2 + \cdots + \left(\frac{80+1{,}000}{1.06}\right)^9 = 1{,}136.03 \Rightarrow y_1 = \left(\frac{80+1{,}136.03}{1{,}000}\right)^{\frac{1}{1}} - 1 = 21.6\%$$

HPR(=21.3%) 〉 YTM(=8%)

(c) YTM=10%(상승)인 경우

$$B_1 = \left(\frac{80}{1.1}\right)^1 + \left(\frac{80}{1.1}\right)^2 + \cdots + \left(\frac{80+1{,}000}{1.1}\right)^9 = 884.82 \Rightarrow y_1 = \left(\frac{80+884.82}{1{,}000}\right)^{\frac{1}{1}} - 1 = (-)4\%$$

HPR(=-4%) 〈 YTM(=8%) 이므로 이자율 위험 발생

예제 4

액면금액=1,000만원인 할인채 A와 B가 있다. A는 만기가 10년, B는 50년인 것만 다르다. 이자율이 5%에서 6%로 상승할 경우 두 채권의 가격변화량과 가격변화율을 모두 구하시오.

<풀이>

할인채 A의 이자율 5%와 6%일 때 가격은 다음과 같이 각각 614원과 558원이다.

$$B_A(5\%) = \left[\frac{1{,}000}{(1.05)^{10}}\right] = 614\text{원} \Rightarrow B_A(6\%) = \left[\frac{1{,}000}{(1.06)^{10}}\right] = 558\text{원}$$

A채권의 가격변화량=[558-614]=(-)56원

A채권의 가격변화율=$\left[\frac{558-614}{614}\right] = -0.0912 = (-)9.12\%$

할인채 B의 이자율 5%와 6%일 때 가격은 각각 87원과 54원이다.

$$B_B(5\%) = \left[\frac{1{,}000}{(1.05)^{50}}\right] = 87\text{원} \Rightarrow B_B(6\%) = \left[\frac{1{,}000}{(1.06)^{50}}\right] = 54\text{원}$$

B채권의 가격변화량=[54-87]=(-)33원

B채권의 가격변화율=$\left[\frac{54-87}{87}\right] = -0.3793 = (-)37.93\%$

이자율 위험의 크기는 채권의 만기(또는 잔존만기)와 이자에 해당하는 쿠폰의 크기에 따라 달라진다. 동일한 이자율이 상승하더라도 채권의 만기가 길수록, 쿠폰크기가 작을수록 이자율 위험은 크게 나타난다.

예제 4를 보면 이자율 1% 상승에 대하여 만기가 10년인 A채권의 가격은 56원 하락하였고, 만기가 50년인 B채권의 가격은 33원 하락하였다. 가격변화량은 만기가 짧은 A채권에게서 더 크게 나타났다. 그러나 가격변화율은 만기가 긴 B채권이 37.93%로 만기가 짧은 A채권보다 더 크게 나타났다. 채권들 간의 이자율 위험의 크고 작음의 비교는 가격변화량이 아니라 가격변화율을 기준으로 판단해야 한다.

다음 <표 1>은 액면금액 10,000원과 쿠폰이자율이 10%로 동일한 1년만기 채권과 30년만기 채권의 이자율 변화에 대한 가격변화와 가격변화율을 보여주고 있다.

〈표 1〉 이자율 변화에 따른 만기별 채권가격

이자율 / 만기	10%	20%(10%상승)			5%(5%하락)		
		가격	변화량	변화율	가격	변화량	변화율
1년	10,000원	9,167원	−833원	−8.33%	10,476원	+476원	+4.76%
30년	10,000원	5,021원	−4,979원	−49.79%	17,686원	+7,686원	+76.86%

<표 1>을 보면 이자율이 10%에서 20%로 10%만큼 상승한 경우 1년만기 채권가격은 8.33% 하락, 30년만기 채권가격은 49.79% 하락하였고, 이자율이 10%에서 5%로 5%만큼 하락한 경우 1년만기 채권가격은 4.76% 상승, 30년만기 채권가격은 76.86% 상승하였다. 동일한 이자율 변화에 대하여 만기가 긴 채권의 가격변화율이 크게 나타남을 알 수 있다. 따라서 이자율 위험은 만기가 긴 채권일수록 크게 나타난다.

<표 2>는 액면금액 10,000원과 만기가 3년으로 동일한 쿠폰이자율 5%인 채권과 10%인 채권의 이자율 변화에 대한 가격변화와 가격변화율을 보여주고 있다.

〈표 2〉 이자율 변화에 따른 쿠폰크기별 채권가격

이자율 / 쿠폰 이자율	10%	20%(10%상승)			5%(5%하락)		
		가격	변화량	변화율	가격	변화량	변화율
5%	8,757원	6,840원	−1,917원	−21.89%	10,000원	+1,243원	+14.19%
10%	10,000원	7,894원	−2,103원	−21.06%	11,362원	+1,362원	+13.62%

<표 2>를 보면 이자율이 10%에서 20%로 10% 상승한 경우 쿠폰이자율이 5%인 채권가격은 21.89% 하락, 쿠폰이자율이 10%인 채권가격은 21.06% 하락하였고, 이자율이 10%에서 5%로 하락한 경우 쿠폰이자율 5%인 채권가격은 14.19% 상승, 쿠폰이자율이 10%인 채권가격은 13.62% 상승하였다. 동일한 이자율 변화에 대하여 쿠폰이자율이 작은 채권의 가격변화율이 크게 나타남을 알 수 있다. 따라서 이자율 위험은 쿠폰이자율이 작을수록 크게 나타난다.

2. 재투자 위험

연 8% 이자율로 은행에 1,000만원을 2년간 예금하면 2년 후 받게 되는 원리금은 1,166.4만원[=1,000×$(1.08)^2$]일 것이다. 1,166.4만원에는 은행이 1년차 말에 지급하는 t=0～1년의 원금 1,000원에 대한 이자 1년간 이자 80만원, 2년차 말에 t=1～2년의 원금 1,000원에 대한 1년간 이자 80만원과 원금 1,000만원이 포함될 것이다. 그러면 나머지 6.4만원은 어디서 발생하는 것일까? 그것은 1년차 말에 지급 받은 첫 1년간 이자 80만원에서 발생해야 한다. 즉, 80만원이 t=1～2년 동안 재투자되어 6.4만원의 수익을 발생시켜야 한다. 그러기 위해서는 t=1～2년의 재투자수익률이 8%가 되어야 한다. 은행예금은 아주 예외적인 경우(파산 등)을 제외하면 대부분 처음 제시했던 이자율이 재투자수익률로 보장 받을 것이다.

그러나 채권의 경우는 채권 발행 이후 만기까지 투자자들의 판단에 따라서 시장에서 결정되는 이자율이 수시로 변동한다. 이것은 지급 받은 쿠폰들을 재투자할 때 얻을 수 있는 수익률이 처음 약속했던 이자율이 아닐 수도 있다는 것을 의미한다. 특히 이자율이 하락하여 매 기간 지급 받은 쿠폰들의 재투자수익률이 약속된 수익률보다 낮아지는 것을 재투자 위험(reinvestment risk)이라고 한다. 앞 절에서 언급했던 (b)의 경우가 여기에 해당된다.

채권을 매입할 당시의 만기수익률(YTM, y)은 채권투자자가 매 기간 지급 받은 쿠폰들을 그 YTM으로 재투자하면서, 만기까지 보유할 경우의 HPR을 의미한다. 액면금액 10,000원, 쿠폰이자 500원(연 1회 지급), 만기 2년인 채권을 현재 9,465원에 매입했다면 식 (1)이 다음과 같이 조정될 것이다. 여기서 y는 투자자가 채권을 매입할 당시의 만기수익률을 의미한다.

$$B_0=\left[\frac{C_1}{(1+y)^1}+\frac{C_2+FV}{(1+y)^2}\right] \Rightarrow \quad 9{,}465=\left[\frac{500}{(1+y)^1}+\frac{500+10{,}000}{(1+y)^2}\right]$$

$\Rightarrow$ 양변에 $(1+y)^2$을 곱하면, $9{,}465\times(1+y)^2=[500\times(1+y)^1+(500+10{,}000)]$

마지막 식의 왼쪽 변, $9{,}465\times(1+y)^2$은 투자자가 채권을 9,465원에 매입(투자)할 경우 2년 후 수익을 의미한다. 오른쪽 변의 $[500\times(1+y)^1+(500+10{,}000)]$은 t=1에 수령한 쿠폰을 만기까지 매입할 당시의 만기수익률(y)로 재투자한 수익과 만기에 수령한 쿠폰과 원금의 합을 의미한다. 그런데 $9{,}465\times(1+y)^2$과 $[500\times(1+y)^1+(500+10{,}000)]$이 동일하다는 것은 채권투자자가 매입할 당시의 만기수익률(y)이 실현되기 위해서는 매 기간 지급 받은 쿠폰들 역시 매입할 당시의 만기수익률(y)로 만기까지 재투자되어야 한다는 것을 의미한다.

위의 경우는 9,465원에 매입할 당시의 y는 8%이므로 그 채권을 만기까지 보유할 경우 HPR가 8%가 되기 위해서는 t=1의 쿠폰 500원도 만기까지 8%로 재투자되어야 한다. t=1에 y가 8%로 변화가 없다면 채권을 만기까지 보유할 경우의 HPR은 식 (3)을 이용하여 계산하면 다음과 같이 8%로 매입할 당시의 만기수익률(y)과 동일함을 알 수 있다. 여기서 M은 채권을 만기까지 보유할 경우 얻을 수 있는 수익을 의미한다.

$$M=[C_1\times(1+y)^{2-1}+(C_2+FV)]=[500\times(1.08)^1+(500+10{,}000)]=11{,}040\text{원}$$

$$r_2=\left(\frac{11{,}040}{9{,}465}\right)^{\frac{1}{2}}-1=0.08=8\%$$

만약 t=1에 y가 4%로 하락한다면 채권을 만기까지 보유할 경우의 HPR은 다음과 같이 7.9%로 매입할 당시의 만기수익률(y)보다 하락하게 되는데, 이것을 재투자 위험이라고 한다.

$$M=[C_1\times(1+y)^{2-1}+(C_2+FV)]=[500\times(1.04)^1+(500+10{,}000)]=11{,}020\text{원}$$

$$r_2=\left(\frac{11{,}020}{9{,}465}\right)^{\frac{1}{2}}-1=0.079=7.9\%$$

채권의 위험으로 설명한 이자율 위험과 재투자 위험은 채권 매입 이후 이자율 변화에 상반되는 영향을 받는다. 이자율이 하락하면 재투자 수익률이 하락하는 재투자 위험이 발생하지만, 채권가격은 상승하여 만기 이전 채권을 매도하는 투자자는 유리할 것이다. 반대로 이자율이 상승하면 채권 매도가격이 하락하는 이자율 위험이 발생하지만, 재투자수익률이 상승하여 만기까지 채권을 보유하는 투자자는 유리할 것이다. 따라서 채권투자자는 채권 매입 이후 이자율 변화를 고려하여 만기 이전 매도하는 것이 유리한지, 만기까지 보유하는 것이 유리한지 선택해야 할 것이다.

‖ 5.4절 채권금리의 구조 ‖

1. 신용위험과 채권등급

국채와 같이 정부가 원리금을 보장하는 채권을 제외한 일반 기업들이 발행하는 채권을 신용채권(credit bond)이라고 한다. 즉, 신용채권은 약정된 원리금이 정상적으로 지급되지 않을 수도 있는 채권들을 말한다.

신용위험(credit risk)는 좁게는 발행자가 원리금을 지급하지 못하는 채무불이행 위험(default risk)을 말하며, 신용등급이 하락하고, 신용스프레드가 확대될 위험 등을 포함하여 넓게 보기도 한다. 신용등급이 하락하면 채권금리가 상승하여 채권가격이 하락하기 때문이다. 또한 신용스프레드는 신용채권의 금리와 동일한 만기의 국채금리와의 차이를 말하는데, 신용스프레드가 낮을수록 우량채권으로 인정받아 가치를 높게 평가 받을 수 있다.

신용평가 회사들은 회사채의 신용위험을 신용평가등급으로 구분한다. 한국신용평가의 회사채 신용등급은 원리금의 지급능력 정도에 따라 AAA, AA, A, BBB, BB, B, CCC, CC, C, D 등 10등급으로 구분되며, AAA부터 BBB까지는 원리금 상환능력이 안정적인 투자등급, BB에서 C까지는 환경변화에 따라 크게 영향을 받는 투기등급으로 분류된다. D등급은 상환불능 상태를 의미한다.

이와 같이 투자자는 발행자의 신용상태가 다양하므로 회사채에 투자할 경우 신용평가등급을 최우선으로 고려해야 하며, 이미 투자한 회사채도 신용상태가 변동할 수 있음에 주의해야 한다.

2. 채권금리의 구조

자금을 빌려주는 사람에게는 얼마나 오래 빌려줄 것인가와 차입자의 원리금 상환능력이 중요한 고려사항이 될 것이다. 채권을 매입하여 자금을 빌려주는 투자자 입장에서는 채권 발행자가 얼마나 오래 기간 빌려갈 것인가와 그들의 신용위험이 중요할 것이다. 따라서 채권 투자자의 요구수익률(=채권수익률=채권금리)은 채권의 만기와 채권발행자의 신용위험에 따라 결정될 것이다.

일반적으로 채권의 금리는 정부가 통제하는 기준금리에 채권의 만기와 발행자의 신용위험을 반영한 스프레드(spread)를 합한 값으로 결정된다. 우리나라는 금융통화위원회에서 기준금리를 결정하고, 한국은행이 '환매조건부채권(repurchase agreement, 이하 RP) 7일물'을 이용하여 조정한다. 스프레드는 채권의 만기를 반영하는 기간스프레드와 발행자의 신용위험을 반영하는 신용스프레드로 구분할 수 있다.

기간스프레드(term spread)는 신용위험이 없는 발행자가 기준금리를 나타내는 RP 7일물보다 오래 기간 자금을 차입함에 따라 추가적으로 부담해야 하는 금리수준을 의미한다. 여기에는 유동성을 포기하는 것과 인플레이션을 부담하는 것에 대한 보상 등이 포함된다. 투자자가 7일 빌려주는 것보다 3년을 빌려줄 때 현금화시킬 수 있는 유동성을 오래 포기해야 하고, 인플레이션 가능성도 높을 것이므로 적절한 보상이 이루어져야 할 것이다. 일반적으로 기간스프레드는 기준금리인 RP 7일물과 만기가 다른 국채금리의 차이로 계산된다.

신용스프레드(credit spread)는 만기를 비롯한 모든 조건은 동일하지만 발행자의 원리금 상환능력을 나타내는 신용위험을 추가적으로 부담하는 것에 대한 보상을 나타내는 금리수준이다. 정부가 발행하는 국고채는 신용위험이 거의 없을 것이므로 신용위험은 회사채와 같은 신용채권에서 발생할 것이므로 신용스프레드는 동일한 만기의 국고채와 신용채권 금리의 차이가 된다.

지금까지 설명한 채권금리의 구조를 정리하면 다음 식 (4)와 같다.

채권의 금리 = [기준금리 + 스프레드]
= [기준금리 + 기간스프레드 + 신용스프레드] ··· 식 (4)

여기서, 기간스프레드는 [국채금리–기준금리], 신용스프레드는 [신용채권금리–국채금리]를 각각 의미한다.

만약 3년만기 국고채 금리가 3.00%, 기준금리가 2.50%일 때 AA등급의 H기업의 3년만기 채권의 금리가 3.45%라면, H기업 3년만기 채권금리 3.45%는 다음과 같이 기준금리 2.50%에 기간스프레드 0.50%와 신용스프레드 0.45%과 가산되어 결정된 것이다.

H기업 3년만기 채권금리, 3.45% = [2.50% + (3.00%-2.50%) + (3.45%-3.00%)]
= [2.50% + 0.50% + 0.45%]

연습문제

5-1. YTM(yield to maturity)에 대하여 설명하시오.

5-2. 이자율위험(interest rate risk)과 재투자위험(reinvestment risk)을 간단히 설명하고, "Since the interest rate risk and the reinvestment risk affects bondholders in an opposite way, you need a good balance between the two risks."을 채권의 위험관점에서 설명하시오.

5-3. 다음 조건의 채권에 대해서 각각의 질문에 답하시오.

- 만기 = 2년, 액면금액 = 10,000원, c=8%

① 할인율이 4.32%라고 하면 채권의 가치는 얼마인가?
② 채권의 거래가격이 9,500원이라면 YTM은 8%, 10.92%, 7.45% 중 어는 것이겠는가?
③ ②에서 9,500원에 채권을 매입하고 1년이 지나서 매도하려고 한다. YTM이 15%로 변할 경우 직면하는 위험을 약속된 수익률과 실현된 수익률을 비교하여 설명하시오.
④ ②에서 9,500원에 채권을 매입하여 만기까지 보유하고자 하는데 1년이 지나서 YTM이 5%로 변할 경우 직면하는 위험을 약속된 수익률과 실현된 수익률을 비교하여 설명하시오.
⑤ ②에서 9,500원에 채권을 매입하였는데 첫 기의 쿠폰 지급 후 발행기업의 경영상태가 불안정하여 만기의 원리금상환이 불확실하다고 한다. 상황이 Good일 경우(0.8의 확률) 만기에 원금과 쿠폰이 모두 상환되며 Bad일 경우(0.2의 확률)로 원리금 5,000원만 상환될 것으로 예상된다. Default premium은 얼마인가?

제6장
수익과 위험

6.1절 수익과 수익률
6.2절 위험과 위험에 대한 태도
6.3절 평균-분산 분석
6.4절 포트폴리오와 위험분산효과

‖ 6.1절 수익과 수익률 ‖

수익(return)은 투자로부터 얻어진 성과이고 수익률(rate of return)은 수익을 투자금액으로 나누어 준 값을 말한다. 수익은 절대적인 금액의 투자성과이고, 수익률은 투자금액 1원당 벌어들인 금액으로 상대적인 비율의 투자성과이다.

1. 단일기간 수익률

투자금액 1원당 벌어들인 금액을 의미하는 수익률은 투자수익을 투자금액으로 나누어 계산한다. 투자수익을 총수익으로 하느냐, 투자금액을 제외한 순수익으로 하느냐에 따라서 총수익률(gross rate of return)과 순수익률(net rate of return)로 구분할 수 있다.[1)]

주식투자로 얻을 수 있는 수익에는 배당금(dividend)과 주가상승에 따른 자본이익(capital gain)이 있다. 그러므로 주식투자 수익률은 배당금과 자본이익의 합을 투자금액인 주식매입가격으로 나누어 계산하면 된다. 만약 주식을 현재 P_0에 매입(buy)하여 1기간 보유하고 배당금 D_1을 받고 P_1에 매도(sell)한다면 1기간 수익과 수익률은 다음과 같이 계산할 수 있다.

$$\text{수익} = [\text{배당금}(D_1) + \text{자본이익}(=P_1 - P_0)]$$

$$\text{수익률} = \left[\frac{D_1 + (P_1 - P_0)}{P_0}\right] = \left[\frac{D_1}{P_0}\right] + \left[\frac{(P_1 - P_0)}{P_0}\right]$$

여기서 $\left[\frac{D_1}{P_0}\right]$은 배당수익률, $\left[\frac{(P_1 - P_0)}{P_0}\right]$은 자본이익률을 의미한다.

위의 식처럼 주식투자의 수익률은 배당수익률과 자본수익률로 구분할 수 있다.

☑ 예제 1

HD주식 100주를 주당 10,000원에 매입하여 주당배당금 500원을 받고 1년 후 주당 11,000원에 매도하였다면 1년 동안의 주식투자로 인한 수익과 수익률은 각각 얼마인가?

1) 일반적으로 수익률이라고 할 때는 순수익률을 의미한다.

〈풀이〉

주식투자 수익 = [배당소득 + 자본이익] = [500원×100주] + [11,000원 − 10,000원]×100주
= [50,000원 + 100,000원] = 150,000원

$$\text{주식투자 수익률} = \left[\frac{500\text{원} \times 100 + (11{,}000\text{원} - 10{,}000\text{원}) \times 100}{10{,}000\text{원} \times 100}\right] = 15\%$$

$$\text{또는} = \left[\frac{500\text{원} + (11{,}000\text{원} - 10{,}000\text{원})}{10{,}000\text{원}}\right] = 15\%$$

증권시장을 분석할 때는 일별(daily), 주별(weekly), 월별(monthly), 연간(yearly) 수익률처럼 일정 기간별로 수익률을 계산한다. 이런 기간별 수익률을 계산할 때는 t-1시점의 마지막 가격 P_{t-1}에 매수하여 t시점의 마지막 가격 P_t에 매도하는 것으로 가정하고, 그 기간 동안 얻은 수익을 모두 포함하여 수익률을 계산한다. 따라서 단일기간(single period) 수익률은 식 (1)과 같이 계산한다.[2] 여기서, D_t는 t기간 동안 받은 배당금, r_t는 t기간 수익률을 각각 의미한다.

$$\text{기간별 수익률} : r_t = \left[\frac{(D_t + P_t) - P_{t-1}}{P_{t-1}}\right] = \left[\frac{(D_t + P_t)}{P_{t-1}} - 1\right] \quad \cdots \text{ 식 (1)}$$

2. 여러 기간의 수익률

(1) 보유기간수익률

보유기간수익률(HPR)이란 여러 기간 동안 투자하는 경우, 그 기간 동안의 수익률을 말한다. 이것은 그 기간 동안의 기간별 평균수익률과는 다른 개념이다. 예를 들어, 열흘 동안 주식을 보유할 경우의 보유기간수익률은 열흘 동안의 수익률을 의미하는 것이지 열흘 동안의 일별 평균수익률을 의미하는 것은 아니다.

이틀 동안 주식을 보유할 경우 주식투자 수익률을 생각해보자. t=0, t=1, t=2일의 종가가 각각 10,000원, 12,500원, 10,000원이고 이 기간 동안 배당금이 없다고 가정하면,

---

2) 식 (1)은 주식투자를 가정하여 설명했기 때문에 분자에 배당금이 포함되어 있다. 기간별 수익률은 기본적으로 투자수익을 투자비용으로 나누어 계산하므로 주식투자가 아니라면 분자의 D_t를 생략하고 P_t에 투자수익 총액을 포함시키면 된다.

식 (1)로 계산한 일별수익률은 다음과 같이 ${}_0r_1 = 0.25$와 ${}_1r_2 =- 0.20$이 될 것이고, 이틀 동안의 수익률은 ${}_0r_2 = 0$이 될 것이다.[3)]

$$ {}_0r_1 = \left[\frac{P_1 - P_0}{P_0}\right] = \left[\frac{12{,}500 - 10{,}000}{10{,}000}\right] = 0.25 $$

$$ {}_1r_2 = \left[\frac{P_2 - P_1}{P_1}\right] = \left[\frac{10{,}000 - 12{,}500}{12{,}500}\right] =- 0.20 $$

$$ {}_0r_2 = \left[\frac{P_2 - P_0}{P_0}\right] = \left[\frac{10{,}000 - 10{,}000}{10{,}000}\right] = 0 $$

위의 결과를 통하여 ${}_0r_2 \neq [{}_0r_1 + {}_1r_2]$ 임을 알 수 있다. 즉, 이틀 동안 보유하는 투자의 수익률은 일별수익률들의 합이 아니라는 것이다. 여러 기간 동안 투자하는 경우의 보유기간수익률(HPR, holding period return)은 식 (2)와 같이 계산되어야 한다. 여기서, ${}_{n-1}r_n$는 n-1시점에 매입하여 n시점에 매도하는 단일기간 수익률을 의미한다.

보유기간수익률 : $HPR = \left[(1 + {}_0r_1)(1 + {}_1r_2) \cdots (1 + {}_{n-1}r_n)\right] - 1$ … 식 (2)

${}_0r_1 = 0.25$과 ${}_1r_2 =- 0.20$으로 이틀 동안의 보유기간 수익률을 식 (2)를 이용하여 계산하면 $HPR = [(1 + 0.25)(1 - 0.20)] - 1 = 0$으로 ${}_0r_2 = 0$와 동일함을 확인할 수 있다.

(2) 보유기간의 평균수익률

보유기간의 평균수익률이란 예를 들면, 열흘 동안 주식투자를 할 경우 일일평균수익률을 의미한다. 이것을 계산하는 방법으로는 식 (3)의 산술평균수익률(AMR, arithmetic mean rate of return)과 식 (4)의 기하평균수익률(GMR, geometric mean rate of return)이 있다. 여기서, ${}_{n-1}r_n$는 n-1시점에 매입하여 n시점에 매도하는 단일기간 수익률을 의미한다.

---

3) ${}_sr_t$는 s시점에 매입하여 t시점에 매도하는 투자의 수익률을 의미한다. 식 (1)과 다르게 매입시점 s를 명시한 것은 설명을 돕기 위한 것이며 일반적으로는 식 (1)처럼 생략한다.

산술평균수익률 : $AMR = \left[\frac{{}_0r_1 + {}_1r_2 + \cdots + {}_{n-1}r_n}{n}\right]$ … 식 (3)

기하평균수익률 : $GMR = \sqrt[n]{(1+{}_0r_1)(1+{}_1r_2)\cdots(1+{}_{n-1}r_n)} - 1$ … 식 (4)

${}_0r_1 = 0.25$과 ${}_1r_2 = -0.20$을 이용하여 이틀 동안의 보유기간 평균수익률을 산술평균수익률과 기하평균수익률로 계산하면 각각 다음과 같다.

$$AMR = \left[\frac{{}_0r_1 + {}_1r_2}{2}\right] = \left[\frac{0.25 - 0.20}{2}\right] = 0.025$$

$$GMR = \sqrt[2]{(1+{}_0r_1)(1+{}_1r_2)} - 1 = \sqrt[2]{(1+0.25)(1-0.20)} - 1 = 0$$

‖ 6.2절 위험과 위험에 대한 태도 ‖

1. 위험의 개념

기업이 새로운 사업에 진출하거나 투자자가 주식을 매입할 때는 미래의 수익을 예측하여 의사결정을 내려야 한다. 그러나 미래 수익은 상황에 따라서 다양한 값을 가질 수 있으므로 정확하게 예측한다는 것은 매우 어려운 일이다.

미래의 투자수익이 확실한 하나의 값으로 고정되어 있지 않고 상황에 따라서 다양한 값을 가진다면 그 투자안에는 불확실성(uncertainty) 또는 위험(risk)이 존재한다고 한다[4]. 위험을 기준으로 투자자산을 위험자산과 무위험자산으로 구분하면, 위험자산(risky asset)은 미래 수익의 불확실성이 존재하여 다양한 수익을 가질 수 있는 자산, 무위험자산(risk-free asset)은 미래수익이 확실한 하나의 값을 가지는 자산이라고 할 수 있다.

자산 A, B, C 모두 100만원의 투자비용이 필요한 상황을 생각해보자. 자산 A는 1기간 후 확실히 110만원의 수익이, B는 0.5의 확률로 각각 100만원과 120만원의 수익이,

4) 재무론에서는 불확실성(uncertainty)을 위험(risk)과 동일하게 간주하여 투자에서 불확실한 상황이 존재하면 위험한 투자안이라고 분류한다.

C는 0.5의 확률로 각각 80만원과 140만원의 수익이 예상된다고 한다.

자산들의 기대수익은 다음과 같이 모두 110만원으로 동일하다.

기대수익(A) = [1×110만원] = 110만원
기대수익(B) = [0.5×100만원+0.5×120만원] = 110만원
기대수익(C) = [0.5×80만원+0.5×140만원] = 110만원

그러나 자산 A는 1기간 후에 110만원의 확실한 수익이 발생하는 무위험자산이지만, 자산 B와 C는 0.5의 확률로 다른 수익들이 발생할 수 있는 불확실성이 존재하는 위험자산이다. 또한 같은 위험자산이라도 자산 B와 C의 위험의 수준은 다르다. 자산 C의 두 수익 80만원과 140만원이 기대수익 110만원을 중심으로 퍼진 정도(기대수익과의 오차)가 자산 B의 두 수익 100만원과 120만원이 기대수익 110만원을 중심으로 퍼진 정도보다 넓으므로 자산 C 기대수익 110만원의 불확실성 또는 위험이 자산 B보다 크다고 할 수 있다.

2. 기대수익률

통계학에서 발생 가능한 상황별로 다른 값을 가지는 변수를 확률변수(random variable)라고 하며 확률변수의 기대값(expected value)을 상황별로 [각 상황이 발생한 확률×그 상황에서 실현되는 확률변수 값]을 구한 후 합산하여 계산한다.

투자수익률 역시 미래 발생 가능한 상황별로 다양한 값을 가지는 확률변수이므로 기대값처럼 기대수익률(expected return)을 식 (5)와 같이 계산할 수 있다. 여기서, $E(r)$은 기대수익률, $p_j(j=1,2,\cdots,s)$는 상황 j가 발생할 확률, $r_j(j=1,2,\cdots,s)$는 상황 j의 실현수익률을 의미한다.

기대수익률 : $E(r)=[p_1\times r_1+p_2\times r_2+\cdots+p_s\times r_s]=\sum_{j=1}^{s}[p_j\times r_j]$ ··· 식 (5)

예제 2

다음 자료를 이용하여 주식 A와 B의 기대수익률을 계산하시오. $r_{A,B}$는 각 상황이 발생했을 경우 상황별 주식 A와 B의 실현수익률을 의미한다.

미래상황	확 률	r_A	r_B
불 황	0.25	6%	-4%
정 상	0.5	10%	8%
호 황	0.25	14%	28%

〈풀이〉

식 (5)를 이용하면 주식 A와 B의 기대수익률은 다음과 같이 모두 10%가 된다.

$$E(r_A) = [0.25 \times 6\% + 0.5 \times 10\% + 0.25 \times 14\%] = 10\%$$
$$E(r_B) = [0.25 \times (-4\%) + 0.5 \times 8\% + 0.25 \times 28\%] = 10\%$$

주식 A와 B의 상황별로 실현되는 수익률은 모두 다르지만, 기대수익률은 10%로 동일한 것으로 나타났다.

3. 위험을 측정하는 분산과 표준편차

예제 2의 주식 A와 B의 기대수익률은 모두 10%이지만 특정 상황에서 실현된 수익률은 기대수익률 10%와 다를 수 있다는 것을 알 수 있었다. 평균적으로 실현될 것으로 기대한 수익률은 10%이지만 실현된 수익률은 주식 A는 6%일 수도 있고 14%일 수도 있으며, 주식 B는 -4%나 8%나 28%일 수도 있다.

이와 같이 특정 상황이 발생하여 기대수익률(expected return)과 실현수익률(realized return)간의 차이가 발생했다면, 그 차이는 기대수익률이 실현수익률을 잘못 예측한 정도를 의미할 것이다. 기대수익률의 잘못된 예측은 투자안에 존재하는 불확실성 때문에 발생할 것이다. 따라서 기대수익률과 실현수익률의 차이를 이용하여 투자안의 불확실성 또는 위험의 크기를 측정할 수 있을 것이다. 통계학의 분산과 표준편차는 확률변수 기대값의 오차를 측정하는 변수이다. 투자안의 위험도 분산(variance)과 표준편차(standard deviation)를 이용하여 식 (6)과 같이 측정할 수 있다. 여기서, $E(r)$은 기대수익률, $p_j(j=1,2,\cdots,s)$는 상황 j가 발생할 확률, $r_j(j=1,2,\cdots,s)$는 상황 j의 실현수익률을 의미한다.

분산 : $\sigma(r)^2 = p_1[r_1 - E(r)]^2 + p_2[r_2 - E(r)]^2 + \cdots + p_s[r_s - E(r)]^2$

$$= \sum_{j=1}^{s} p_j[r_j - E(r)]^2 \qquad \cdots \text{ 식 (6)}$$

표준편차 : $\sqrt{\sigma(r)^2} = \sigma(r)$

예제 3

예제 2의 주식 A와 B의 분산과 표준편차를 계산하시오.

〈풀이〉

식 (6)을 이용하면 주식 A와 B의 분산과 표준편차를 다음과 같이 계산할 수 있다.

$$\sigma_A^2 = 0.25[0.06 - 0.10]^2 + 0.5[0.10 - 0.10]^2 + 0.25[0.14 - 0.10]^2 = 0.0008 = 8\%^2$$

$$\sigma_A = \sqrt{\sigma_A^2} = \sqrt{0.0008} = 0.0283 = 2.83\%$$

$$\sigma_B^2 = 0.25[-0.04 - 0.10]^2 + 0.5[0.08 - 0.10]^2 + 0.25[0.28 - 0.10]^2 = 0.0132 = 132\%^2$$

$$\sigma_B = \sqrt{\sigma_B^2} = \sqrt{0.0132} = 0.1149 = 11.49\%$$

4. 위험에 대한 태도

투자자들이 합리적인 선택을 한다면 예제 2, 3의 주식 A, B와 미래의 어떤 상황에서도 항상 10%의 고정된 수익률을 가져다주는 자산 C 중에 하나만을 투자해야 한다면 대부분 자산 C를 선택할 것이고, 주식 A와 B 중에 하나만을 투자해야 한다면 주식 A를 선택할 것이다. 일반적으로 투자자들은 불확실한 상황을 싫어하기 때문에 동일한 기대수익률을 얻을 수 있는 투자안들이라면 불확실성이 없거나 적은 투자안을 선호할 것이기 때문이다.

위험을 싫어하는 투자자들에게 주식 A와 B 같은 위험자산에 투자하도록 유인하기 위해서는 위험을 부담하는 것에 대한 보상(reward to risk)이 이루어져야 할 것이다. 즉, 무위험자산 투자에서 얻을 수 있는 무위험수익률(risk-free rate)보다 높은 수익률을 기대할 수 있게 해주어야 위험을 싫어하는 투자자들이 위험자산에 투자할 것이다. 따라서 위험자산 수익률과 무위험자산의 수익률 간에는 식 (7)과 같은 관계가 성립한다. 여기서, $E(r_i)$은 위험자산 i의 기대수익률, r_f는 무위험자산 f의 무위험수익률, RP는 위험자산 i의 위험보상(risk premium)을 각각 의미한다.

$$E(r_i) = r_f + RP \quad \cdots \text{ 식 (7)}$$

식 (7)에서 위험보상(RP, risk premium)은 위험자산 i의 기대수익률과 무위험수익률 간의 차이를 말하는데, 위험보상의 정도는 위험의 크기와 투자자들의 위험에 대한 태도에 영향을 받을 것이다. 위험이 클수록, 투자자가 위험을 싫어할수록 위험보상은 커질 것이다.

미래수익이 확실한, 위험이 없는 투자안이라면 투자자들은 높은 수익률을 얻을 수 있는 투자안을 선호할 것이다. 그러나 미래수익이 불확실한, 위험이 존재하는 투자안이라면 기대수익률과 더불어 위험까지 고려한 효용(utility)이 큰 투자안이 투자자들에게 선호될 것이다.

위험투자안에 대한 투자자들의 태도(attitude to risk)는 위험회피적, 위험중립적과 위험선호적 성향으로 구분할 수 있다. 위험회피적(risk averting)인 성향의 투자자들의 효용은 위험이 동일한 경우 기대수익률이 클수록, 기대수익률이 동일한 경우 위험이 작을수록 증가하는 반면에 위험선호적(risk loving)인 성향의 투자자들은 다른 조건이 동일한 경우 위험이 클수록 효용이 증가한다. 위험크기에 상관없이 기대수익률만으로 투자안을 선택하는 투자자들은 위험중립적(risk neutral)인 성향을 가지고 있다고 할 수 있을 것이다.

∥ 6.3절 평균 – 분산 분석 ∥

1. 지배원리

확률변수가 종 모양(bell shaped)의 정규분포(normal distribution)를 따른다면 확률변수의 분포에 대한 정보는 평균과 분산으로 많은 부분을 파악할 수 있다. 투자수익률이라는 확률변수가 정규분포를 따른다는 가정 하에 평균(mean) 개념으로 계산한 기대수익률과 위험을 측정하는 분산(variance) 또는 표준편차(standard deviation)를 이용하여 투자안을 분석하는 것을 평균-분산 분석(mean-variance analysis)라고 한다.

평균 - 분산 분석의 원칙은 두 투자안의 기대수익률(평균)이 동일한 경우에는 위험(분산 또는 표준편차)이 작은 투자안을 선택하고, 위험이 동일한 경우에는 기대수익률이 큰 투자안을 선택하는 지배원리(dominance principle)이다.

주식 D, E, F, G의 기대수익률과 표준편차가 다음과 같을 경우 지배원리에 의하면 주식 D는 기대수익률은 10%로 동일하지만 위험이 5% 작으므로 주식 E를 지배한다(dominate)고 한다. 반면에 주식 G는 위험은 15%로 동일하지만 기대수익률이 5% 작으므로 주식 F에 지배당한다(dominated)고 표현한다.

- 주식 D : $E(r_D)=10\%,\ \sigma_D=5\%$
- 주식 E : $E(r_E)=10\%,\ \sigma_E=10\%$
- 주식 F : $E(r_F)=10\%,\ \sigma_F=15\%$
- 주식 G : $E(r_G)=15\%,\ \sigma_G=15\%$

〈 그림 1 : 평균 – 표준편차 〉

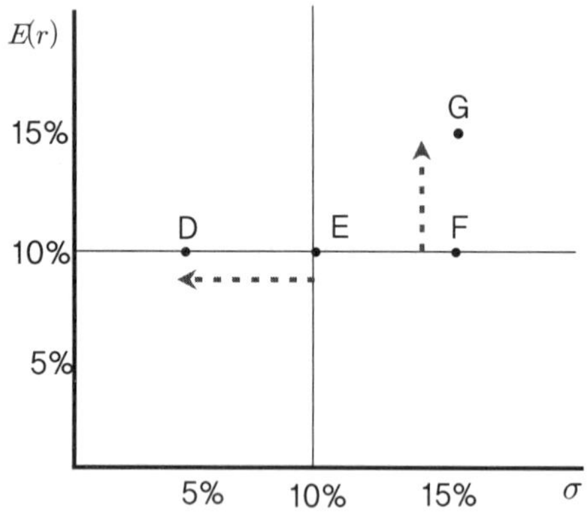

〈 그림 2 : 무차별곡선 〉

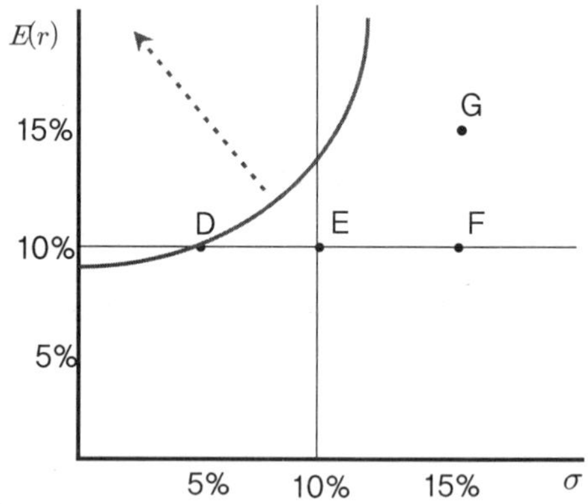

<그림 1>을 보면 주식 D와 G가 각각 주식 E와 주식 E를 지배하는 이유를 이해할 수 있을 것이다. 기대수익률이 동일하다면 서쪽방향에 있는 주식일수록 위험이 작으므로, 위험이 동일하다면 북쪽방향에 있는 주식일수록 기대수익률이 커지므로 다른 주식들을 지배할 수 있는 것이다.

2. 무차별곡선

앞에서 지배원리에 의하면 주식 E보다는 주식 D가, 주식 F보다는 주식 G가 선호된다고 하였다. 그러나 주식 D와 G 중 하나만을 선택해야 한다면 지배원리로는 판단할 수 없을 것이다. 기대수익률은 G가 높지만 위험은 D가 작기 때문이다.

이런 경우에는 투자자 개인의 기대수익률과 위험에 대한 효용을 나타내는 무차별곡선(indifference curve)이 필요하다. 무차별곡선이란 동일한 크기의 효용을 가져다주는 기대수익률과 위험의 조합들을 연결한 선으로 투자자 개인의 위험에 대한 태도를 보여준다. 위험회피적인 투자자들의 무차별곡선은 위험이 클수록 높은 기대수익률을 요구하여 우상향하고, 추가적인 동일한 크기의 위험부담에 대한 보상이 점점 증가하므로 위험이 커질수록 우상향 정도가 점점 강해져서 <그림 2>와 같은 모양을 가질 것이다.

<그림 2>의 무차별곡선은 주식 D와 동일한 효용을 가져다주는 기대수익률과 위험의 조합들을 연결한 선이다. 지배원리에 의하면 그림의 점선으로 표시된 화살표 방향(북서쪽)으로 갈수록 기대수익률과 위험을 고려한 투자자의 효용이 증가한다. 따라서 <그림 2>와 같은 무차별곡선을 가지는 위험회피적인 투자자에게는 주식 G보다는 주식 D가 더 큰 효용을 가져다주므로 주식 D가 투자대상으로 선택된다.

무차별곡선의 모양은 투자자들의 위험에 대한 태도에 따라 다른 모양을 가진다. 표준편차로 측정한 위험 10%를 부담하는 것에 대하여 처음에는 10%의 위험보상(risk premium)을 요구하다가 부담하는 위험이 누적될수록 동일한 위험 10%에 대한 위험보상을 점점 증가시키는 위험회피적인 투자자들의 무차별곡선은 <그림 2>와 같이 아래로 볼록한(convex) 모양, 동일한 위험 10%에 대한 위험보상을 점점 감소시키는 위험선호적 투자자들의 무차별곡선은 <그림 2>의 무차별곡선을 뒤집어 놓은, 위로 볼록한(concave) 모양, 동일한 위험 10%에 대한 위험보상을 항상 동일하게 요구하는 위험중립적인 투자자들의 무차별곡선은 직선이 된다.

∥ 6.4절 포트폴리오와 위험분산효과 ∥

1. 포트폴리오의 개념

투자자들 대부분은 특정 자산 하나에 모든 금액을 투자하기보다는 여러 자산에 나누어 투자금액을 분산시킨다. 이렇게 여러 자산에 나누어 투자할 때 자산들 간에 손익의 상쇄효과가 발생한다면 기대수익률과 위험은 하나의 자산에만 전액 투자하는 경우와 다를 것이다.

포트폴리오(portfolio)란 이와 같이 분산투자된 자산전체를 의미하며 자산에는 주식, 채권 등의 금융자산(financial asset)뿐만 아니라 부동산, 금, 골프장 회원권 등 모든 투자대상이 포함될 수 있다.[5)]

포트폴리오는 구성 자산의 투자비율에 따라 등가중포트포리오(equal-weighted portfolio)와 가치가중포트폴리오(value-weighted portfolio)로 구분할 수 있다. 등가중포트폴리오는 구성 자산을 동일한 비율로, 가치가중포트폴리오는 구성자산의 시장가치 크기에 비례한 비율로 투자된 포트폴리오를 말한다. 1,000만원을 10개의 주식에 100만원씩 동일하게 0.1의 비율로 투자하면 등가중포트폴리오, 시장가치가 각각 100억, 200억, 700억원인 3개의 주식에 1,000만원을 0.1, 0.2, 0.7의 비율로 각각 100만원, 200만원, 700만원씩 투자하면 가치가중포트폴리오가 형성되는 것이다.

2. 포트폴리오의 기대수익률과 위험

다음은 주식 X와 Y에 대한 주식수익률 자료이다. r_X와 r_Y는 각 상황이 발생했을 때 주식 X와 Y의 실현수익률들을 의미한다.

〈 표 1 : 주식 X와 Y의 수익률 〉

상황	확률	r_X	r_Y
1	0.3	20%	−10%
2	0.4	5%	10
3	0.3	−5%	30

<표 1>의 자료를 가지고 주식 X와 Y의 기대수익률, 분산, 표준편차를 계산하면 다음과 같다.

$$E(r_X) = [0.3 \times 0.2 + 0.4 \times 0.05 + 0.3 \times (-0.05)] = 0.065 = 6.5\%$$

$$E(r_Y) = [0.3 \times (-0.1) + 0.4 \times 0.1 + 0.3 \times 0.3] = 0.1 = 10\%$$

5) 본서에서는 금융자산들 중에서도 특히 주식으로 구성된 포트폴리오를 가지고 포트폴리오 이론들을 설명하고자 한다. 그 이론들은 다른 자산들로 구성된 포트폴리오에도 동일하게 적용될 수 있다.

$$\sigma_X^2 = 0.3\times[0.2-0.065]^2 + 0.4\times[0.05-0.065]^2 + 0.3\times[-0.05-0.065]^2 = 0.009525 = 95.25\%^2$$

$$\sigma_X = \sqrt{\sigma_X^2} = \sqrt{0.009525} = 0.0976 = 9.76\%$$

$$\sigma_Y^2 = 0.3\times[-0.1-0.1]^2 + 0.4\times[0.1-0.1]^2 + 0.3\times[0.3-0.1]^2 = 0.024 = 240\%^2$$

$$\sigma_Y = \sqrt{\sigma_Y^2} = \sqrt{0.024} = 0.1549 = 15.49\%$$

주식 X와 Y로 구성되는 포트폴리오를 P라고 하면 포트폴리오 P의 기대수익률은 $E(r_P) = [w_X \times E(r_X) + w_Y \times E(r_Y)]$과 같이 계산된다. 즉, 주식 X와 Y의 기대수익률을 주식 X와 Y의 투자비중으로 가중평균한 것이다. 주식 X와 Y에 동일한 비율로 투자한다면 포트폴리오 P의 기대수익률은 다음과 같이 8.25%가 될 것이다.

$$E(r_P) = [w_X \times E(r_X) + w_Y \times E(r_Y)] = [0.5\times 0.065 + 0.5\times 0.1] = 0.0825 = 8.25\%$$

포트폴리오 P의 위험을 계산하는 방법은 다음과 같은 과정을 통하여 도출된다.

$$\begin{aligned}
\sigma_P^2 &= E[r_P - E(r_P)]^2 = E[\{w_X\times r_X + w_Y\times r_Y\} - \{w_X\times E(r_X) + w_Y\times E(r_Y)\}]^2 \\
&= E[w_X\times\{r_X - E(r_X)\} - w_Y\times\{r_Y - E(r_Y)\}]^2 \\
&= E[w_X^2\{r_X - E(r_X)\}^2 + w_Y^2\{r_Y - E(r_Y)\}^2 + 2w_X w_Y\{r_X - E(r_X)\}\{r_Y - E(r_Y)\}] \\
&= w_X^2 E[r_X - E(r_X)]^2 + w_Y^2 E[r_Y - E(r_Y)]^2 + 2w_X w_Y E[\{r_X - E(r_X)\}\{r_Y - E(r_Y)\}] \\
&= [w_X^2\times\sigma_X^2 + w_Y^2\times\sigma_Y^2 + 2\times w_X\times w_Y\times\sigma_{X,Y}]
\end{aligned}$$

여기서 r_P는 포트폴리오 P의 수익률로 $[w_X\times r_X + w_Y\times r_Y]$와 같이 계산되고, $E(r_P)$는 포트폴리오 P의 기대수익률로 $[w_X\times E(r_X) + w_Y\times E(r_Y)]$와 같이 계산된다. 주식 X와 Y의 투자비중은 투자자가 임의로 결정하는 항목이고, 주식 X와 Y의 분산인 σ_X^2과 σ_Y^2는 식 (6)에서 언급된 개념이므로 포트폴리오의 위험을 이해하기 위해서는 마지막 항의 공분산 $\sigma_{X,Y}$ 개념을 추가적으로 알아야 한다.

공분산(covariance)이란 두 확률변수의 값들이 같은 방향으로 움직이는 정도를 측정하는 통계량이다. 따라서 포트폴리오 P의 공분산 $\sigma_{X,Y}$는 주식 X와 Y의 수익률이 얼마나 같은 방향으로 움직이는 지를 측정하며 다음과 같이 계산한다.

$$\sigma_{X,Y} = Cov(r_X, r_Y) = E[\{r_X - E(r_X)\}\{r_Y - E(r_Y)\}]$$
$$= 0.3 \times (0.2 - 0.065)(-0.1 - 0.1) + 0.4 \times (0.05 - 0.065)(0.1 - 0.1)$$
$$+ 0.3 \times (-0.05 - 0.065)(0.3 - 0.1) = -0.0150 = -150\%^2$$

따라서 주식 X와 Y에 균등하게 투자된 포트폴리오 P의 위험은 다음과 같이 계산된다.

$$\sigma_P^2 = [w_X^2 \times \sigma_X^2 + w_Y^2 \times \sigma_Y^2 + 2 \times w_X \times w_Y \times \sigma_{X,Y}]$$
$$= [0.5^2 \times 0.009525 + 0.5^2 \times 0.0240 + 2 \times 0.5 \times 0.5 \times -0.015]$$
$$= 0.00088125 = 8.8125\%^2$$

$$\sigma_P = \sqrt{\sigma_P^2} = \sqrt{0.00088125} = 0.0297 = 2.97\%$$

공분산 대신 상관계수(correlation coefficient)를 사용하여 포트폴리오 P의 위험을 계산할 수도 있다. 상관계수 역시 두 자산 수익률이 같은 방향으로 움직이는 정도를 측정하지만 상관계수의 값은 $-1 \le \rho \le +1$의 범위에 있다. 상관계수가 +1이면 '완전 양의 상관관계'로 두 자산의 수익률은 100% 같은 방향으로, -1이면 '완전 음의 상관관계'로 두 자산의 수익률이 100% 반대 방향으로 움직인다는 것을 의미한다.

주식 X와 Y 수익률간의 상관계수는 다음과 같이 계산된다.

$$\rho_{X,Y} = \left[\frac{\sigma_{X,Y}}{\sigma_X \times \sigma_Y}\right] = \left[\frac{-0.015}{0.0976 \times 0.1549}\right] = -0.99$$

주식 X와 Y 수익률간의 상관계수 $\rho_{X,Y} = -0.99$는 주식 X의 수익률이 10% 증가하면 주식 Y의 수익률은 9.9% 감소한다는 것을 의미한다.

또한 공분산과 상관계수 간에는 $\sigma_{X,Y} = [\rho_{X,Y} \times \sigma_X \times \sigma_Y]$의 관계가 성립하여 포트폴리오 P의 위험은 다음과 같이 계산할 수도 있다.

$$\sigma_P^2 = [w_X^2 \times \sigma_X^2 + w_Y^2 \times \sigma_Y^2 + 2 \times w_X \times w_Y \times \sigma_{X,Y}]$$
$$= [w_X^2 \times \sigma_X^2 + w_Y^2 \times \sigma_Y^2 + 2 \times w_X \times w_Y \times \rho_{X,Y} \times \sigma_X \times \sigma_Y]$$

지금까지 주식 X와 Y를 이용하여 설명한 두 개의 자산으로 구성된 포트폴리오의 기대수익률과 위험을 구하는 방법을 정리하면 식 (8), (9)와 같다. 여기서, $w_{X(Y)}$는 자산 X(Y)의 투자비중으로 $w_X + w_Y = 1$이 성립한다. $E(r_{X(Y)})$는 자산 X(Y)의 기대수익률을 의미한다. $\sigma^2_{X(Y)}$과 $\sigma_{X(Y)}$ 는 자산 X(Y)의 분산과 표준편차, $\sigma_{X,Y}$ 는 자산 X와 Y 수익률간의 공분산, $\rho_{X,Y}$ 는 자산 X와 Y 수익률간의 상관계수를 각각 의미한다.

포트폴리오의 기대수익률 : $E(r_P) = [w_X \times E(r_X) + w_Y \times E(r_Y)]$ … 식 (8)

포트폴리오의 위험 :

$$\sigma^2_P = [(w^2_X \times \sigma^2_X) + (w^2_Y \times \sigma^2_Y) + (2 \times w_X \times w_Y \times \sigma_{X,Y})]$$

$$= [(w^2_X \times \sigma^2_X) + (w^2_Y \times \sigma^2_Y) + (2 \times w_X \times w_Y \times \rho_{X,Y} \times \sigma_X \times \sigma_Y)] \cdots \text{식 (9)}$$

$$\sigma_P = \sqrt{\sigma^2_P}$$

포트폴리오의 위험을 계산하는 식 (9)를 보면 상관계수 $\rho_{X,Y}$의 값에 따라 위험의 크기가 달라질 수 있음을 알 수 있다. $0 \leq w_X \leq 1$일 경우 상관계수 $\rho_{X,Y}$의 값이 +1, 0, -1인 경우 포트폴리오의 위험을 표준편차로 측정하면 다음과 같다.

$$\sigma_P = \sqrt{(w^2_X \times \sigma^2_X) + (w^2_Y \times \sigma^2_Y) + (2 \times w_X \times w_Y \times \rho_{X,Y} \times \sigma_X \times \sigma_Y)}$$

① $\rho_{X,Y}$=+1의 완전 양의 상관관계인 경우 :

$$\Rightarrow \sigma_P = \sqrt{(w^2_X \times \sigma^2_X) + (w^2_Y \times \sigma^2_Y) + (2 \times w_X \times w_Y \times \sigma_X \times \sigma_Y)}$$

$$= \sqrt{(0.5^2 \times 0.009225) + (0.5^2 \times 0.0240) + (2 \times 0.5 \times 0.5 \times 0.0976 \times 0.1549)}$$

$$= \sqrt{0.01285} = 0.1259 = 12.59\%$$

② $\rho_{X,Y}=0$인 경우 :

$$\Rightarrow \sigma_P = \sqrt{(w_X^2 \times \sigma_X^2) + (w_Y^2 \times \sigma_Y^2)} = \sqrt{(0.5^2 \times 0.009225) + (0.5^2 \times 0.0240)}$$

$$= \sqrt{0.00829} = 0.0911 = 9.11\%$$

③ $\rho_{X,Y}=-1$의 완전 음의 상관관계인 경우 :

$$\Rightarrow \sigma_P = \sqrt{(w_X^2 \times \sigma_X^2) + (w_Y^2 \times \sigma_Y^2) - (2 \times w_X \times w_Y \times \sigma_X \times \sigma_Y)}$$

$$= \sqrt{(0.5^2 \times 0.009225) + (0.5^2 \times 0.0240) - (2 \times 0.5 \times 0.5 \times 0.0946 \times 0.1549)}$$

$$= \sqrt{0.000745} = 0.0273 = 2.73\%$$

①, ②, ③의 포트폴리오 위험을 보면 상관계수 $\rho_{X,Y}$의 값이 점점 작아져서 두 주식의 수익률이 점점 더 반대방향으로 움직일수록 포트폴리오의 위험은 감소하는 것을 알 수 있다.

3. 포트폴리오의 위험분산효과

포트폴리오를 구성하는 두 주식 수익률간의 상관계수가 점점 작아질수록 포트폴리오의 위험이 감소한다는 것은 개별주식 하나에 투자하는 것보다 상관계수가 낮은 주식들로 포트폴리오를 구성하면 위험을 감소시킬 수 있다는 것을 의미한다. 이와 같이 투자자들은 위험을 감소시키기 위하여 포트폴리오를 구성하는 것이다.

일반적으로 포트폴리오 위험은 구성 자산 숫자가 많을수록, 구성된 자산 수익률들간의 상관계수가 낮을수록 많이 감소한다. 그러나 구성 자산 숫자가 증가함에 따라 위험이 감소하기는 하지만 처음에는 급격하게 감소하다가 점점 감소하는 정도가 작아져서 어느 수준이 이르면 거의 감소하지 않는다.

이와 같이 포트폴리오의 구성 자산 숫자를 증가시켜도 더 이상 감소시킬 수 없는 위험을 체계적 위험(systematic risk) 또는 시장위험(market risk)이라고 한다. 시장위험은 예상치 못한 물가상승률, 금리변동 등과 같이 시장의 모든 자산들의 가격을 동일한 방향으로 움직이게 만드는 거시적 요인들에 의해서 발생하므로 분산시킬 수 없는 것이다.

반면에 포트폴리오의 구성자산 숫자를 증가시킴으로써 감소되는 위험을 비체계적 위험(unsystematic risk) 또는 기업고유위험(firm-specific risk 또는 idiosyncratic risk)이라고 한다. 기업고유위험은 CEO의 교체나 파업처럼 그 자산 또는 기업에만 영향을 미치는 요인들에 의해서 발생하므로 다른 자산들의 가격은 다른 방향으로 움직일 수 있기 때문에 포트폴리오를 구성하면 감소시킬 수 있는 위험이다.

따라서 포트폴리오를 구성하면 투자자들은 개별자산에 제한되는 기업고유위험은 다른 구성자산들로 상쇄시킬 수 있지만 시장위험은 여전히 부담해야 한다. <그림 3>은 포트폴리오를 구성하는 자산 숫자가 증가함에 따라 포트폴리오의 위험이 감소하는 형태를 시장위험과 기업고유위험으로 구분하여 보여주고 있다.

〈그림 3 : 구성자산 숫자와 포트폴리오 위험〉

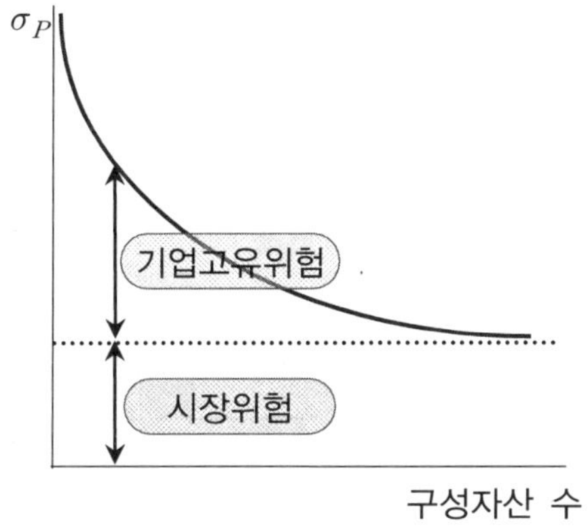

연습문제

6-1. 단일기간(single period) 투자 수익률, 여러 기간(multiple period) 투자의 보유수익률, 여러 기간(multiple period) 투자의 연평균수익률을 비교 설명하시오.

6-2. 투자자들의 위험에 대한 태도들을 총수익과 효용 그래프를 이용하여 비교 설명하시오.

6-3. 포트폴리오의 위험분산효과(diversification)를 두 가지 위험을 가지고 설명하시오.

6-4. 다음과 같이 주식과 시장을 대표하는 주가지수 수익률에 대한 자료를 추정하였다.

상 황	확률	상황별 예상수익률 (%)			
		R_f	SK	KAL	시장수익률
원유가격 상승	0.6	5	25	−20	−7
원유가격 하락	0.4	5	−10	15	10

① SK와 KAL의 기대수익률과 분산을 구하고 수익률과 위험을 가지고 어떤 주식을 선택해야 하는지 판단하시오.

② SK와 KAL의 체계적 위험 베타(β)를 구하시오.

③ SK에 60% KAL에 40%씩 투자하는 포트폴리오의 기대수익률, 분산, 체계적 위험을 구하시오.

6-5. 다음 박스안의 내용들을 참고로 질문에 답하시오.

<table>
<tr><th rowspan="2">주　식</th><th colspan="2">상황(발생확률은 동일)</th><th colspan="2" rowspan="2">효용함수 : E(r)−0.001×A×σ</th></tr>
<tr><th>이자율 상승</th><th>하락</th></tr>
<tr><td>H 은행</td><td>10%</td><td>−5%</td><td rowspan="4">박군의
위험회피계수
= 100</td><td rowspan="4">김양의
위험회피계수
= 200</td></tr>
<tr><td>I 은행</td><td>15%</td><td>−10%</td></tr>
<tr><td>J 기업</td><td>−10%</td><td>20%</td></tr>
<tr><td>K 기업</td><td>−15%</td><td>15%</td></tr>
</table>

① 각 주식의 기대수익률을 얼마인가?

② 각 주식의 위험인 표준편차(Standard Deviation)는 얼마인가?

③ 지배원리(dominance principle)에 의하면 은행 중에서는 어느 은행이, 기업 중에서는 어느 기업이 지배당하는가?

④ 박군과 김양에게는 ③번의 두 지배주식 중에서 최적투자안은 각각 어느 주식인가?

제7장

자본자산가격결정모형(CAPM)

‖ 7.1절 체계적 위험 ‖

1. 시장포트폴리오

포트폴리오의 위험분산효과(diversification)에 의하면 투자자들이 포트폴리오를 구성하면 기업고유의 위험에 해당하는 비체계적 위험(unsystematic risk)은 구성주식들 간의 상쇄효과로 인하여 분산시킬 수 있다고 한다. 그렇다면 시장에 존재하는 모든 위험자산(risky asset)으로 포트폴리오를 구성하면 비체계적 위험은 모두 분산시킬 수 있으므로 남아 있는 위험은 모든 주식에 공통적으로 영향을 미치는 체계적 위험(systematic risk)뿐일 것이다.

이와 같이 시장에 존재하는 모든 위험자산들을 시장가치를 기준으로 구성한 포트폴리오를 시장포트폴리오(market portfolio)라고 하며, 시장포트폴리오의 위험에는 구성자산들의 체계적 위험만 존재할 것이다.

2. 체계적 위험의 원리

(1) 위험보상

투자자들의 위험에 대한 태도(attitude to risk)에서 살펴본 것처럼 투자자들은 일반적으로 위험을 싫어한다. 위험을 싫어하는 투자자들에게 위험자산에 투자하도록 유인하기 위해서는 위험을 부담하는 것에 대한 보상(reward to risk)이 이루어져야 할 것이다. 즉, 무위험자산 투자에서 얻을 수 있는 무위험수익률(risk-free rate)보다 높은 수익률을 기대할 수 있게 해주어야 위험을 싫어하는 투자자들도 위험자산에 투자할 것이다.

이와 같이 위험부담에 대한 보상을 위험보상(risk premium)이라고 하며 다음 식 (1)과 같이 계산된다. 위험보상의 크기는 위험의 크기와 투자자들의 위험에 대한 태도에 영향을 받을 것이다. 위험자산의 위험이 클수록, 투자자가 위험을 싫어할수록 위험보상의 크기는 커질 것이다. 여기서, RP는 위험자산 i의 위험보상(risk premium), $E(r_i)$는 위험자산 i의 기대수익률, r_f는 무위험자산 f의 수익률(=무위험수익률)을 각각 의미한다.

위험보상(risk premium) : $RP = [E(r_i) - r_f]$ … 식 (1)

(2) 체계적 위험의 원리

투자자들이 시장포트폴리오와 같은 포트폴리오를 구성한다면 기업고유의 비체계적 위험은 투자자가 직접 분산시킬 수 있으므로 보상받아야 할 대상이 아닐 것이다. 만약 분산투자를 통하여 제거할 수 있는 위험도 보상을 받는다면 '공짜 점심(free lunch)'을 먹는 것과 마찬가지이다. 세상에는 공짜 점심은 없다(There is no free lunch). 부담하지도 않는 위험에 대한 보상으로 높은 수익률을 얻을 수 있다면, 그 투자안의 수요 증가로 가격상승이 이루어져 기대수익률이 하락하는 가격조정과정이 발생할 것이다.

따라서 시장이 균형 상태라면 분산가능한 비체계적 위험에 대한 보상은 이루어지지 않을 것이고, 합리적인 투자자들은 비체계적 위험은 모두 사라지고 체계적 위험만이 남아있는 포트폴리오(well-diversified portfolio)에 투자할 것이고, 위험자산의 기대수익률은 체계적 위험의 영향만 받을 것이다.

체계적 위험의 원리(Systematic risk principle)
: 자산의 기대수익률에는 체계적 위험에 대한 보상만이 포함되어야 한다.

3. 체계적 위험의 측정치 : 베타(β)

자산의 위험은 분산(variance)이나 표준편차(standard deviation), 포트폴리오의 위험은 분산이나 표준편차와 공분산(covariance)으로 측정되었다. 분산이나 표준편차가 측정하는 위험에는 체계적 위험뿐만 아니라 비체계적 위험까지 포함되어 있다.

그러나 체계적 위험의 원리에 의하면 비체계적 위험이 존재하지 않는 포트폴리오에 투자하는 투자자들은 체계적 위험에 대해서만 보상받아야 한다. 그러기 위해서는 그들이 부담하는 체계적 위험만을 측정할 수 있어야 한다. 분산이나 표준편차는 비체계적 위험까지 포함한 총위험(total risk)을 측정하므로 적절한 측정치라고 할 수 없다.

시장에 존재하는 모든 위험자산으로 구성된 시장포트폴리오의 위험은 체계적 위험뿐이다. 따라서 체계적 위험들만 존재하는 시장포트폴리오의 위험은 구성 자산들의 체계적 위험들의 합이라고 할 수 있을 것이다.

시장포트폴리오를 구성하고 있는 개별자산의 체계적 위험은 시장포트폴리오의 위험에서 개별자산의 체계적 위험이 차지하는 비율로 측정할 수 있을 것이다. 이것을 베타(β)라고 하고 다음 식 (2)와 같이 계산한다. 여기서, β_i는 자산 i의 체계적 위험, r_i는 자산 i의 수익률, r_M은 시장포트폴리오(M)의 수익률, $cov(r_i, r_M)$는 자산 i와 시장포트폴리오(M) 수익률간의 공분산, $var(r_M)$은 시장포트폴리오(M) 수익률의 분산을 각각 의미한다.

체계적 위험(systematic risk) : $\beta_i = \left[\frac{cov(r_i, r_M)}{var(r_M)}\right]$ … 식 (2)

$cov(r_i, r_M)$는 자산 i의 위험과 시장포트폴리오(M) 위험의 공통되는 부분이 얼마나 되는지를 측정하므로 β_i는 자산 i의 체계적 위험의 시장포트폴리오 위험에 대한 상대적인 비율 또는 공헌도라고 해석할 수 있다.[1)]

예제 1

다음 표의 자료들을 가지고 주식 A의 체계적 위험을 계산하시오. r_M은 시장포트폴리오 M의 수익률을 의미한다.

상황(s)	발생확률, $p(s)$	$r_A(s)$	$r_M(s)$
불 황	0.25	0.3%	0.2%
보 통	0.50	23.7%	15.8%
호 황	0.25	36.225%	24.15%

1) $\beta_M = \frac{cov(r_M, r_M)}{var(r_M)} = \frac{\sigma_M^2}{\sigma_M^2} = 1$

〈풀이〉

$$E(r_A)= [0.25 \times 0.3 + 0.5 \times 23.7 + 0.25 \times 36.225] = 20.98\%$$

$$E(r_M)= [0.25 \times 0.2 + 0.5 \times 15.8 + 0.25 \times 24.15] = 13.99\%$$

$$cov(r_A, r_M) = 0.25[0.3-20.98][0.2-13.99] + 0.5[23.7-20.98][15.8-13.99] + 0.25[36.225-20.98][24.15-13.99] = 112.5\%^2$$

$$var(r_M) = \sigma_M^2 = 0.25[0.2-13.99]^2 + 0.5[15.8-13.99]^2 + 0.25[24.15-13.99]^2 = 74.9\%^2$$

$$\beta_A = \left[\frac{Cov(r_A, r_M)}{var(r_M)}\right] = \left[\frac{112.5\%^2}{74.9\%^2}\right] = 1.50$$

시장포트폴리오는 시장에 존재하는 모든 위험자산으로 구성되었기 때문에 시장포트폴리오 수익률의 변화는 시장의 움직임을 나타낸다. 식 (2)로 측정한 β_i는 자산 i 수익률이 시장의 움직임에 어느 방향으로 얼마나 민감하게 반응하는지를 나타낸다. 예제 1의 주식 A의 $\beta_A = 1.50$는 시장포트폴리오의 수익률(r_M)이 10% 증가(감소)하면 주식 A의 수익률 r_A는 1.5배인 15% 증가(감소)한다는 것을 의미한다.

포트폴리오의 총위험을 측정하는 분산이나 표준편차는 구성 주식들 간의 공분산이 n(n-1)개 필요하므로 구성 주식들이 많다면 계산하는 과정이 복잡해진다. 그러나 포트폴리오의 체계적 위험을 측정하는 포트폴리오 베타 β_P는 식 (3)처럼 간단하게 계산할 수 있다. 여기서, $w_i(i=1,2,\cdots,N)$는 자산 i의 구성비율, $\beta_i(i=1,2,\cdots,N)$는 자산 i의 체계적 위험, 베타를 각각 의미한다.

포트폴리오 베타 : $\beta_P = [w_1 \times \beta_1 + w_2 \times \beta_2 + \cdots + w_N \times \beta_N]$ … 식 (3)

예제 2

주식 B와 C 수익률의 표준편차는 각각 15%와 30%이고 시장포트폴리오와의 상관계수는 각각 0.6과 0.8이라고 한다. 시장포트폴리오 수익률의 표준편차가 20%일 경우 주식 B에 40%, C에 60%를 투자하는 포트폴리오의 베타는 얼마인가?

〈풀이〉

$\sigma_B = 15\%$, $\sigma_C = 30\%$, $\rho_{B,M} = 0.6$, $\rho_{C,M} = 0.8$, $\sigma_M = 20\%$ 이므로 상관계수를 이용하여 공분산을 계산하고, 주식 B, C의 베타를 계산하면 다음과 같다.

$$\rho_{B,M} = \left[\frac{cov(r_B, r_M)}{\sigma_B \times \sigma_M}\right] \rightarrow cov(r_B, r_M) = \rho_{B,M} \times \sigma_B \times \sigma_M$$

$$\beta_B = \left[\frac{cov(r_B, r_M)}{var(r_M)}\right] = \left[\frac{\rho_{B,M} \times \sigma_B \times \sigma_M}{\sigma_M^2}\right] = \left[\frac{\rho_{B,M} \times \sigma_B}{\sigma_M}\right] = \left[\frac{0.6 \times 15\%}{20\%}\right] = 0.45$$

$$\beta_C = \left[\frac{cov(r_C, r_M)}{var(r_M)}\right] = \left[\frac{\rho_{C,M} \times \sigma_C \times \sigma_M}{\sigma_M^2}\right] = \left[\frac{\rho_{C,M} \times \sigma_C}{\sigma_M}\right] = \left[\frac{0.8 \times 30\%}{20\%}\right] = 1.2$$

따라서 주식 B에 40%, C에 60% 투자하는 포트폴리오의 베타는 다음과 같이 0.9가 된다.

$$\beta_P = [w_B \times \beta_B + w_C \times \beta_C] = [0.4 \times 0.45 + 0.6 \times 1.2] = 0.9$$

예제 2

베타가 1.25인 주식 D와 무위험자산인 정기예금에 투자하여 베타가 1인 포트폴리오를 구성하고 싶다면 주식 D에 투자하는 비율은 얼마이어야 하는가?

〈풀이〉

정기예금은 무위험자산이므로 체계적 위험이 없으므로 $\beta_{정기예금} = 0$ 일 것이고 $\beta_D = 1.25$ 이다. 또한 주식 D에 투자하는 비율을 w_D라고 하면 정기예금에 투자하는 비율은 $(1 - w_D)$가 될 것이다. 따라서 다음과 같은 식이 성립한다.

$$\beta_P = [w_D \times \beta_D + (1 - w_D) \times \beta_{정기예금}] = [w_D \times 1.25 + (1 - w_D) \times 0] = 1$$

따라서 주식 D에 투자해야 할 비율은 $w_D = \left[\frac{1}{1.25}\right] = 0.8$ 이 되어야 한다.

‖ 7.2절 자본자산가격결정모형(CAPM) ‖

1. 위험보상비율

무위험자산(risk-free asset)이란 미래수익의 불확실성이 존재하지 않아 확실한 값의 수익을 얻을 수 있는 자산을 말한다. 따라서 무위험자산은 어떤 위험도 존재하지 않으므로 총위험을 측정하는 표준편차나 체계적 위험을 측정하는 베타 모두 0의 값을 가질 것이다. 또한 다른 위험자산과의 공분산 역시 0이 될 것이다.[2)]

위험자산 A에 w_A비율만큼 투자하고 무위험자산 F에 $(1-w_A)$비율만큼 투자하는 포트폴리오를 가정하면 포트폴리오의 기대수익률과 베타는 다음과 같을 것이다. 여기서, r_F는 무위험자산 F의 수익률, $E(r_A)$는 위험자산 A의 기대수익률, β_F 는 무위험자산 F의 체계적 위험으로 0, β_A는 위험자산 A의 체계적 위험을 각각 의미한다.

$$\text{포트폴리오의 기대수익률 : } E(r_P) = [(1-w_A)\times r_F + w_A \times E(r_A)]$$
$$\text{포트폴리오의 베타 : } \beta_P = [(1-w_A)\times \beta_F + w_A \times \beta_A] = [w_A \times \beta_A]$$

$\beta_P = [w_A \times \beta_A]$를 정리한 $w_A = (\beta_P / \beta_A)$를 $E(r_P) = [(1-w_A)\times r_F + w_A \times E(r_A)]$에 대입하여 정리하면 다음과 같은 식을 얻게 된다.

$$E(r_P) = r_F + \left[\frac{E(r_A) - r_F}{\beta_A}\right] \times \beta_P$$

이 식은 포트폴리오의 기대수익률 $E(r_P)$과 포트폴리오의 체계적 위험 β_P와의 관계를 나타내며, 기울기에 해당하는 $[(E(r_A)-r_F)/\beta_A]$은 포트폴리오에 포함된 위험자산 A의 체계적 위험에 대한 보상비율(reward to risk ratio)을 의미하게 된다. 예를 들어, $E(r_A)$=10%, r_F=5%, $\beta_A = 1.25$라면 $[(E(r_A)-r_F)/\beta_A]$은 4%가 된다. 이것은 $E(r_A)$=10%에는 위험자산 A의 체계적 위험 1단위당 4%의 보상이 포함되어 있다는 것을 의미한다.

---

2) $E(r_F) = r_F$, $\sigma_F^2 = \beta_F = cov(r_F, r_i) = 0$

2. 시장균형과 자본자산가격결정모형(CAPM)

체계적 위험이 동일한 주식 A와 주식 B의 위험보상비율이 다음과 같다고 가정하자.

$$\beta_A = \beta_B \quad \& \quad \frac{E(r_A) - r_F}{\beta_A} > \frac{E(r_B) - r_F}{\beta_B}$$

이런 상황에서는 주식 A와 B에 투자하여 동일한 체계적 위험을 부담하여도 주식 A에서 더 많은 보상을 받을 수 있으므로 투자자들은 주식 B에 투자하려 하지 않을 것이다. 따라서 수요-공급의 원리에 의하면 수요가 감소한 주식 B의 가격은 하락할 것이고, 수요가 증가한 주식 A의 가격은 상승할 것이다. 매도가격이 변하지 않는다고 가정하면 주식가격이 하락한 주식 B의 기대수익률 $E(r_B)$은 상승할 것이고, 주식가격이 상승한 주식 A의 기대수익률 $E(r_A)$은 하락할 것이다.[3] 주식 B 가격의 하락과 주식 A 가격의 상승은 두 주식의 위험보상비율이 일치하는 수준까지 계속될 것이다.

동일한 체계적 위험을 부담하는 주식들의 위험보상비율이 동일하여 더 이상 주식들의 가격변화가 발생하지 않는 상태를 시장균형(market equilibrium)이라고 한다. 균형 상태에서는 다음과 같이 동일한 체계적 위험을 가진 자산의 기대수익률은 동일해야 한다.

> 만약 $\beta_A = \beta_B$ 이라면, $\dfrac{E(r_A) - r_F}{\beta_A} = \dfrac{E(r_B) - r_F}{\beta_B}$ 이어야 한다.

두 자산의 체계적 위험이 다르더라도 시장균형 상태에서는 위험보상 비율은 동일해야 한다. 만약 $\beta_A = 0.5$에 대한 위험보상은 $E(r_A) - r_F = [10\% - 5\%] = 5\%$이고 $\beta_B = 1$에 대한 위험보상은 $E(r_B) - r_F = [10\% - 5\%] = 5\%$라고 하자. 그러면 주식 A의 위험보상비율은 10%[=5%/0.5]로 주식 B의 위험보상비율 5%[=5%/1]보다 크게 된다. 그러면 투자자들은 위험보상을 많이 받을 수 있는 주식 A에 투자하고자 할 것이므로 위험보상비율이

---

3) 기대수익률은 $E(r) = \left[\dfrac{E(P_{매도}) - P_{매입}}{P_{매입}}\right]$과 같을 것이므로, 미래의 예상되는 매도가격, $E(P_{매도})$가 변하지 않는다면 주식 B의 매입가격, $P_{매입}$이 하락하면 $E(r_B)$는 상승할 것이며, 주식 A의 매입가격, $P_{매입}$이 상승하면 $E(r_A)$는 하락할 것이다.

동일하게 될 때까지 주가조정 과정이 발생하게 된다.

위의 내용들을 정리하면, 시장균형 상태에서는 위험자산들의 위험보상비율들은 동일해야 한다. 이것은 시장포트폴리오 M과 M을 구성하는 위험자산 i 간에도 성립하여 다음과 같은 식을 만들 수 있다.

$$\frac{E(r_i)-r_F}{\beta_i}=\frac{E(r_M)-r_F}{\beta_M}$$

여기에 시장포트폴리오의 $\beta_M=1$을 대입하여 위의 관계식을 정리하면 식 (4)와 같은 자본자산가격결정모형(Capital Asset Pricing Model)을 얻을 수 있고, <그림 2>와 같이 나타낼 수 있다. 여기서, r_F 는 무위험자산 F의 수익률, $E(r_M)$은 시장포트폴리오 M의 기대수익률, β_i는 자산 i의 체계적 위험, 베타를 각각 의미한다.

CAPM : $E(r_i)=r_F+[E(r_M)-r_F]\times\beta_i$ … 식 (4)

〈 그림 2 : CAPM 〉

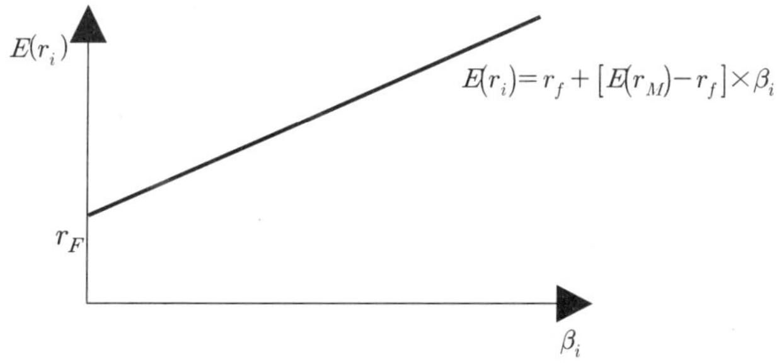

실무에서는 시장포트폴리오(M)의 기대수익률은 KOSPI(Korea Composite Stock Price Index)와 같은 주가지수 변화율을, 무위험자산 F의 수익률은 정부가 발행하는 국고채 금리, RP(repurchase agreement, 환매조건부채권)금리나 call 금리 등을 대용치로 사용한다. 또한 체계적 위험 베타는 미래 기대치를 사용해야 하지만 과거 주가자료로 계산된 역사적 베타(historical beta)를 사용한다.

CAPM으로 추정된 위험자산 i의 기대수익률은 체계적 위험을 반영하여 추정된 값으로 확률분포를 이용하여 추정한 기대수익률보다 유용하다.[4] 그런 이유로 자산이나 주식의 가치평가의 적절한 할인율로 CAPM으로 추정된 기대수익률이 많이 사용된다.

4) 확률분포로 추정된 기대수익률은 분산이나 표준편차로 위험을 추가적으로 측정해야 하고 그렇게 추정된 위험도 비체계적 위험까지 포함한 총위험이므로 체계적 위험만을 고려하여 추정된 CAPM의 기대수익률이 유용하다고 할 수 있다.

연습문제

7-1. 다음 질문에 답하시오.

① 위험자산 i의 기대수익률은 10%, 표준편차는 20%, 무위험자산인 국채의 이자율은 5%라고 한다. 투자자 Park군은 주식 i에 투자자금의 절반을 투자하고 국채에 나머지 절반을 투자하는 포트폴리오를 구성하였다고 하면 Park군 포트폴리오의 기대수익률, 위험프리미엄과 위험은 각각 얼마인가?

② ①의 결과를 가지고 Park군 포트폴리오의 기대수익률[$E(r_P)$]과 위험[σ_P]과의 관계를 식으로 나타내시오.

③ β(베타)가 1.25인 K주식과 위험이 0인 CD에 투자하여 β_P가 1인 포트폴리오를 구성하고자 한다. CD에 투자하는 비중은 얼마이어야 하는가?

④ CAPM이 성립하는 증권시장에서 주식 A와 B의 베타는 각각 1.2와 0.9이고 기대수익률은 각각 20%와 14%라고 한다. 무위험이자율과 시장포트폴리오 M의 기대수익률은 각각 얼마인가?

7-2. 다음과 같이 주식과 시장을 대표하는 주가지수 수익률에 대한 자료를 추정하였다.

상 황	확률	상황별 예상수익률(%)			
		무위험자산	주식 A	주식 B	시장수익률
1	0.2	3	10	−10	−4
2	0.8	3	−10	10	4

① 주식 A와 B의 기대수익률[$E(r_i)$]과 표준편차[σ_i]를 계산하여 기대수익률과 위험을 기준으로 어떤 주식을 선택해야 하는지 판단하시오.

② 주식 A와 B의 체계적 위험(systematic risk)은 각각 얼마인가?

③ 주식 A와 B의 상관계수를 계산하시오.

④ 주식 A에 30%, B에 30%, 무위험자산에 40%씩 투자하는 포트폴리오의 기대수익률, 표준편차, 체계적 위험을 구하시오.

⑤ ①에서 계산된 주식 A와 B의 기대수익률을 CAPM은 어떻게(과대/과소) 평가하고 있는지 각각 설명하시오.

7-3. CAPM(Capital Asset Pricing Model, 자본자산가격결정모형)에 대한 다음 질문에 답하시오.

① 어떤 주식의 베타가 1.05, 시장포트폴리오(M portfolio)의 기대수익률은 11%, 무위험이자율은 5.2%라고 하면 그 주식의 기대수익률은 얼마인가?

② 어떤 주식의 기대수익률이 10.2%, 무위험이자율이 4.5%, 시장포트폴리오의 위험에 대한 프리미엄이 8.5%라고 하면 이 주식의 베타는 얼마인가?

③ 어떤 주식의 기대수익률이 13.5%, 베타는 1.17, 무위험이자율이 5.5%라고 하면 시장포트폴리오의 기대수익률은 얼마인가?

④ 어떤 주식의 기대수익률이 14%, 베타는 1.45, 시장포트폴리오의 기대수익률은 11.5%라고 하면 무위험이자율은 얼마인가?

제8장 효율적 시장가설과 행태재무학

∥ 8.1절 효율적 시장가설 ∥

1. 효율적 시장가설의 기초

어떤 기업이 실제 현금흐름(cash flow)의 증가는 발생하지 않았음에도 주가를 상승시키기 위하여 투자자들에게 공시되는 이익을 증가시키는 회계정책으로 변경하려는 상황을 가정하자. 그 기업의 담당자는 시장참가자들은 어리석게도 공시되는 회계이익이 높은 것만을 좋아한다고 생각하고 그런 결정을 내렸을 것이다. 과연 기업가치에 중요한 항목인 현금흐름은 변하지 않았음에도 손익계산서의 이익증가만으로 시장의 투자자들을 속일 수 있을까?

이번에는 S기업 사원이 오늘 아침 신문에서 S기업과 일본기업간의 특허권 분쟁이 해결되었다는 기사를 읽고 S기업 주식에 투자하여 큰 이익을 얻으려고 하는 상황을 가정하자. 그 사원뿐만 아니라 다른 모든 투자자들도 알 수 있도록 공개된 공적 정보(public information)를 이용한 그의 투자는 주식시장에서 큰 수익을 얻을 수 있을까?

위의 두 가지 상황들은 이번 장에서 설명하려고 하는 효율적 시장가설(Efficient Market Hypothesis, 이하 EMH)과 관련된 것들이다.

EMH에서 효율적(efficient)이란 정보의 효율성(information efficiency)을 의미하고, 가설(hypothesis)이란 이론(theory)과는 다르게 아직 찬반 논쟁이 진행 중이라는 것을 시사하고 있다. 주식시장을 가정하고, 정보의 효율성에 초점을 맞추면 효율적 시장(efficient market)을 다음과 같이 정의할 수 있다.[1)]

> 만약 주식가격이 그 주식과 관련된 정보들을 충분하고, 정확하게 반영하고 있다면 주식시장은 효율적(efficient)이라고 한다.

여기서 '충분하게(fully) 반영한다'는 것은 시장참가자들이 관련된 정보를 거의 놓치지 않고 가치평가에 사용하므로 주식가격은 거의 모든 정보를 반영하고 있다는 것을,

---

1) 효율적 시장가설의 내용들은 금융자산이나 실물자산 모두에 적용 가능하지만 본 장에서는 일관된 표현을 통하여 이해를 쉽게 하고자 주식시장으로 통일하여 효율적 시장가설 내용을 설명하고자 한다.

'정확하게(correctly) 반영한다'는 것은 시장참가자들이 관련 정보의 의미를 정확하게 파악하므로 주식가격은 긍정적(부정적)인 정보에 대해서는 가격 상승(하락)의 반응을 보여 해당 정보를 주식가격이 정확하게 반영하고 있다는 것을 각각 의미한다.

효율적 시장의 정의에 의하면 주식시장이 효율적이라면 투자자들은 주가에 이미 반영된 정보를 이용한 거래로는 지속적으로 이익을 얻을 수 없을 것이다. 여기서 이익을 얻는다는 것은 주식시장 전체의 수익(market return)을 나타내는 주가지수(stock index)보다 높은 수익을 얻거나 위험보상(risk premium)을 초과하는 이익을 얻는다는 것을 의미하고, 지속적으로 이익을 얻을 수 없을 것이라는 것은 우연히 가끔은 시장보다 높은 이익을 얻을 가능성은 존재하지만 시장보다 나은 성과를 꾸준히 보이지는 못한다는 것을 의미한다.

효율적인 시장에서의 주가는 기업의 경제적 가치(economic value)에 최대한 가깝게 형성될 것이다. 따라서 이미 주가에 반영된 정보들로는 투자자들은 이익을 얻을 수 없을 것이다.

EMH의 논쟁은 주가가 관련된 정보, 모두를 충분하고 정확하게 반영하고 있다는 믿음의 문제라고 할 수 있다. EMH를 믿는 투자자들은 시장은 아주 가끔 정보를 충분하고 정확하게 반영하지 못하는 실수를 범하기는 하지만, 그 때에도 효율적인 시장은 아주 신속, 정확하게 그 실수를 수정하므로 투자자들이 이익을 취할 수 있는 기회는 존재하지 않는다고 믿는다. 반면에 EMH를 믿지 않는 투자자들은 시장은 가끔 정보를 충분하고, 정확하게 반영하지 못한 실수를 잠깐 동안 인식하지 못하므로, 그 때 투자자들은 반영되지 못한 정보를 이용하여 이익을 얻을 수 있다고 믿는다. 어떤 믿음이 맞는지는 실증분석의 결과를 통하여 판단해야 할 것이다.

2. 효율적 시장가설(EMH)의 근거와 시사점

EMH의 근거들은 경제학이나 재무론에서 가정하는 '인간의 합리성(rationality)'에 바탕을 두고 있다.

첫 번째, 투자자들은 합리적이기 때문에 시장은 효율적이라는 것이다. 투자자들이 합리적이라면 주가에 대한 추정치를 합리적인 방식으로 조정할 것이고, 이런 투자자들의 합리적인 조정과정을 거치면서 주가는 관련정보를 충분하고 정확하게 반영하게 되어 시장은 효율적인 상태가 된다는 것이다.

두 번째, 일부 투자자들의 합리적인 조정과정에 문제가 발생하더라도 다른 투자자들의 잘못된 조정과정으로 서로 상쇄될 것이므로 시장은 결국 효율적인 상태가 된다는 것이다.[2] 예를 들면, 투자자 A가 H주식의 가격을 효율적인 가격보다 5% 과대평가했다면, 투자자 B의 5% 과소평가로 상쇄되어 결국은 H주식의 가격은 효율적인 상태에 이른다는 것이다.[3]

세 번째, EMH에서는 투자자들 모두가 합리적일 필요는 없다는 것이다. 시장이 효율적이지 못한 상황으로 이탈했을 때 차익거래(arbitrage)를 통하여 이익을 취할 수 있는 한 명의 합리적인 투자자(only one rational investor)만 존재하여도 시장은 효율적인 상태가 될 수 있기 때문이다. 효율적인 상태의 주가를 알고 있는 한 명의 합리적인 투자자가 차익거래를 통하여 이익을 취하게 되면, 나머지 합리적이지 못했던 투자자들도 효율적인 주가를 인식하게 되어 시장은 결국 효율적인 상태가 된다는 것이다.

EMH가 투자자와 기업에게 시사하는 바는 크게 3가지로 정리할 수 있다.

첫 번째, EMH에 의하면 주식관련 정보는 신속하게 주가에 반영되므로 정보를 남들보다 먼저 아는 것은 쉬운 일이 아님에도 불구하고, 투자자 본인만 먼저 알고 있다고 생각할 가능성이 높다. 그러므로 정보취득 시점으로는 시장보다 높은 이익을 얻는 거래는 쉽게 발생할 수 없을 것이다.

두 번째, 기업들은 신주(new share)를 발행하거나 구주(old share)를 판매할 때 적정가치(fair value)를 받을 것으로 기대해야 할 것이다. EMH에 의하면 경제적 가치에 영향을 미치는 항목이 아닌 회계정책 변경으로 장부상의 이익만을 조정해서는 주가를 상승시킬 수 없기 때문이다. 현금흐름처럼 경제적 가치에 영향을 미칠 수 있는 의사결정이 이루어져야 주가가 영향을 받을 것이다.

세 번째, EMH에 의하면 주가에는 주식관련 모든 정보들이 이미 반영되어 있으므로, 이미 공개된 정보를 이용한 거래의 순현재가치(net present value)는 '0'이 될 것이다. 이것은 시장가격의 급격한 변동을 가져올 수 있는 주가에 반영되지 않은 새로운 정보가 발생하지 않는다면 시장보다 높은 이익을 얻을 수 있는 거래는 거의 불가능하며, 이익을 얻을 수 있는 거래라고 하더라도 이익의 규모는 기회비용(opportunity cost) 정도에 불과할 것이라는 것을 의미한다.

2) 이 부분은 통계학에서 평균의 오차들이 서로 상쇄될 수 있는 상황과 유사한 방식으로 이해할 수 있다.
3) 여기서 효율적인 가격이란 시장이 효율적일 때 주식의 가격을 표현하기 위해 저자가 도입한 임시용어이다.

3. 효율적 시장의 주가반응

H기업이 주가에 긍정적인 영향을 줄 수 있는 호재(good news)를 공시할 경우 주식시장이 효율적이라면 주가는 이 정보에 어떻게 반응을 보일까? 호재성 공시정보에 대한 주가의 반응은 (a) 정보 공시 직후 신속하게 새로운 정보를 반영한 적정가치로 주가가 상승하는 형태, (b) 정보 공시 후 천천히 새로운 적정가치로 주가가 상승하는 형태, (c) 정보 공시 직후에 새로운 적정가치보다 과도하게 상승한 후 적정가치로 회귀(reversion)하는 형태 등이 가능할 것이다.

〈그림 1〉 정보 공시 후 주가반응 형태들

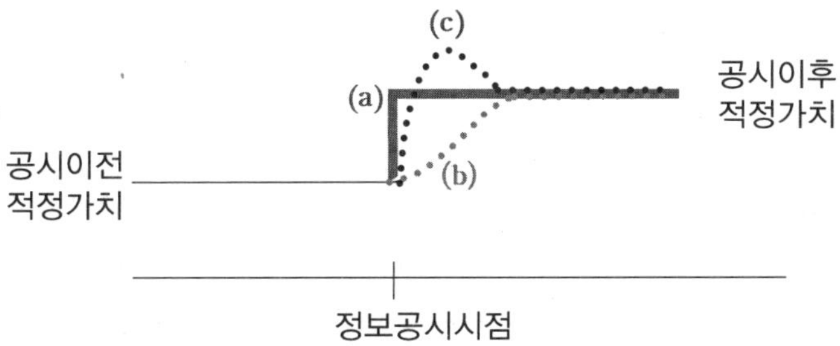

그림 <1>은 호재성 공시정보에 대한 주가 반응 형태를 보여주고 있다. 시장이 효율적이라면 주가에 긍정적인 영향을 줄 수 있는 정보가 공시되었을 경우 주가는 (a)와 같은 반응을 보일 것이다. 시장가격에 반영되지 않은 정보는 공시 즉시 신속, 정확하게 주가에 반영될 것이기 때문이다. 따라서 이익을 취할 수 있는 거래가 발생하기 어렵다.

그러나 (b)처럼 호재에 시장가격이 천천히 반응하는 경우 정보공시 직후 주식을 매입하여도 새로운 적정가치보다 낮은 가격이므로 차익을 얻을 수 있을 것이고, (c)처럼 정보공시 직후 과도하게 상승한 경우는 과도상승 시점에 주식을 공매(short sale)하여 새로운 적정가치로 회귀한 후 주식을 매입하여 상환하면 차익을 얻을 수 있을 것이다. 따라서 (b)와 (c) 같은 주가반응이 나타나면 차익거래 기회가 존재하므로 시장은 효율적이라고 할 수 없을 것이다.

4. 효율적 시장가설의 종류

EMH는 주식가격이 반영하는 정보의 양에 따라 약형 효율적 시장가설, 준강형 효율적 시장가설, 강형 효율적 시장가설로 구분할 수 있다.

약형 효율적 시장가설(Weak-form EMH, 이하 W-EMH)은 주가는 과거 주가변화의 패턴과 거래량 등 과거 주가관련 정보를 모두 반영하고 있다는 가설이다. 세 가지 EMH 중에서 반영하고 있는 정보의 양이 가장 적다.

W-EMH에 의하면 과거 주가움직임이나 거래량 변화와 관련된 모든 정보는 이미 현재 시장가격에 반영되어 있으므로 과거와 유사한 주가움직임이나 거래량이 현재 발생한다고 하여도 새로운 정보는 아니라는 것이다. 그러므로 주가움직임이나 거래량의 패턴 등을 찾아내는 기술적 분석(technical analysis)으로는 시장보다 높은 이익을 얻을 수 없다고 한다. 주가는 아직 반영되지 않은 새로운 정보에만 반응하고, 그런 정보는 예측할 수 없으므로 주가의 움직임은 랜덤워크(random walk)을 따른다고 한다.

그러나 1년 12개월 중에 1월에 가장 많은 수익율을 얻을 수 있다는 1월 효과(January effect)는 W-EMH에 반하는 현상이다. W-EMH가 성립한다면 작년 1월에 비정상적으로 많이 상승한 주가의 움직임은 이미 현재 형성된 시장가격에 모두 반영되어 있기 때문에 다가오는 1월에 그와 유사한 주가움직임을 예상하고 주식투자를 하여도 수익을 얻을 수 없어야 한다. 그러나 1월 효과는 여러 나라 주식시장에서 발생하고 있는 현상이다.

준강형 효율적 시장가설(Semi-strong form EMH, 이하 SS-EMH)은 주가는 이용 가능한 모든 공적 정보(public information)들을 반영하고 있다는 가설이다. 여기서 공적 정보란 W-EMH에 포함되었던 과거 주가와 거래량 관련 정보뿐만 아니라 공시되는 각종 회계정보 등을 통하여 추정할 수 있는 정보, 뉴스나 신문 등 언론에 공개되는 정보 등 일반투자자들도 누구나 이용할 수 있도록 공개된 정보를 말한다.

SS-EMH에 의하면 이미 모든 공적 정보는 주가에 반영되어 있기 때문에 신문이나 뉴스에서 특정 기업과 관련된 소식을 접한 후 거래를 하면 이익을 얻을 수 없다고 한다. 또한 회계정책을 바꾸어 이익을 변경하여도 이미 재무제표 상의 회계정보는 주가에 반영되어 있기 때문에 주가에 아무런 영향을 미치지 못한다고 한다.

〈그림 2〉 EMH별 포함하는 정보범위

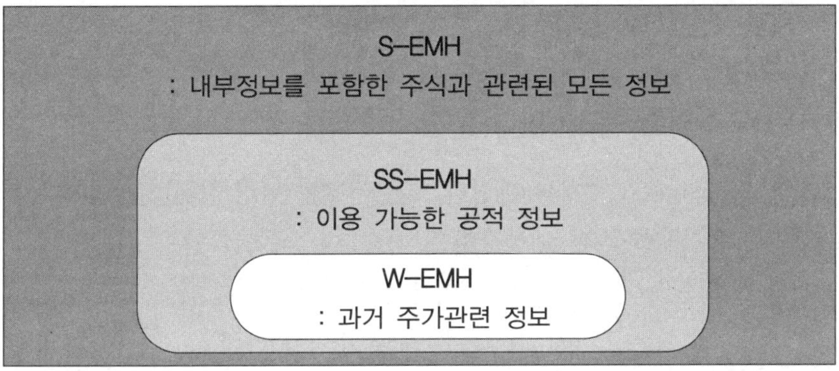

강형 효율적 시장가설(Strong-form EMH, 이하 S-EMH)은 주가는 공적 정보뿐만 아니라 외부에 공개되지 않은 사적 정보(private information)까지도 모두 반영하고 있다는 가설이다. 따라서 S-EMH의 주가에는 가장 많은 양의 정보가 반영되어 있을 것이다.

S-EMH에 의하면 내부정보를 이용한 내부자거래(insider trading)를 하여도 이익을 얻을 수 없다고 한다. 내부정보까지도 이미 시장가격에 반영되어 있기 때문이다.[4]

<그림 2>는 세 가지 EMH의 시장가격들이 반영하고 있다는 정보의 양을 비교 설명하고 있다.

‖ 8.2절 효율적 시장가설의 연구결과 ‖

효율적 시장가설에 대한 실증연구(empirical study)들은 측정대상과 측정시기, 측정방법 등에 따라 매우 다양하고 광범위하게 이루어지고 있다. 본 절에서는 약형 효율적 시장가설(W-EMH)에 대해서는 주가의 움직임을 예상할 수 있는가, 없는가에 대한 연구, 준강형 효율적 시장가설(SS-EMH)에 대해서는 새롭게 공시되는 정보에 대하여 시장이 신속, 정확하게 반응하는가에 대한 사건연구, 강형 효율적 시장가설(S-EMH)에

4) 대부분의 국가에서는 내부자거래는 불법(illegal)이다. 한국 주식시장에서도 내부자거래행위에 대하여 10년 이하의 징역 또는 2천만원 이하의 벌금에 처하며 내부자거래로 얻은 이익 또는 회피한 손실액의 3배에 해당하는 금액이 2천만원을 초과할 경우 그 3배 이내의 벌금을 부과할 수 있다. 또한 미공개정보 이용 행위를 한 자는 당해 유가증권 매매 기타 거래 등을 한 자가 그 매매 기타 거래와 관련하여 입은 손해를 배상할 책임을 진다.

대해서는 내부정보에 상대적으로 쉽게 접근할 수 있는 투자전문가들의 투자성과가 우수한가에 대한 연구를 중심으로 효율적 시장가설의 연구결과들을 살펴보고자 한다.

1. 주가는 무작위로 움직이는가?

W-EMH에 의하면 과거 주가와 관련된 모든 정보는 이미 현재 시장가격에 반영되어 있으므로 주가 움직임의 패턴을 예측하는 거래로는 이익을 얻을 수 없다고 하였다.

W-EMH에 대한 연구 중의 하나는 수익률의 시계열 상관관계(serial correlation)를 분석하는 것이다. 예를 들어, 어제 수익률과 오늘 수익률 간에 (+)의 상관관계가 존재하면 어제 수익률이 (+)인 주식은 오늘도 주가가 계속 상승할 것이므로 이 주식에 투자하면 (+)의 수익률을 얻을 수 있다는 것을 의미하고, (-)의 상관관계가 존재하면 어제 수익률이 (-)인 주식이 오늘은 주가가 상승할 것이므로 이 주식에 투자하면 (+)의 수익률을 얻을 수 있다는 것을 의미한다. 즉, 주가 움직임의 패턴을 예상한 거래를 통하여 수익을 얻을 수 있다는 것이다. 반면에 아무런 시계열 상관관계가 존재하지 않는다면 어제 주가가 상승하였다고 해서 오늘 주가가 특별히 더 상승 또는 하락할 가능성은 거의 없다는 것이다. 바로 W-EMH가 주장하는 내용이다. 오늘 주가는 단지 오늘 무작위로(randomly) 새롭게 발생한 정보에 의하여 무작위로 움직일(random walk) 뿐이므로 주가 움직임을 예상하는 거래로는 수익을 얻을 수 없다는 것이다.

많은 연구들은 수익률 간의 시계열 상관관계가 존재하지 않는다는, W-EMH를 지지하는 결과들을 보여주고 있지만 상관관계의 존재를 보여주는 연구 결과들도 있다.

Conrad and Kaul(1998), Lo and MacKinlay(1988), Jegadeesh and Titman(1993) 등의 연구 결과에 의하면 수익률간의 (+)의 시계열 상관관계가 통계적으로 유의하게 존재하지만, 거래비용 이상의 차익을 얻을 정도로 경제적으로 유의하지는 않다고 한다. 또한 특정 주식들로 구성된 포트폴리오가 아닌 개별주식들의 상관관계에 대해서는 명확한 결론을 내리지 못하였다.

반면에 DeBondt and Thaler(1985), Chopra, Lakonishok and Ritter(1992) 등의 연구는 수익률간의 (-)의 상관관계를 보여주고 있다. 즉, 과거 일정 기간 성과가 좋지 못했던 주식들(losers)은 다음 일정 기간에 반전(reversal)을 통하여 성과가 좋아지며, 과거 성과가 좋았던 주식들(winners)은 반대로 성과가 나빠진다고 하였다.

심리학자들과 통계학자들은 많은 투자자들은 무작위로 주가가 움직이는 W-EMH 상황에서도 자신들이 원하는 패턴의 주가 움직임을 보고 싶어 하는 강한 열망으로 인하여 마치 그런 주가 움직임이 발생하고 있다고 믿는 착시현상(optical illusion)에 빠지기도 한다고 주장한다.

2. 새로운 정보공시에 대한 사건 연구(Event Study)

SS-EMH에 의하면 주가는 이미 이용 가능한 모든 공적 정보((public information)들을 반영하고 있으므로 새로운 정보에만 반응하는데, 새로운 정보는 공개되는 즉시 신속, 정확하게 주가에 반영된다고 한다.

사건 연구(event study)는 새로운 공적 정보의 공개시점 전 · 후 주가나 수익률의 추이를 비교하는 연구방법이다. 즉, 배당증감, 이익공시, 합병, 자본지출, 신주발행 등과 같은 새로운 정보 공개를 하나의 사건(event)으로 보고 사건발생 전·후의 주가움직임을 비교 분석하는 것이다.

SS-EMH에서의 사건 연구는 특정 사건 발생 이후 주가가 <그림 1>의 (a)처럼 신속, 정확하게 효율적으로 반영하였는지, 아니면 과소반응 또는 과대반응, 조기반응 또는 지연된 반응을 보였는지를 분석한다.

새로운 정보를 공개하는 주식의 주가반응은 우선 초과수익률(abnormal return)을 이용하여 측정한다. 새로운 정보가 공개되지 않았을 경우 예상되는 주가반응을 정상수익률(normal return)로 측정한 후 정보 공개 전·후 주가가 정상수익률과 통계적으로 유의하게 차이가 날 정도의 높은 초과수익률을 발생시켰는지를 측정한다.[5] 이렇게 측정한 초과수익률의 추이를 통하여 주가가 새로운 정보에 대하여 효율적으로 반응하였는지를 분석하는 것이다.

SS-EMH에 대한 연구들은 새로 공개되는 정보는 신속, 정확하게 주가에 반영된다는 결과들도 보여주고 있지만, 몇몇 연구에서는 정보가 공개되기 전부터 주가가 미리 반응한다는 결과도 보여주고 있다.

5) 정상수익률은 개별주식과 시장수익률과의 회귀분석을 통하여 추정하는 시장모형(market model), 시장수익률을 정상수익률로 간주하는 시장조정모형(market adjusted model), 개별주식 자신의 과거수익률을 통하여 추정하는 평균조정모형(mean-adjusted model) 등으로 측정한다.

3. 뮤추얼 펀드의 성과

뮤추얼 펀드(mutual fund)란 일반 투자자들이 맡긴 자금들로 주식, 채권, 선물, 옵션 등 다양한 금융상품에 투자하여 그 수익을 투자자들에게 돌려주는 대표적인 간접투자 상품이다. 뮤추얼 펀드는 전문적인 펀드매니저에 의해 운영되는데, 투자만을 전문적으로 하는 펀드매니저는 일반 투자자들이 접근하기 어려운 정보(내부정보를 포함하여)를 접할 가능성이 높다.

S-EMH에 의하면 공적 정보뿐만 아니라 사적인 내부정보까지도 주가에 이미 반영되어 있으므로 전문적인 펀드매니저의 투자성과 역시 일반투자자들의 투자성과와 다르지 않을 것이라 예상된다.

뮤추얼펀드 성과와 주가지수 변화를 비교 분석한 연구들에 의하면 뮤추얼펀드의 성과가 시장보다 좋지 않은 것으로 나타나서 S-EMH를 지지하는 결과가 나타난다. 오히려 시장보다 수익률이 낮은 연구결과들이 더 많은 상황이다.[6)]

반면에 Jaffe(1974) 등의 연구에서는 내부자(insider)가 대규모로 주식을 매수한 후 주가가 상승하고, 대규모로 매도한 후 주가가 하락하는 경향이 있다고 한다. 즉, 주가 상승 전에 주식을 매수하여 이익을 취하고, 주가 하락 전에 매도하여 손실을 회피하는 불법적인 내부거래가 존재하는 것으로 추정되었다. 내부정보를 이용하면 시장보다 높은 이익을 얻을 수 있으므로 S-EMH에 반하는 결과이다.

4. 시장 이상현상

시장 이상현상(market anomaly)이란 효율적 시장가설에 반대되는 여러 가지 현상들로, 시장이 효율적이라면 발생하지 말아야 하는 특정 상황의 수익률이 정상수익률보다 높게 나타나는 것이 지속되는 현상을 말한다.

앞에서 언급하였던 1월효과(January effect), 소규모기업효과(small firm effect), PER 효과(PER effect), 가치주 프리미엄(value stock premium) 등이 대표적인 이상현상들이다. 1월효과를 제외한 것들의 내용들을 간략하게 설명하면 다음과 같다.

시장이 효율적이라면 주가는 단지 기업의 규모가 크고 작은 것에 영향을 받지 말아야 할 것이다. 소규모기업효과(small firm effect)란 그럼에도 불구하고 기업의 규모가

---

6) W-EMH와 SS-EMH에 비교하여 S-EMH에 대한 연구는 자료 등의 제약으로 숫자가 적은 편이다.

작은 주식일수록 더 높은 수익률이 나타나는 현상을 말한다. 이것은 규모가 작은 기업의 주식은 기관투자자들의 관심을 얻지 못하여 저평가되었다가 나중에 정상적인 평가를 받게 되어 수익률이 높아졌기 때문에 나타나는 현상이라고 분석되기도 한다.

PER효과란 주가가 주당순이익(EPS, earning per share)에 비하여 상대적으로 낮게 평가받고 있는 低PER 주식으로 구성된 포트폴리오의 수익률이 高PER 주식으로 구성된 포트폴리오의 수익률보다 높게 나타나는 현상을 말한다.

주식은 시장가치(MV, market value)와 장부가치(BV, book value)를 비교하여 MV/BV 비율이 낮은 가치주(value stock)와 높은 성장주(growth stock)로 구분하기도 한다. 시장이 효율적이라면 두 그룹의 수익률의 차이는 발생하지 말아야 한다. 그러나 BV에 비하여 MV가 상당히 낮게 평가된 가치주로 구성된 포트폴리오의 초과수익률이 BV에 비하여 MV가 상당히 높게 평가된 성장주로 구성된 포트폴리오의 초과수익률보다 높게 나타나는 연구결과들이 있다. 이것을 가치주프리미엄(value stock premium)이라고 한다.

5. 효율적 시장가설을 마치면서

효율적 시장가설에 의하면 주가관련 정보들은 주가에 신속, 정확하게 반영되므로 투자자들은 주식거래를 통하여 정상수익률(normal return) 정도만 얻을 수 있다고 기대해야 하고, 기업은 주식을 발행할 때 적정가치(fair value) 정도만 받을 수 있기를 원해야 한다고 한다. 주가는 회계정책의 변경이나 새로운 정보의 공개시점을 조정한다고 해서 영향을 받는 것이 아니라 혁신적인 제품이나 기술개발처럼 경제적 가치를 증가시킬 수 있는 정보에 영향을 받는다고 한다.

그러나 여전히 많은 투자자나 기업관계자들은 효율적 시장가설을 믿고 있지 않다. 주가의 과거움직임을 분석하여 이익을 얻는 거래들과 시장 이상현상 등 효율적 시장가설을 부정하는 결과들이 존재하고 있기 때문일 것이다. 또한 초과수익률(abnormal return)과 정상수익률(normal return)의 측정 방법과 같은 EMH에 대한 분석방법에 대한 의문도 제기되고 있기 때문일 것이다. 학자들의 연구도 이제는 시장이 완벽하게 효율적(perfectly efficient)이라는 의미를 내포하고 있는 "시장이 효율적인가(Are markets efficient)?" 보다는 "시장이 얼마나 효율적인가(How efficient are markets)?"로 분석 대상이 전환되어야 한다는 주장도 최근에 제기되고 있다.

‖ 8.3절 행태재무학 ‖

행태재무학(behavioral finance)은 재무론과 경제학의 많은 이론들의 바탕이 되었던 '인간은 합리적(rational)이다'라는 가정과는 다르게 실제 의사결정 과정에서 나타나고 있는 인간의 비합리적(irrational)인 측면을 심리학(psychology)의 개념을 도입하여 설명하고자 하는, 최근에 많은 주목을 받고 있는 분야이다.

1996년부터 2000년까지 미국 NASDAQ(National Association of Securities Dealers Automated Quotations)시장은 인터넷주를 중심으로 엄청난 상승장(bull-market)이었다가 갑자기 급락하는 현상이 발생하였다.[7] NASDAQ 지수는 1996년~1999년 동안 매년 23%, 14%, 35%, 62%씩 상승하였다. ISDEX(Index of Internet-related Stock, 인터넷지수)는 1996년 1월 100에서 2000년 2월 1,100으로 급격히 증가하였다. 그러나 2000년 NASDAQ 지수는 40%, ISDEX는 600까지 급락하였다. 몇몇 학자들과 전문가들은 1990년대 말 NASDAQ 시장에서 나타난 이런 현상을 투자자들의 비합리적인 의사결정 때문에 주가에 적정가치 이상의 거품(bubble)이 발생했다가 그 거품이 꺼지면서 주가가 급락하였기 때문에 나타난 것이라고 주장한다.

EMH에서 주장한 것처럼 합리적인 투자자들이 거래를 하는데 어떻게 주가에 거품이 발생했으며, 그 거품이 그렇게 오랜 기간 지속될 수 있었는지가 행태재무학의 연구 대상이 된 것이다.

1. 행태재무학의 기초

"당신의 운전 실력은 어느 정도라고 생각하십니까?"라는 질문을 생각해 보자. 특정 그룹을 대상으로 질문할 경우 인간이 합리적인 의사결정을 내린다면 거의 비슷한 비율의 평균이상과 이하의 답변이 나와야 한다. 그러나 대부분 나는 평균이상의 운전 실력을 가지고 있다고 답변한다. 이것은 인간은 자기 자신의 능력에 대해서 과대평가하는 경향이 있다는 것을 보여준다.

이와 같은 인간의 비합리적인 성향을 개선하여 행태재무학에서는 '기업의 중요한 의사결정을 담당하는 CEO나 CFO가 자신의 능력을 과대평가하는 성향이 있을 경우

7) 주식시장이 약세일 경우 bear market, 강세일 경우 bull market이라고 표현한다.

기업에게 어떤 영향을 미칠 것인가?'처럼 기업의 중요한 의사결정 과정에 응용하고자 한다. 즉, 행태재무학은 인간이 비합리적인 결정을 하게끔 만드는 상황들을 파악하여 그것으로 발생할 수 있는 재무적 손실을 최소화시키려는 것이다.

본 절에서는 인간들이 어떻게 생각하고, 추측하고, 의사결정 하는지를 연구하는 인지심리학(cognitive psychology)에서 언급하는 대표적인 인지적 오류(cognitive errors) 3가지, (a) 편향(bias), (b) 프레이밍 효과(framing effect), (c) 휴리스틱(heuristics)을 중심으로 행태재무학을 설명하고자 한다.

2. 편향(Bias)

어떤 사람의 의사결정이 특정한 쪽으로 쏠리는 경향이 있다면 그 사람은 의사결정 과정에서 체계적인 오류(systematic errors)를 범하고 있는 것이다. 체계적인 오류에는 자기과신, 과도한 낙관주의, 확증편향 등이 있다.

자기과신(over-confidence)이란 자신의 능력을 실제보다 높게 믿고 있는 성향을 말한다. 자신의 운전 능력과 학생들의 수강과목에 대한 예상 학점에 대한 답변은 대표적인 자기과신의 예이다.

재무적인 측면에서는 자신은 미래의 불확실한 상황을 정확하게 예상할 수 있다고 과신하여 과도한 거래량을 보이는 주식투자 행태를 자기과신의 예로 볼 수 있다. 실제로는 빈번하게 거래하는 투자전략이 거래를 최소화하는 투자전략보다 거래비용을 제외하면 성과가 나쁜 경우가 많다. 재미있는 것은 자기과신은 여성보다 남성에게서 강하게 나타난다는 연구 결과도 있다. 남성 투자자들이 여성 투자자들보다 자신의 정보나 판단을 과신하여 투자종목을 빈번하게 교체하는 경향이 강하게 나타났다고 한다.

과도한 낙관주의(over-optimism)이란 특정 결과에 대하여 과도하게 긍정적으로 바라보는 성향을 말한다. 과도한 낙관주의에 빠진 사람은 자신에게 유리한 상황의 발생 가능성은 과대평가하고 불리한 상황의 발생 가능성에 대해서는 과소평가하게 된다.

재무적인 측면에서 고려해야 할 점은 과도한 낙관주의에 빠진 의사결정자가 특정 투자안의 현금흐름에 대해서는 과도하게 긍정적으로 추정하고, 잘못될 가능성에 대해서는 과소평가하여 그 투자안의 순현재가치(NPV)는 실제보다 과도하게 높게 평가될 수 있다는 것이다. 또한 과도한 낙관주의에 빠진 주식 투자자는 철저한 분석 없이 주식을 선택하거나 보유종목에 대한 부정적인 정보를 무시하는 오류를 범하게 될 것이다.

확증편향(confirmation bias)이란 자신의 믿음과 유사한 정보나 의견에 더 많은 비중을 두고 의사결정을 내리는 성향을 말한다. 재무적인 측면에서 고려해야 할 점은 확증편향에 빠진 의사결정자는 자신이 추정한 특정 투자안의 현금흐름에 대해서 부정적인 의견이 다수라도 소수의 긍정적인 의견에 더 많은 비중을 두고 투자안의 위험을 과소평가하는 오류를 범할 수 있다는 것이다.

3. 프레이밍 효과(Framing effect)

합리적인 의사결정은 특정 상황에 대한 표현이나 묘사보다는 객관적인 사실을 바탕으로 결정되고 선택의 일관성도 유지되어야 함에도 불구하고, 사람들의 의사결정은 상황을 어떻게 묘사하는가에 따라서 달라지곤 한다.

다음 <질문 1>과 <질문 2>를 비교해 보자.

〈질문 1〉 당신은 600명의 환자가 발생한 상황에서 다음 A와 B 중에 하나를 선택해야 한다.

A : 확실하게 200명을 구함.

B : $\frac{1}{3}$의 확률로 600명 모두를 구하거나 $\frac{2}{3}$의 확률로 아무도 구하지 못함.

〈질문 2〉 당신은 600명의 환자가 발생한 상황에서 다음 C와 D 중에 하나를 선택해야 한다.

C : 확실하게 400명이 사망함.

D : $\frac{1}{3}$의 확률로 아무도 사망하지 않거나 $\frac{2}{3}$의 확률로 600명 모두 사망함

우선 <질문 1>을 살펴보면 B의 경우 구할 수 있는 환자의 예상치는 200명[$=\frac{1}{3}\times600$]으로 A와 동일하다. 다만 B의 경우는 아무도 구하지 못할 확률이 $\frac{2}{3}$나 된다. 많은 사람들이 A를 선택한다고 한다. 그들은 환자의 생명을 구하는 긍정적인 상황에서는 잘못될 가능성이 존재하는 불확실성에 대한 거부감 때문에 A를 선택했을 것이다.

<질문 2>를 살펴보면 D의 경우 사망 환자의 예상치는 400명[$=\frac{2}{3}\times600$]으로 A의 400명과 동일하다. <질문 1>처럼 불확실한 상황보다는 확실한 상황을 선호한다면 <질문 2>에서도 C를 선택해야 일관성(consistency)이 유지되는 합리적인 결정이 될 것이다.

그러나 <질문 2>에서는 많은 사람들이 D를 선택한다고 한다. D는 ⅔의 확률로 600명 모두 사망할 수도 있지만 ⅓의 확률로 아무도 사망하지 않을 수도 있다. 그들은 환자가 사망하는 부정적인 상황에서는 조금이라도 좋은 결과가 나올 가능성에 대한 기대감 때문에 <질문 1>과는 다르게 불확실성 존재하는 D를 선택했을 것이다.

<질문 1>과 <질문 2>처럼 선택의 상황을 어떻게 표현하고 묘사하는가에 따라서 선택의 일관성이 유지되지 못하는 것이 전형적인 프레이밍 효과(framing effect)이다. 프레이밍 효과로 설명할 수 있는 것에는 손실회피성향(loss aversion)과 공돈효과(house money effect)가 있다.

손실회피성향을 설명하기 위하여 다음 <질문 3>과 <질문 4>를 비교해 보자.

〈질문 3〉 당신은 현재 1,000만원을 소유하고 있는 상황에서 다음 E와 F 중에 하나를 선택해야 한다.
E : 확실하게 500만원의 이익을 추가적으로 얻을 수 있음.
F : $\frac{1}{2}$의 확률로 1,000만원의 이익을 추가적으로 얻거나, $\frac{1}{2}$의 확률로 아무 것도 얻을 수 없음.

〈질문 4〉 당신은 현재 2,000만원을 소유하고 있는 상황에서 다음 G와 H 중에 하나를 선택해야 한다.
G : 확실하게 500만원의 손실을 봄.
H : $\frac{1}{2}$의 확률로 1,000만원의 손실을 보거나, $\frac{1}{2}$의 확률로 아무 것도 잃지 않음.

<질문 3>의 F의 이익에 대한 기대치는 500만원으로 E와 동일하다. 어떤 경우를 선택하든 예상되는 부(wealth)는 500만원이 증가한 1,500만원으로 동일하지만 많은 사람들은 확실하게 500만원을 추가적으로 얻을 수 있는 E를 많이 선택한다고 한다.

<질문 4>의 H의 손실에 대한 기대치는 500만원으로 G와 동일하다. 어떤 경우를 선택하든 예상되는 부는 500만원이 감소한 1,500만원으로 동일하다. 그러나 <질문 3>에서는 확실한 E를 많이 선택했던 사람들이 <질문 4>에서는 불확실한 H를 더 많이 선택한다고 한다.

<질문 3>과 <질문 4>에서는 어떤 선택을 하여도 선택 후의 부는 1,500만원으로 동일하다. 따라서 경제적 가치에 해당하는 부(wealth)를 기준으로 합리적인 선택을 한다면 각각의 경우가 비슷하게 선택되어야 할 것이다. 최소한 확실한 것을 선호하여 <질문 3>에서 E를 많이 선택했다면, <질문 4>에서도 확실한 G가 많이 선택되는 일관성은 유지되어야 할 것이다. 그러나 이익을 선택하는 상황에서는 확실한 E를, 손실을 선택하는 상황에서는 ½의 확률로 아무 것도 잃지 않을 수도 있다는 불확실한 H를 많이 선택한다. 이런 결과는 사람들은 확실하게 실현되는 손실에 대해서는 거부감을 가진다는 손실회피성향(loss aversion)을 보여주고 있다.

다음은 어떤 투자자가 M과 N 주식에 동시에 투자한 경우를 살펴보자.

투자 1 : 주식 M을 10,000원에 10주 매입 ⇒ 매입 후 주가는 9,000원으로 하락
투자 2 : 주식 N을 8,000원에 10주 매입 ⇒ 매입 후 주가는 9,000원으로 상승

투자자는 주식 N에 투자하여 주당 1,000원의 이익을 얻을 수 있는 것에는 만족하지만 주식 M에 투자하여 주당 1,000원의 손실을 보는 것에 대해서는 실망감을 느낄 것이다. 많은 사람들은 이와 같은 상황에서 주식 N 투자처럼 이익을 얻은 것에 대해서는 자신의 뛰어난 능력으로 그런 결과가 발생했다고 자부하지만, 주식 M 투자처럼 손실이 발생한 것에 대해서는 단지 운이 나빴을 뿐이지 자신의 능력이 부족해서 그런 것이 아니라고 생각한다고 한다.

만약 투자자가 90,000원이 필요하여 주식 M과 N 중 하나를 매도해야 한다면 어떤 주식을 매도할 것인가? 주식 M을 매도하면 손실이 실현되기 때문에 자신의 실수를 인정하게 되는 반면에 주식 N을 매도하면 이익이 실현되기 때문에 자신의 뛰어난 능력에 대한 자부심을 느낄 수 있게 된다. 두 주식의 현재가격은 9,000원으로 동일하지만 많은 사람들은 주식 N을 처분한다고 한다. 자신의 실수로 인한 손실을 인식해야 하는 것을 피하고 싶은 손실회피성향이 투자자들에게 있기 때문이다. 만약 합리적인 투자자라면 이와 같은 감정적인 측면보다는 앞으로 주식 M과 N의 가격이 어떻게 될 것인지를 판단하여 선택해야 할 것이다.

기업이 예상과는 다르게 성과가 나쁘게 나타나고 있는 투자안을 쉽게 포기하지 못

하는 경우도 손실회피성향이 나타나는 상황이다. 상당한 금액이 이미 투자되었기 때문에 그 비용을 충당할 수 있는 반전의 기회가 발생할 것(실제로는 가능성이 매우 낮은)이라 믿으면서 추가적인 투자까지 한다. 그러나 이미 발생한 투자비용은 회복할 수 없는 매몰비용(sunk cost)이므로 합리적인 선택을 위해서는 매몰비용이 아닌 앞으로 발생 가능한 상황만을 고려해야 한다. 또한 부정적인 상황의 발생가능성이 매우 희박하여도 발생했을 경우의 손실액이 크다는 이유만으로 (+)의 NPV가 예상되는 투자안을 포기하는 것도 경영자의 손실회피성향 때문이라고 할 수 있다.

다음은 공돈효과(house money effect)를 설명하기 위하여 도박가들의 심리를 먼저 살펴보자. 도박가들은 도박으로 번 돈을 가지고 도박을 계속할 때는 위험에 대하여 크게 개의치 않은 성향이 있다. 자신이 가지고 온 돈을 가지고 도박을 할 때보다 훨씬 더 많은 위험을 부담하면서 고수익을 추구하는 베팅을 한다. 그러나 어떤 경우라도 100만원으로 구매할 수 있는 재화나 서비스의 양은 동일하므로 합리적인 도박가라면 어떻게 얻은 100만원이라도 동일한 기준으로 위험부담 여부를 판단해야 할 것이다.

이와 같이 사람들이 동일한 경제적 가치를 가지고 있어도 자신들의 노력으로 얻은 것은 귀중하게 생각하면서, 자신들의 노력보다는 행운으로 얻은 것에 대해서는 귀중하게 생각하지 않는 성향을 공돈효과(house money effect)라고 한다.

재무적인 측면에서는 투자자들이 이익을 얻은 주식을 처분한 후 새로운 투자대상 종목을 선택할 때 평상시 보다 위험이 큰 종목을 많이 매수하는 것은 공돈효과의 영향이라고 할 수 있다. 이것은 앞에서 설명한 자기과신 행동과도 연결된다. 투자자들의 이런 행동은 가끔 가격이 이미 큰 폭으로 상승한 종목을 고위험을 부담하면서 고수익을 추구하기 위해 매수하였다가 주가가 하락하면 바로 매도하고 마는, 일반적인 투자원칙인 “buy low, sell high”와 반대되는 거래를 하게끔 만들기도 한다.

4. 휴리스틱(Heuristics)

휴리스틱(heuristics)이란 체계적이고 합리적인 분석을 하지 않고 간편하고 익숙한 방법으로 의사 결정하는 성향을 말한다. 예를 들면, 경영자가 투자안의 경제성을 간단한 회수기간법만으로 평가하여 (-)NPV를 가져다주는 투자안을 선택하게 되는 경우이다. 합리적인 경영자라면 간편한 방법은 보조수단으로 사용하고 보다 체계적이고 정교한 분석을 주된 수단으로 사용했어야 할 것이다.

휴리스틱에는 감정 휴리스틱과 대표성 휴리스틱이 있다. 감정 휴리스틱(affect heuristic)이란 체계적인 분석보다는 직관이나 경험 등에 의존하여 의사결정을 내리는 성향을 말한다. 이런 성향은 위험이나 수익을 추정하는데 도움이 되기도 하지만 과도하게 직관이나 경험에 의존하게 되면 체계적인 분석으로 피할 수 있었던 비용을 부담하기도 한다. 따라서 본능, 직관, 경험 등은 체계적인 분석의 보조수단으로 사용되어야지 그것을 대체하지는 말아야 할 것이다.

재무적인 측면에서는 자본예산(capital budgeting)에서 투자안의 경제성을 평가할 때 현금흐름과 위험을 반영한 체계적인 분석이 이루어져야 함에도 불구하고 CEO의 직관이나 경험으로 선택 여부가 결정되는 경우가 감정 휴리스틱이 나타나는 상황이다. 또한 CEO의 기분이 좋으면 투자대상을 낙관적으로 평가하고, 투자자의 기분이 좋으면 포트폴리오의 위험자산 투자비중을 늘리고, 주식의 배당성장률을 과도하게 높게 추정하는 것도 감정 휴리스틱의 영향이다.

대표성 휴리스틱(representativeness heuristic)이란 제한된 표본이나 고정관념 등으로 전체집단이나 전체를 일반화시키는 성향을 말한다. 예를 들면, 기업의 인사담당자가 특정 대학교 출신의 신입사원이 업무를 잘 수행하면 그 학교 출신의 대학생은 모두 업무를 잘 수행할 것이라고 단정하는 것이다.

동전을 던져 앞면과 뒷면이 나올 확률은 1/2로 동일하다. 그러면 동전을 두 번 던졌는데 모두 앞면이 나왔다면 이번에 던지는 동전은 어느 면이 나올 확률이 높을까? 많은 사람들은 이번에는 뒷면이 나올 확률이 높을 것이라고 생각한다. 그러나 앞면과 뒷면이 나올 확률이 1/2이라는 것은 수많은 시도를 했을 때 평균적으로 그렇다는 것이다. 불과 3～4회 정도 시도할 때도 항상 1/2의 확률이 성립한다는 것은 아니다. 따라서 두 번 연속 앞면이 나온 것은 이번 시도의 앞면과 뒷면이 나올 확률에 아무런 영향을 주지 못한다. 반면에 영향을 미친다고 생각하는 것을 도박가의 오류(gambler's fallacy)라고 한다. 도박가의 오류는 장기간 또는 수없이 많은 시도로 형성된 평균의 대표성을 짧은 기간 또는 몇 번의 시도에도 일반화시키는 대표성 휴리스틱의 예이다.

재무적인 측면에서는 과거에 이익이 많았거나 적었던 기업들이 앞으로도 지속적으로 많거나 적을 것이라고 생각하는 경향을 대표성 휴리스틱으로 설명할 수 있다. 많은 기업들이 과거에 이룩한 고도성장을 지속적으로 유지할 수 있는 경우는 매우 드물다. 그럼에도 불구하고 투자자들이 과거의 성과에만 집중하여 처음에는 기업의 성장가능성을 너무 낙관적 또는 비관적으로 추정하였다가 현실을 인식하게 되면 주가는 과잉반응(overreaction)을 보였다가 적정 수준으로 회귀(mean reversal)하는 현상이 나타나게 된다.

5. 효율적 시장가설에 대한 행태재무학의 반론

8.1절에서 효율적 시장가설의 근거를 인간의 합리성을 가지고 설명하였다. 반면에 행태재무학의 출발은 인간의 합리성에 대한 의심이다. 여기서는 인간의 합리성에 바탕을 두었던 효율적 시장가설(EMH, efficient market hypothesis)의 근거에 대한 인간의 합리성을 의심하는 행태재무학(behavioral finance)의 반론을 언급하고자 한다.

첫 번째, 행태재무학에 의하면 투자자들은 언제나 합리적이지는 않다고 한다. 위험을 분산시키기 위하여 거래비용이 분산투자의 이익을 초과할 정도로 빈번하게 거래하는 경우나 손실회피성향으로 인하여 이익을 실현시키는 주식을 매도하여 세금부담을 증가시키는 경우를 보면 과연 투자자들이 합리적인가 의심이 된다고 한다.

두 번째, 투자자들의 대표성 휴리스틱 성향으로 의하여 체계적인 분석 없이 몇 개의 정보만을 맹신하여 주가에 거품이 형성되기도 하며, 주가에 반영되지 않은 새로운 정보에 너무 보수적으로 반응하여 정보에 대한 주가반응이 천천히 발생하기도 한다. 행태재무학에 의하면 이런 합리적이지 못한 투자자들의 반응 때문에 투자자들의 잘못된 조정과정들이 서로 상쇄되지 못하여 시장은 효율적인 상태에 도달하지 못한다고 한다.

세 번째, EMH에서는 시장이 효율적이지 못한 상황으로 이탈했을 때 차익거래(arbitrage)를 통하여 이익을 취할 수 있는 한 명의 합리적인 투자자(only one rational investor)만 존재하여도 시장은 효율적인 상태가 될 수 있다고 하였다. 만약 어떤 주식의 주가가 과대평가 되었다는 것을 인식한 투자자가 공매(short sale) 전략을 취하여 적정주가로 하락하기를 기다리고 있다고 가정하자. 그러나 예상과는 다르게 나머지 합리적이지 못했던 투자자들이 여전히 효율적인 주가를 인식하지 못하거나 너무 늦게 인식하게 되면 공매를 통한 차익거래는 오히려 손실을 가져다 줄 것이다. 따라서 차익거래를 통한 시장의 효율적인 상태로의 전환은 EMH에서 주장한 것처럼 쉽지 않을 수도 있다.

PART 3

자본 예산

제9장

자본예산 1 - 기초와 주요 기법들

‖ 9.1절 자본예산의 기초 ‖

1. 자본예산의 개념

자본예산(capital budgeting)이란 자본을 여러 투자안에 효율적으로 분배하는 것과 관련된 활동을 말한다. 효율적인 분배(efficient allocation)란 제한된 투자자금을 기업가치를 극대화시킬 수 있도록 투자안들에게 분배하는 것을 의미하며 자본예산은 주로 대규모 자금이 장기간 소요되는 비유동자산 투자와 관련된다. 따라서 투자가 이루어진 후에는 이미 내려진 결정을 쉽게 변경할 수 없고, 대규모의 자금이 소요되는 기업의 핵심투자이므로 자본예산은 매우 중요한 의사결정 과정이다.

자본예산의 핵심적인 부분은 투자안의 현금흐름(cash flow, 이하 CF) 추정과 경제성 분석이다. 투자안의 CF는 해당 연도의 현금유입과 유출이 발생하지 않는 항목들이 포함된 회계적인 수익과 비용이 아닌 실제 현금유입과 유출이 발생한 항목들로 측정되어야 한다. 이렇게 측정한 CF를 바탕으로 그 투자안이 투자할만한 가치가 있는지 또는 여러 투자안들 중에서 어느 투자안을 선택하는 것이 최적인가에 대한 경제성 분석이 이루어져야 한다.

2. 이상적인 자본예산 조건

본 장에서 소개할 자본예산의 여러 방법으로 투자안의 경제성을 분석하였을 때 분석방법에 따라 최적 투자안이 다를 경우 어떤 방법으로 분석한 최적 투자안을 선택해야 할까? 이런 경우에는 다음에 제시하는 이상적인 자본예산 조건들을 최대한 충족시키는 방법의 결과를 선택하는 것이 바람직할 것이다. 이상적인 자본예산의 조건들은 다음과 같다.

첫 번째, 투자기간 동안 발생하는 모든 CF을, 해당 기간에 정확하게 인식하여야 한다. 회계적 이익(accounting income)이 아닌 CF로 투자안의 경제성이 평가되어야 하며, 일부 기간의 CF만으로 평가해서도 안 된다.

두 번째, CF는 적절한 할인율을 통하여 화폐의 시간가치(time value of money)가 반영되어야 한다. 적절한 할인율로는 자본의 기회비용(opportunity cost of capital)이나 요구수익률(required rate of return)이 주로 사용된다.

셋째, 여러 투자안들 중에서 하나만 선택되고 나머지는 기각되어야 한다면 주주의 부(wealth) 또는 기업가치(firm value)를 극대화시킬 수 있는 투자안이 선택되어야 한다. 결국 기업이 투자를 통하여 이루고자 하는 것은 기업가치나 주주들의 부가 증가되는 것이다.

넷째, 독립평가의 원칙 또는 가치가산의 법칙 (value-additivity principle)에 따라서 지금 고려하고 있는 투자안은 기존 투자안을 비롯한 다른 투자안과는 독립적으로 분석되어야 한다. 가치가산의 법칙은 투자안 A와 B를 동시에 선택했을 경우의 결과는 투자안 A만을 선택했을 경우의 결과와 투자안 B만을 선택했을 경우의 결과의 합과 동일하게 되는 것을 말한다. 이것은 투자안들이 독립적으로 취급되어야 성립할 수 있다.

이상과 같은 네 가지 이상적인 자본예산의 조건들을 최대한 충족시키는 결과를 가장 먼저 고려해야 한다.

■ 기초자료

다음 <표 1>은 자본예산의 분석방법들을 설명하기 위한 기초자료이다. 투자안 A, B, C, D는 상호배타적인 관계에 있다.[1]

〈 표 1 : 투자안별 추정된 현금흐름(CF) 또는 순이익 〉

투자안 / 기간	A	B	C	D	PVIF(10%,t)
0	−1,000	−1,000	−1,000	−1,000	1.000
1	100	0	100	200	0.909
2	900	0	200	300	0.826
3	100	300	300	500	0.751
4	−100	700	400	500	0.683
5	−400	1,300	1,250	600	0.621

• 회계적 이익률법을 제외한 분석방법에서는 표의 숫자들은 추정된 CF를 의미하고,

1) 투자안들 간의 관계는 독립적(independent)인 경우 종속적(dependent)인 경우로 나눌 수 있다. 독립적인 관계는 특정 투자안의 선택은 나머지 투자안들과 아무런 관계가 없이 이루어질 수 있는 경우이고, 종속적인 관계는 나머지 투자안들과 일정한 관계를 가지면서 이루어지는 경우다. 특정 투자안이 선택되면 나머지 투자안들은 기각되어야 하는 상호배타적(mutual exclusive)인 관계, 특정 투자안이 선택되면 다른 투자안도 같이 선택되어야 하는 상호인과적(contingent)인 관계 등이 종속적인 관계에 해당된다.

회계적 이익률법에서는 t=0은 투자비용, t=1~5은 순이익(net income)을 의미한다.

- 단위는 백만원.
- 모든 투자안들의 위험은 동일하게 간주되어 자본의 기회비용을 모두 10%로 가정하였다.
- t=0의 (-)CF는 초기투자비용(I_0)을 의미한다.
- PVIF(10%, t)는 할인율이 10%일 때 시점(t)별 현재가치요소를 의미한다.

‖ 9.2절 순현재가치법과 내부수익률법 ‖

1. 순현재가치(NPV)법

(1) 순현재가치(NPV)의 의미와 계산

순현재가치(net present value, 이하 NPV)란 투자기간 동안 발생한 모든 현금유입액의 현재가치에서 현금유출액의 현재가치를 차감한 것으로서 다음 식 (1)과 같이 계산할 수 있다. 여기서, $CF_t(t=0\sim T)$는 t시점의 현금흐름을 의미하고, t=0의 현금흐름 I_0는 초기 투자비용을 의미한다. r은 할인율로서 자본의 기회비용을, T는 투자기간 또는 내용연수를 각각 의미한다.

$$NPV=\left[CF_0(=-I_0)+\frac{CF_1}{(1+r)^1}+\cdots+\frac{CF_T}{(1+r)^T}\right]=\left[-I_0+\sum_{t=1}^{T}\frac{CF_t}{(1+r)^t}\right] \quad \cdots \text{식 (1)}$$

식 (1)을 이용하여 투자안 A의 NPV를 계산하면 다음과 같다.[2)]

$$NPV[A]=\left[-1{,}000+\frac{100}{(1+0.1)^1}+\frac{900}{(1+0.1)^2}+\frac{100}{(1+0.1)^3}-\frac{100}{(1+0.1)^4}-\frac{400}{(1+0.1)^5}\right]$$
$$=(-)407.30$$

2) NPV의 단위 백만원은 생략하여 설명을 진행하고자 한다.

나머지 투자안 B, C, D의 NPV도 식 (1)을 이용하여 계산하면 각각 510.70, 530.85, 519.20을 얻을 수 있다.

식 (1)을 통하여 계산된 NPV에는 투자비용이 차감되어 있으므로 그 투자안을 선택하면 NPV만큼 기업가치가 증감한다는 의미가 포함되어 있다. 따라서 투자안 A를 선택하면 기업가치는 407.30만큼 감소하고, 투자안 B, C, D를 선택하면 기업가치가 각각 510.70, 530.85, 519.20만큼 증가할 것이다.

(2) 순현재가치(NPV)법 의사결정기준

NPV는 기업가치의 구체적인 증감을 의미하므로 NPV가 클수록 그만큼 기업가치가 많이 증가하게 된다. 따라서 NPV법으로 투자안을 평가할 경우 의사결정기준은 다음과 같다.

순현재가치법 의사결정기준	
단일 투자안을 평가하는 경우	'NPV ≥ 0' 이면 선택
상호배타적인 투자안을 평가하는 경우	NPV가 가장 큰 투자안을 선택

<표 1>의 상호배타적인 투자안 A, B, C, D를 NPV법으로 평가하면 530.85로 NPV가 가장 큰 투자안 C가 선택된다.

(3) 순현재가치(NPV)와 자본의 기회비용

NPV를 계산할 때 자본의 기회비용(opportunity cost of capital)을 할인율로 사용하였다. 기회비용이란 포기한 투자안의 수익률을 의미하므로 현재 고려중인 투자안의 수익률은 최소한 자본의 기회비용 이상은 되어야 합리적인 의사결정을 내렸다고 할 수 있을 것이다.

예제 1

친구 Lee가 매년 x%의 이자율로 100만원을 빌려달라고 한다. 만약 Lee에게 100만원을 빌려주지 않을 경우 가장 좋은 대안은 Kim에게 빌려주고 5%의 이자를 받는 것이다. 만약 Kim의 약속이 Lee만큼 믿을만하다면 Lee에게 몇 %의 이자율을 요구해야 하는가?

〈풀이〉

이 경우 100만원의 기회비용은 5%가 된다. 따라서 Lee에게 100만원을 빌려주는 경우 NPV는 기회비용 5%을 할인율로 사용하여 다음과 같이 계산할 수 있다.

$$NPV = -100 + \frac{100 \times (1+x)}{(1.05)}$$

만약 Lee에게 기회비용만큼 5%의 이자율을 요구하면 NPV는 0이 될 것이다. 이것은 Lee에게서 Kim에게 빌려주는 경우보다 많은 수익은 얻지 못하지만 최소한 Kim에게서 얻을 수 있는 수익 즉, 자본의 기회비용만큼은 얻는다는 것을 의미한다.

Lee에게 5% 이상의 이자율을 요구하면 기회비용 이상의 수익률을 얻을 수 있으므로 NPV는 0보다 크게 될 것이고, 반대로 5% 이하의 이자율을 요구하면 기회비용 이하의 수익률을 얻는 것이므로 NPV는 0보다 작게 될 것이다

<예제 1>을 통하여 알 수 있듯이 투자기간 동안 발생하는 CF를 자본의 기회비용으로 할인하여 계산한 NPV가 0이라는 것은 그 투자로부터 자본의 기회비용만큼의 수익은 얻었다는 것을 의미한다.

(4) 순현재가치(NPV)법과 이상적인 자본예산 조건

NPV는 투자기간 동안 발생한 모든 현금유입액의 현재가치에서 현금유출액의 현재가치를 차감한 것이므로 투자기간 동안에 발생하는 모든 CF가 고려되어야 한다는 첫 번째 조건과 CF를 적절한 할인율을 통하여 화폐의 시간가치를 반영해야 한다는 두 번째 조건을 만족시킨다.

NPV는 그 크기만큼 기업가치를 증감시키므로 NPV가 가장 큰 투자안을 선택하면 세 번째 조건인 주주의 부 또는 기업가치를 극대화시킬 수 있는 투자안이 선택되어야 한다는 것을 만족시킨다.

투자안 A와 B를 동시에 투자했을 경우의 NPV는 투자안 A만을 투자했을 경우의 NPV (-)407.3과 투자안 B만을 투자했을 경우의 NPV 510.7의 합으로 계산할 수 있다. 따라서 네 번째 조건인 가치가산의 법칙 역시 NPV법에서 성립한다.

따라서 NPV법은 이상적인 자본예산 조건 4가지를 모두 만족시키므로 다른 분석 방법들보다 우수한 자본예산 분석방법이라고 할 수 있다.

2. 내부수익률법

(1) 내부수익률(IRR)의 의미와 계산

내부수익률(internal rate of return, 이하 IRR)은 투자안의 NPV를 0으로 만들어 주는 할인율 또는 현금유입액의 현재가치와 현금유출액의 현재가치를 동일하게 만들어 주는 할인율을 말한다. IRR의 단어의 의미를 통하여 추정하면 투자안 내부에서 발생하는 CF을 통하여 얻을 수 있는 수익률이라는 의미가 IRR에는 담겨 있다. IRR은 다음 식 (2) 또는 (2-1)의 관계를 통하여 계산할 수 있다. 여기서, $CF_t(t=0\sim T)$는 t시점의 현금흐름을 의미하고, t=0의 현금흐름 I_0는 초기 투자비용을 의미한다. IRR은 NPV를 0으로 만들어 주는 할인율을, T는 투자기간 또는 내용연수를 각각 의미한다.

$$NPV = \left[-I_0 + \sum_{t=1}^{T} \frac{CF_t}{(1+IRR)^t} \right] = 0 \qquad \cdots \text{식 (2)}$$

$$CF_0 (= I_0) = \sum_{t=1}^{T} \frac{CF_t}{(1+IRR)^t} \qquad \cdots \text{식 (2-1)}$$

식 (2)는 식 (1)의 NPV를 0으로 만드는 할인율이 IRR이라는 것을, 식 (2-1)은 현금유입액의 현재가치와 현금유출액의 현재가치를 같게 만들어 주는 할인율이 IRR이라는 것을 보여주고 있다.

식 (2)를 이용하여 투자안 B의 내부수익률을 계산하면 다음과 같다.

$$NPV[B] = \left[-1{,}000 + \frac{300}{(1+IRR)^3} + \frac{700}{(1+IRR)^4} + \frac{1{,}300}{(1+IRR)^5} \right] = 0 \Rightarrow IRR_B = 20.9\%$$

계산은 시행착오(trial and error)법, 엑셀의 재무함수나 재무용 계산기를 이용해야 한다. 동일한 방법으로 투자안 A, C, D의 내부수익률을 계산하면 각각 -200%, 22.8%, 25.4%를 얻을 수 있다.

(2) 내부수익률(IRR)법 의사결정기준

식 (2)이나 (2-1)로 계산된 IRR을 가지고 의사결정을 내리기 위해서는 비교 기준이 있어야 한다. 그 기준과 비교하여 내부수익률이 어떤지를 평가해야 하기 때문이다. 비교 기준으로는 자본의 기회비용이 많이 사용된다.

IRR법으로 투자안을 평가할 경우 의사결정기준은 다음과 같다.

내부수익률(IRR)법 의사결정기준	
단일 투자안을 평가하는 경우	'IRR ≥ 자본의 기회비용' 이면 선택
상호배타적인 투자안을 평가하는 경우	IRR이 가장 큰 투자안을 선택

'IRR ≥ 자본의 기회비용' 은 그 투자를 통하여 자본의 기회비용 이상의 수익을 얻을 수 있으면 그 투자안은 투자할만한 가치가 있다는 것을 의미한다. 상호배타적인 투자안들 중에서는 수익률 개념인 IRR이 가장 큰 투자안을 선택해야 가장 높은 수익률을 얻을 수 있다.[3] 따라서 <표 1>의 상호배타적인 투자안 A, B, C, D를 IRR법으로 평가하면 25.4%로 IRR이 가장 큰 투자안 D가 선택된다.

예제 2

투자안 M과 N은 모두 현재 1,000만원을 투자하고 1년 후 투자가 종료된다. 어느 투자안이 더 좋은지는 1년 후 얻을 수 있는 수익(또는 현금흐름)에 의해 결정될 것이다. 투자안 M의 IRR_M은 100%, N의 IRR_N은 0%라고 한다. 1년 후 수익을 통하여 어느 투자안이 더 좋은지 판단하시오. IRR이 높은 투자안을 선택하는 경우와 동일한 결과를 보여주는가?

〈풀이〉

우선 IRR법 의사결정기준에 의하면 IRR이 큰 투자안 M이 선택된다. IRR법 계산방법을 이용하여 두 투자안의 1년 후 수익을 추정하면 다음과 같다.

$$NPV[M] = -1{,}000 + \frac{CF_1(M)}{(1+100\%)} = 0 \Rightarrow CF_1(M) = 1{,}000 \times 2 = 2{,}000$$

3) IRR의 수익률 개념에 대해서는 바로 아래의 (3) 내부수익률과 수익률에서 자세히 설명하고자 한다.

$$NPV[N]=-1{,}000+\frac{CF_1(N)}{(1+0\%)}=0 \Rightarrow CF_1(N)=1{,}000\times 1=1{,}000$$

따라서 동일한 금액을 투자했지만 투자안 M의 1기간 후 수익 2,000만원이 투자안 N의 1,000만원보다 크므로 투자안 M이 더 좋은 투자안이라고 할 수 있다. 이것은 IRR법과 동일한 결과를 보여주고 있다. 즉, 투자금액이 동일할 경우 IRR이 큰 투자안에서 더 많은 수익을 얻을 수 있으므로 더 좋은 투자안이라는 것을 알 수 있다.

(3) 내부수익률(IRR)과 수익률

IRR(internal rate of return)은 명칭에서 알 수 있듯이 일종의 수익률(rate of return)이다. 은행에 100만원을 예금하고 1년 후에 110만원을 받았다면 수익률은 다음과 같이 계산할 수 있다.

$$100\times(1+r)=110 \Rightarrow r=\frac{110}{100}-1=10\%$$

이것은 또한 현재 100만원을 투자하여 1년 후에 110만원의 CF가 발생하는 투자안으로 생각할 수 있으므로 IRR을 계산하면 다음과 같다.

$$NPV=\left[-100+\frac{110}{(1+IRR)}\right]=0 \Rightarrow IRR=\frac{110}{100}-1=10\%$$

따라서 내부수익률(IRR=10%)은 수익률(r=10%)과 동일함을 알 수 있다. 이와 같이 투자안의 CF가 일반적인 형태이면 IRR은 수익률로 대체될 수 있다.

그러나 IRR이 언제나 수익률로 대체될 수 있는 것은 아니다. 투자안의 CF가 다음과 같이 특이한 형태이면 IRR은 수익률로 대체될 수 없게 된다.

① 내부수익률이 존재하지 않는 경우

'[CF_0, CF_1, CF_2]=[51, -100, 50]'과 같이 특이한 형태의 현금흐름을 보이는 경우 내부수익률을 구하는 식은 다음과 같을 것이다.

$$NPV=\left[51-\frac{100}{(1+IRR)}+\frac{50}{(1+IRR)^2}\right]=0$$

그러나 이 경우는 IRR이 존재하지 않으므로 투자안의 경제성뿐만 아니라 수익률 여부도 판단할 수 없게 된다.

② 내부수익률이 두 개 이상 존재하는 경우

'[CF_0, CF_1, CF_2]=[-60, 155, -100]'과 같이 투자기간 동안 현금유입과 유출이 반복되는 특이한 형태의 CF가 발생하는 투자안의 IRR을 구하는 식은 다음과 같을 것이다.

$$NPV=\left[-60+\frac{155}{(1+IRR)}-\frac{100}{(1+IRR)^2}\right]=0$$

이 경우에는 IRR이 33.33%와 25% 두 개가 발생한다. 만약 자본의 기회비용이 20%라고 하면 어떤 IRR과 기회비용을 비교하는가에 따라서 투자안이 선택되기도 하고 기각되기도 하는 문제가 발생한다.

③ 차입과 대출

현재 1,000만원을 빌려주고 1기간 후에 1,500만원을 받는 경우는 은행에 돈을 예금하는 또는 빌려주는 경우(lending), 현재 1,000만원을 차입하여 1기간 후에 1,500만원을 상환하는 경우는 돈을 빌리는 경우(borrowing)에 발생 가능한 CF 형태일 것이다. 두 경우 모두 IRR을 계산하면 다음과 같이 50%을 얻을 수 있을 것이다.

$$NPV[\text{대출}]=\left[-1{,}000+\frac{1{,}500}{(1+IRR_L)}\right]=0 \Rightarrow IRR_L=\frac{1{,}500}{1{,}000}-1=50\%$$

$$NPV[\text{차입}]=\left[1{,}000-\frac{1{,}500}{(1+IRR_B)}\right]=0 \Rightarrow IRR_B=\frac{1{,}500}{1{,}000}-1=50\%$$

IRR과 비교할 자본의 기회비용이 20%라고 하면 차입의 경우에도 자본의 기회비용보다 큰 IRR=50%를 선택해야 하는가? 대출은 수익을 얻는 것이므로 IRR이 크면 클수록 좋을 것이다. 그러나 차입은 이자를 부담하므로 IRR은 수익률이 아닌 이자율이므로 작으면 작을수록 좋을 것이다. 이와 같이 IRR법 의사결정 기준은 CF 형태에 따라서 차입과 대출을 구분하여 적용해야 한다. 그러나 NPV법은 CF 형태에 상관없이 NPV가 큰 경우를 바로 선택하면 된다.

IRR은 투자기간 내내 항상 IRR만큼의 재투자수익률을 얻을 수 있다고 가정한다. 즉, 투자안 D의 IRR=25.4%는 투자기간 내내 매년 25.4%의 재투자수익률을 얻을 수 있다는 것이다. 만약 첫 번째 기간에 발생한 200의 두 번째 기간까지 재투자수익률이 IRR=25.4%가 아닌 10%에 불과하다면 IRR만큼 투자안에서 수익을 얻을 수 없게 된다.

(4) 내부수익률(IRR)법과 이상적인 자본예산 조건

IRR은 NPV를 0으로 만들거나 현금유입액의 현재가치와 현금유출액의 현재가치를 동일하게 만드는 할인율이므로 투자기간 동안 발생하는 모든 현금흐름을 고려할 뿐만 아니라 화폐의 시간가치도 고려하고 있으므로 이상적인 자본예산의 첫 번째, 두 번째 조건을 만족시킨다.

가치가산의 법칙에 대해서는 NPV법과는 다르게 접근해야 한다. 투자안 A와 B를 동시에 투자할 경우의 IRR이 투자안 A의 IRR과 B의 IRR의 합과 동일하지 않다고 가치가산의 법칙이 성립하지 않는다고 판단해서는 안 된다. 이 경우는 투자안 A와 B의 CF를 합하여 IRR을 계산하면 된다. 그러므로 가치가산의 법칙이 성립하게 된다.

그러나 NPV가 작은 투자안을 선택하기도 하므로 주주의 부 또는 기업가치를 극대화시킬 수 있는 투자안이 선택되어야 한다는 세 번째 조건은 만족시키지 못한다.[4)]

3. 순현재가치(NPV)법과 내부수익률(IRR)법의 투자안 선택

(1) 동일한 투자안을 선택하는 경우

투자안이 독립적이고 CF가 일반적인 형태라면 NPV법과 IRR법은 대부분 동일한 투자안을 최적으로 선택한다. 즉, Y 투자안의 NPV가 X 투자안보다 크면, Y의 IRR이 X의 IRR보다 크고, 역으로 Y의 IRR이 X의 IRR보다 크면, NPV 역시 Y가 X보다 크게 된다.

다음과 같은 CF를 보이는 투자안 X, Y가 있다고 한다. 자본의 기회비용은 10%라고 한다.

---

4) 여기에 대해서는 다음 페이지의 (2) 다른 투자안을 선택하는 경우에서 자세히 설명하고자 한다.

투자안 \ 기간	0	1	2	3	4	5	NPV	IRR
X	−1,000	100	200	300	400	500	65.26	12.0%
Y	−1,000	200	300	500	500	600	519.47	25.4%

두 투자안의 NPV(할인율=10%)와 IRR을 계산하면 각각 다음과 같다.

$$NPV(X)=\left[-1{,}000+\frac{100}{(1+0.1)}+\frac{200}{(1+0.1)^2}+\frac{300}{(1+0.1)^3}+\frac{400}{(1+0.1)^4}+\frac{500}{(1+0.1)^5}\right]=65.26$$

$$NPV(Y)=\left[-1{,}000+\frac{200}{(1+0.1)}+\frac{300}{(1+0.1)^2}+\frac{500}{(1+0.1)^3}+\frac{500}{(1+0.1)^4}+\frac{600}{(1+0.1)^5}\right]=519.47$$

$$NPV(X)=\left[-1{,}000+\frac{100}{(1+IRR_X)}+\frac{200}{(1+IRR_X)^2}+\frac{300}{(1+IRR_X)^3}+\frac{400}{(1+IRR_X)^4}+\frac{500}{(1+IRR_X)^5}\right]=0$$

$$\Rightarrow\ IRR_X=12.0\%$$

$$NPV(Y)=\left[-1{,}000+\frac{200}{(1+IRR_Y)}+\frac{300}{(1+IRR_Y)^2}+\frac{500}{(1+IRR_Y)^3}+\frac{500}{(1+IRR_Y)^4}+\frac{600}{(1+IRR_Y)^5}\right]=0$$

$$\Rightarrow\ IRR_Y=25.4\%$$

위의 계산 결과에서 알 수 있듯이 일반적인 형태의 CF를 가지는 투자안이라면 NPV법과 IRR법 모두 동일하게 투자안 Y를 최적으로 선택한다.

(2) 다른 투자안을 선택하는 경우

NPV법과 IRR법의 투자안 선택결과가 항상 일치하는 것은 아니다. CF가 특이한 경우 두 방법은 서로 다른 투자안을 최적으로 선택하기도 한다.

위의 투자안 Y와 다음과 같은 CF를 보이는 투자안 Z를 살펴보자.

투자안 \ 기간	0	1	2	3	4	5	NPV	IRR
Y	−1,000	200	300	500	500	600	519.47	25.4%
Z	−1,000	100	200	300	400	1,250	530.95	22.8%

투자안 Z의 NPV와 IRR을 계산하면 각각 다음과 같다.

$$NPV(Z)=\left[-1{,}000+\frac{100}{(1+0.1)}+\frac{200}{(1+0.1)^2}+\frac{300}{(1+0.1)^3}+\frac{400}{(1+0.1)^4}+\frac{1{,}250}{(1+0.1)^5}\right]=530.95$$

$$NPV(Z)=\left[-1{,}000+\frac{100}{(1+IRR_Z)}+\frac{200}{(1+IRR_Z)^2}+\frac{300}{(1+IRR_Z)^3}+\frac{400}{(1+IRR_Z)^4}+\frac{1{,}250}{(1+IRR_Z)^5}\right]=0$$

$$\Rightarrow\ IRR_Z=22.8\%$$

위의 결과에서 알 수 있듯이 NPV법은 투자안 Z을, IRR법은 투자안 Y를 최적으로 선택한다. 이와 같이 서로 다른 투자안이 선택되는 이유는 무엇일까?

〈 그림 1 : 할인율에 따른 투자안 Y, Z의 순현재가치 〉

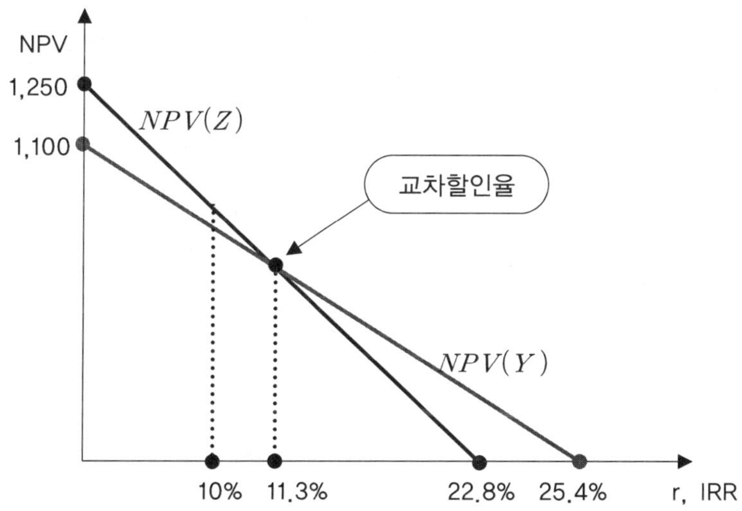

<그림 1>의 두 직선은 투자안 Y, Z의 할인율에 따른 NPV를 보여주고 있다. 세로축의 1,100과 1,250은 할인율이 0일 때 투자안 Y, Z의 NPV를 의미하고, 가로축의 25.4%와 22.8%는 투자안 Y, Z의 NPV를 0으로 만드는 할인율 즉, IRR을 의미한다. 두 직선이 교차하는 지점의 교차할인율(cross-over rate)이란 두 투자안의 NPV를 동일하게 만들어 주는 할인율을 말하며, 여기서는 11.3%이다.

<그림 1>의 교차할인율 왼쪽의 할인율들에서는 투자안 Z의 NPV가, 교차할인율 오른쪽 할인율들에서는 투자안 Y의 NPV가 더 큰 것을 알 수 있다. 투자안 Y의 CF는 먼 미래로 갈수록 조금씩 증가하지만, 투자안 Z의 CF는 많은 양의 CF가 마지막 기간에 집중적으로 발생하고 있다.

현재가치는 기간(t)과 할인율(r)과 (-)의 상관관계가 있다는 것을 고려하면 마지막 기간에 많은 CF를 발생시키는 투자안 Z을 교차할인율보다 높은 할인율로 NPV를 계산하면 상대적으로 많은 금액이 할인될 것이다. 따라서 교차할인율보다 작은 10%를 할인율로 사용한 NPV법에서는 투자안 Z가 상대적으로 적게 할인되어 NPV가 Y보다 커지지만 교차할인율보다 큰 IRR로 할인하게 되면 NPV가 투자안 Y보다 작아진다.

〈 표 2 투자규모 차이가 큰 경우 : 단위, 원 〉

기간	투자안 E	투자안 F
0	−1,000,000	−100,000
1	1,200,000	140,000
NPV(r=10%)	**90,909**	27,273
IRR	20%	**40%**

〈 표 3 투자기간이 다른 경우 : 단위, 원 〉

기간	투자안 G	투자안 H
0	−1,000,000	−1,000,000
1	1,250,000	0
2	0	0
3	0	0
4	0	1,750,000
NPV(r=10%)	135,363	**195,274**
IRR	**25%**	15%

이외에도 위의 <표 2>에서 보는 것처럼 두 투자안의 투자규모 차이가 매우 큰 경우나, <표 3>에서 보는 것처럼 투자기간이 다른 경우에도 NPV법과 IRR법은 서로 다른 투자안을 최적으로 선택하기도 한다.

‖ 9.3절 나머지 자본예산 방법들 ‖

1. 회수기간법

(1) 회수기간의 의미와 계산방법

회수기간(payback period, 이하 PBP)이란 초기 투자비용(I_0)이 전액 회수되는데 걸리는 기간을 말한다. 그러므로 회수기간 계산은 <그림 2>처럼 투자 이후에 발생하는 CF들의 누적액이 초기 투자비용과 일치하게 되는 시점을 찾으면 된다.

〈 그림 2 : 투자안 A의 회수기간 계산 〉

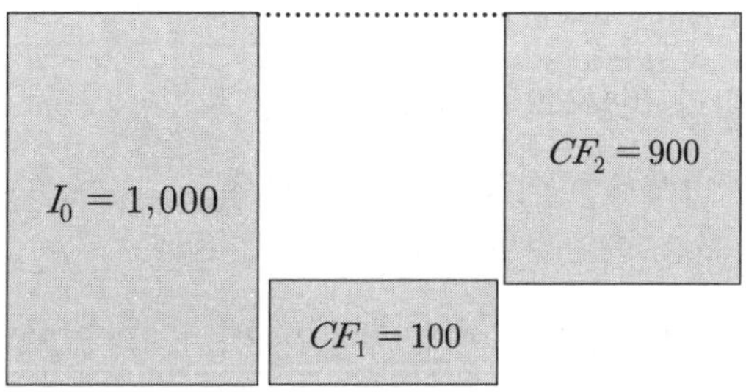

<그림 2>를 보면 투자안 A는 t=0에 1,000을 투자한 이후 t=1에 100, t=2에 900의 CF가 발생하므로 1, 2기간의 CF 누적액이 1,000이 되어 초기투자비용과 일치하게 되므로 PBP는 2년이 되는 것이다. 동일한 방법으로 투자안 B, C, D의 PBP도 계산해 보면 각각 4년, 4년, 3년이 된다.

(2) 회수기간(PBP)법 의사결정기준

PBP는 초기 투자비용이 전액 회수되는 기간을 의미하고, 투자비용은 가능한 빨리 회수될수록 좋을 것이므로 PBP이 짧을수록 좋은 투자안이라고 할 수 있을 것이다. 그러나 얼마나 빨리 회수되어야 좋은 지는 비교 기준이 있어야 한다. 그 기준과 비교하여 PBP을 평가해야 할 것이다.

PBP법으로 투자안을 평가할 경우 의사결정기준은 다음과 같다.

회수기간(PBP)법 의사결정기준	
단일 투자안을 평가하는 경우	'PBP 〈 비교 기간' 이면 선택
상호배타적인 투자안을 평가하는 경우	PBP이 가장 짧은 것을 선택

단일 투자안을 평가할 경우 비교 기간보다 PBP이 짧으면 예상보다 투자비용을 빨리 회수하게 되는 것이므로 투자할만한 가치가 있을 것이다. 상호배타적인 투자안을 평가하는 경우는 투자비용 전액을 가장 빨리 회수할 수 있는 PBP이 가장 짧은 투자안이 선택되어야 한다. 따라서 <표 1> 투자안들 중에서는 PBP이 2년으로 가장 짧은 투자안 A가 선택된다. PBP법은 무엇보다도 투자비용이 빨리 회수되는 것을 중요한 기준으로 삼고 있으므로 유동성(liquidity)이 좋은 투자안을 선택하고 싶을 때 적합한 평가방법이다.

(3) 회수기간(PBP)법과 이상적인 자본예산 조건

PBP법은 먼 미래에 발생하는 CF일수록 불확실성(uncertainty)이 클 것이므로 가까운 미래의 CF을 더 중요하게 취급하여 투자안을 평가한다. 그러다 보니 PBP 이후의 (-) CF를 고려하지 못하는 경우가 발생한다. 투자안 A는 (-)의 NPV를 가지지만 PBP법에서는 최적의 투자안으로 평가되었다. 또한 CF 누적액을 계산할 때 화폐의 시간가치를 반영하지 않은 금액들을 사용한다. 따라서 이상적인 자본예산이 되기 위한 첫 번째, 두 번째, 세 번째 조건을 만족시키지 못한다. 또한 PBP과 비교하는 비교 기간은 자의적으로 선택될 수 있으므로 신뢰성 문제가 발생할 수 있다.

가치가산의 법칙 성립 여부는 IRR법에서도 언급한 것처럼 단순히 PBP의 합으로 판단해서는 안 될 것이다. 투자안 A와 B를 동시에 투자했을 경우의 PBP은 투자안 A와 B의 CF을 합하여 계산하면 4년이 된다. 이와 같이 투자안들의 CF들을 합하여 PBP을 계산할 수 있으므로 가치가산의 법칙은 성립된다.

(4) 할인회수기간법

할인회수기간(discounted payback period, 이하 DPBP)은 초기 투자비용이 전액 회수되는데 걸리는 기간을 투자 이후 발생하는 CF의 현재가치 누적액으로 계산하는 점이 PBP법과 다르다. 할인율 10%을 사용할 경우 투자안 A의 DPBP 계산과정은 <그림 3>과 같다.

〈 그림 3 : 투자안 A의 할인된 회수기간 계산 과정 〉

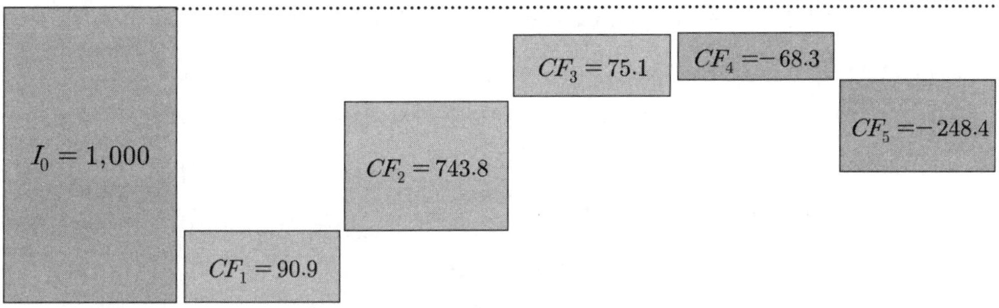

<그림 3>의 $CF_1 \sim CF_5$는 r=10%로 할인한 현재가치들이다. <그림 2>와는 다르게 여기서는 투자안 A CF의 현재가치 누적액이 초기 투자비용과 일치하는 시점이 발생하지 않고 있다. t=3까지의 누적액이 834.7밖에 되지 않는데 t=4, 5에서는 (-)의 CF가 발생하므로 초기 투자비용이 전액 회수되지 못하게 되는 것이다. 따라서 DPBP은 무한대로 평가된다. DPBP를 계산하는 식은 다음과 같이 정리할 수 있다. 여기서, (t-1)년은 '잔여회수금액 < CF_t의 현재가치'인 연도를 의미하고, 잔여회수금액은 [I_0 - (t-1)년까지 회수금액 현재가치의 누적액]으로 계산된다.

$$\text{할인회수기간}(DPBP) = \left[(t-1)\text{년} + \frac{\text{잔여 회수금액}}{CF_t\text{의 현재가치}} \right] \quad \cdots \text{식 (3)}$$

식 (3)에 따라 투자안 D의 할인회수기간을 계산하면 다음과 같다.

$$DPBP_D = \left[3\text{년} + \frac{\text{잔여 회수금액}}{CF_4\text{의 현재가치}} \right] = \left[3\text{년} + \frac{194.59}{341.51} \right] = 3.57\text{년}$$

3년 : '194.59 < 341.51'

잔여회수금액 = [I_0 − 3년까지 회수금액 현재가치의 누적액]

= [1,000 − 805.41] = 194.59

이와 같이 CF의 현재가치 누적액으로 나머지 투자안 B, C의 DPBP도 계산하면 각각 4.37년, 4.32년이 된다. 따라서 DPBP법에 의하면 DPBP이 3.57년으로 가장 짧은 투자안 D가 선택되어야 한다.

투자안 D의 DPBP=3.57년은 그 시점에서 초기투자비용과 현금유입액 현재가치의 누적액이 같다는 것을 의미하므로 NPV가 0이라는 것이다. 투자안 D처럼 일반적인 CF 형태를 보일 경우 DPBP=3.57년 이후부터는 NPV가 (+)의 값을 갖기 시작한다.

DPBP법은 PBP법과는 다르게 일반적인 현금흐름 형태를 가지는 투자안에 대해서는 (-)의 NPV를 보이는 투자안을 선택하지 않고, 화폐의 시간가치를 고려하는 등 PBP법의 단점들을 모두 개선하였다. 그러나 여전히 비교 기간의 자의성 문제는 존재하고, DPBP를 계산과정은 NPV를 계산과정과 거의 동일하므로 여러 면에서 우월한 NPV법을 이용하는 것이 더 나을 것이다.

2. 회계적 이익률법

(1) 회계적 이익률(ARR)의 의미와 계산방법

회계적 이익률(accounting rate of return, 이하 ARR)이란 장부가치(book value)로 평가한 투자기간 동안 평균이익률(average accounting return)을 말하며, 다음 식 (4)처럼 투자기간 동안 발생하는 연평균순이익을 연평균투자금액으로 나누어 계산한다. 따라서 ARR은 투자금액 1단위당 벌어들인 장부상의 이익을 의미한다. 여기서, 연평균 순이익은 [순이익의 합/투자기간]으로, 연평균 투자금액은 [매년 말 장부가치의 합/(투자기간+1)]로 계산된다.

$$\text{회계적 이익률}(ARR) = \left[\frac{\text{연평균 순이익}}{\text{연평균 투자금액}}\right] \qquad \cdots \text{ 식 (4)}$$

식 (4) 분모의 연평균 투자금액을 추정하기 위해서는 연도별 감가상각비를 알아야 한다. t=0의 투자금액을 비유동자산 취득원가라고 하고, 내용연수(=투자기간 5년) 종료 후 잔존가치가 0, 매년 정액 감가상각을 한다면 매년 감가상각비는 200[=(1,000-0)/5]이 될 것이다. 그러므로 t=0~5년말 장부가치는 각각 1,000, 800, 600, 400, 200, 0이 될 것이고, 연평균투자액은 500[=(1,000+800+600+400+200+0)/(5+1)]이 될 것이다. 따라서 투자안 A의 ARR은 다음과 같이 24%가 될 것이다.

$$ARR(A)=\left[\frac{\left(\dfrac{100+900+100-100-400}{5}\right)}{\left(\dfrac{1,000+800+600+400+200+0}{5+1}\right)}\right]=0.24=24\%$$

투자안 B, C, D의 ARR도 이와 같은 방법으로 계산하면 각각 92%, 90%, 84%가 될 것이다.

(2) 회계적 이익률(ARR)법 의사결정기준

ARR은 투자로부터 벌어들인 수익률 개념이므로 사전에 정해 놓은 목표이익률보다 ARR이 크면 좋은 투자안으로 평가할 수 있을 것이다. ARR법으로 투자안을 평가할 경우 의사결정기준은 다음과 같다.

회계적 이익률(ARR)법 의사결정기준	
단일 투자안을 평가하는 경우	'ARR 〉 목표이익률'이면 선택
상호배타적인 투자안을 평가하는 경우	ARR이 가장 큰 것을 선택

이와 같은 기준을 적용하여 ARR법으로 <표 1>의 투자안들을 평가하면 ARR이 92%로 가장 큰 투자안 B가 최적 투자안이 된다.

(3) 회계적 이익률(ARR)법과 이상적인 자본예산 조건

ARR은 손익계산서의 순이익과 장부가치(book value)에 해당하는 재무상태표의 자산가치를 가지고 계산된다. 따라서 회계장부상의 항목들을 사용하기 때문에 CF를 고려하지 못하고 있고, 화폐의 시간가치가 고려되지 않고 있다. 또한 이익률만 크면 되므로 주주의 부 또는 기업가치를 극대화시켜야 한다는 세 번째 조건도 만족시키지 못한다.

그러나 투자안 A와 B를 동시에 투자했을 경우의 ARR은 투자안 A와B의 투자비용과 이익을 합하여 ARR을 계산할 수 있으므로 가치가산의 법칙은 적용할 수 있다. ARR법의 가장 큰 장점은 재무제표를 통하여 ARR 계산에 필요한 정보를 쉽게 얻을 수 있다는 것이다.

3. 수익성지수법

(1) 수익성지수(PI)의 의미와 계산방법

투자안들 간에 투자규모의 차이가 크게 발생하는 경우 NPV로 투자안을 비교하는 것은 의사결정자가 원하는 정보에 따라서 적합하지 않을 수도 있을 것이다. 예를 들면, 1,000만원을 투자하여 500만원의 NPV를 얻을 수 있는 투자안 I와 100만원을 투자하여 200만원의 NPV를 얻을 수 있는 투자안 J를 비교할 때, 만약 투자성과를 총액이 아닌 투자의 효율성으로 판단하고자 한다면 NPV법은 적합하지 않을 것이다.

수익성지수(profitability index, 이하 PI)는 투자안의 상대적 성과인 투자금액 1단위당 현금유입액을 의미한다. 따라서 NPV의 총액으로 투자안을 비교하는 것보다 투자의 효율성으로 비교하고자 하는 경우에 유용한 방법이다. PI을 계산하는 식은 NPV를 계산하는 식 (1)에서 다음과 같이 도출할 수 있다. 여기서, $CF_t(t=0 \sim T)$는 t시점의 현금흐름을 의미하고, t=0의 현금흐름 I_0는 초기 투자비용을 의미한다. T는 투자기간 또는 내용연수를 의미한다.

$$PI = \left[\frac{\text{현금유입액들의 현재가치}}{\text{초기 투자비용}}\right] = \left[\frac{\sum_{t=1}^{T}\frac{CF_t}{(1+r)^t}}{I_0}\right] \quad \cdots \text{ 식 (5)}$$

$$PI = \left[\frac{\sum_{t=1}^{T}\frac{CF_t}{(1+r)^t}}{I_0}\right] = \left[\frac{I_0+NPV}{I_0}\right] = \left[1+\frac{NPV}{I_0}\right] \quad \cdots \text{ 식 (5-1)}$$

식 (5)를 이용하여 투자안 A의 PI를 계산하면 다음과 같다.

$$PI(A)=\frac{\left[\frac{100}{(1+0.1)^1}+\frac{900}{(1+0.1)^2}+\frac{100}{(1+0.1)^3}-\frac{100}{(1+0.1)^4}-\frac{400}{(1+0.1)^5}\right]}{1,000}=0.59$$

투자안 B, C, D의 PI도 동일한 방법으로 계산하면 각각 1.51, 1.53, 1.52를 얻을 수 있다.

(2) 수익성지수(PI)법 의사결정기준

PI는 투자금액 1단위당 현금유입액을 의미하므로 투자금액 이상을 벌어들여야 좋은 투자안으로 평가할 수 있다. PI법으로 투자안을 평가할 경우 의사결정기준은 다음과 같다.

수익성지수(PI)법 의사결정기준	
단일 투자안을 평가하는 경우	'PI 〉 1' 이면 선택
상호배타적인 투자안을 평가하는 경우	PI가 가장 큰 것을 선택

식 (5-1)을 보면 NPV가 0보다 크면 PI가 1보다 크게 된다는 것을 알 수 있다. 따라서 NPV가 0보다 낮은 투자안은 PI법에서는 선택되지 않는다. PI법으로 <표 1>의 투자안들 평가하면 PI가 1.53으로 가장 큰 투자안 C가 선택되어야 한다.

(3) 수익성지수(PI)법과 이상적인 자본예산 조건

PI는 투자금액과 모든 현금유입액의 현재가치를 가지고 계산하므로 이상적인 자본예산이 되기 위한 조건을 대부분 만족시키고 있다. 그러나 주주의 부 또는 기업가치를 극대화시켜야 한다는 세 번째 조건은 만족시키지 못한다. 5를 투자해서 1년 후에 12의 CF를 얻는 투자안과 100을 투자해서 180의 CF를 얻는 투자안을 비교하면 NPV 후자가 크지만 PI는 전자를 더 좋은 투자안으로 평가한다. 이와 같이 PI법은 수익이 작음에도 불구하고 투자비용이 낮은 투자안을 최적으로 선택하여 기업가치를 극대화시키지 못하기도 한다.

4. 정리

<표 4>는 지금까지 설명한 자본예산 분석방법들로 <표 1>의 투자안 A, B, C, D를 평가한 결과와 각각의 자본예산 방법에서는 어떤 투자안이 최적으로 선택되는지를 보여주고 있다. <표 4>에서 주목할만한 것은 분석방법에 따라서 투자안 A, B, C, D 모두가 최적 투자안으로 선택될 수 있다는 것이다. 이런 경우 어떤 분석방법으로 평가한 투자안을 선택해야 하는가?

<표 5>는 각각의 자본예산 분석방법들이 이상적인 자본예산 조건들을 얼마나 충족시키는지를 보여주고 있다. NPV법만이 모든 조건을 만족시키고 있음을 알 수 있다. 따라서 분석방법별로 선택되는 투자안들이 다르다면 이상적인 자본예산 조건을 모두 만족시키는 NPV법의 결과에 따라 투자안 C를 선택해야 할 것이다.

〈 표 4 : 분석방법별 최적 투자안 선택결과 〉

투자안 / 분석방법	A	B	C	D	최적투자안
순현재가치(NPV)법	−407.30	510.70	530.85	519.20	C
내부수익률(IRR)법	−200%	20.9%	22.8%	25.4%	D
회수기간(PBP)법	2년	4년	4년	3년	A
할인된 회수기간(DPBP)법	∞	4.37년	4.32년	3.57년	D
회계적이익률(ARR)법	24%	92%	90%	84%	B
수익성지수(PI)법	0.59	1.51	1.53	1.52	C

〈 표 5 : 분석방법별 이상적인 자본예산 조건 충족 여부 〉

조건 / 분석방법	CF 고려	화폐의 시간가치	기업가치 극대화	가치가산의 법칙
순현재가치(NPV)법	○	○	○	○
내부수익률(IRR)법	○	○	×	○
회수기간(PBP)법	×	×	×	○
할인된 회수기간(DPBP)법	×	○	×	○
회계적이익률(ARR)법	×	×	×	○
수익성지수(PI)법	○	○	×	○

연습문제

9-1. 다음 질문들에 답하시오.

① 두 투자안의 현금흐름이 다음과 같다고 한다. 각 투자안의 IRR은 각각 얼마인가? 두 투자안이 상호배타적인 관계라면 어떤 투자안을 선택해야 하는가?

	t=0	1
투자안 A	−100만원	90만원
투자안 B	−100만원	200만원

② C기업은 초기투자비용이 1,200만원이고 투자수명이 3년이고, t=1,2,3년의 순이익 각각 80만원, 100만원, 126만원 발생하는 투자안을 고려중이다. 연도별 감가상각률이 50%, 30%, 20%라고 할 때 회계적 이익률은 얼마인가?

③ 박군은 다음과 같은 상호배타적인 두 투자를 고려하고 있다. 두 투자안을 NPV법과 PI(profitability index, 수익성 지수)법을 이용하여 적절한 투자안을 선택하시오. 만약 두 방법의 결과가 다르다면 그 이유로 추정해보시오.(할인율=12%)

	t=0	1	2
투자안 D	−1,000만원	700만원	700만원
투자안 E	−2,000만원	1,300만원	1,300만원

9-2. 다음 기초자료들을 가지고 질문들에 답하시오.

기간 \ 투자안	A	B
0	−500	−500
1	300	500
2	400	400
3	500	300
IRR	54.06%	68.57%

① 순현재가치(NPV, Net Present Value)법과 수익성지수(PI)법으로 투자안을 선택할 경우 어떤 투자안을 선택해야 하는지 보이시오.(할인율은 15%)

② 내부수익률(IRR, Internal Rate of Return)의 의미를 간단히 설명하고, 내부수익률이 수익률로 대체되지 않는 경우들을 설명하시오.

③ 투자안 A의 숫자가 투자금액과 순이익이라 가정하고 (a) 정액감가상각인 경우 (b) 연도별 감가상각율이 t=1～3 순서로 각각 40%, 30%, 30%인 경우 회계적 이익률을 계산하시오.

④ 투자안 B의 할인된 회수기간(Discounted Payback Period)을 계산하고 그 시점에서 NPV는 얼마인지 간단히 설명하시오.(할인율=15%)

제10장

자본예산 2 – 특수한 경우와 실제 적용

‖ 10.1절 특수한 경우의 자본예산 ‖

1. 투자예산이 제약되는 경우 : 자본할당

기업은 아무리 좋은 투자안을 많이 가지고 있더라도 현실적으로 모든 투자안에 투자할 수는 없을 것이다. 대부분의 기업들은 원하는 시점에 원하는 자금을 무한정 조달할 수 없기 때문에 제한된 예산 하에 투자의사결정을 해야 한다. 이와 같이 투자예산의 제약이 존재하는 상황에서 기업가치를 극대화시킬 수 있는 투자조합을 찾아내어 적절하게 자금을 분배하는 것을 자본할당(capital rationing)이라고 한다.

(1) 자본제약이 1회 있는 경우

순현재가치(net present value, 이하 NPV)는 그 투자로 인하여 증감하는 기업가치를 의미하므로 기업가치를 극대화시킬 수 있는 투자안은 NPV법을 이용하여 찾아내고, 제한된 자금으로 투자 가능한 조합은 수익성지수(profitability index, 이하 PI)법을 이용하여 찾아낼 수 있다. 다음 <표 1>은 투자예산이 20만원으로 제한된 경우 투자 대상들에 대한 추정자료이다. 단위는 십만원이며 NPV와 PI는 9장의 식 (1)과 식 (5)를 이용하여 계산한 것이다.

〈 표 1 : 자본 제약이 1회 있는 경우 〉

투자안	CF_0	CF_1	CF_2	NPV(r=10%)	PI
A	−20	60	10	42.8	3.14
B	−10	10	40	32.1	4.21
C	−10	10	30	23.9	3.39

투자안 A, B, C의 NPV가 모두 0보다 크므로 자본제약이 없다면 모두 투자할만한 가치가 있는 투자안들이다.

20만원의 자본 제약하에서 기업가치를 극대화시킬 수 있는 투자조합은 PI가 높은 순서대로 투자예산이 소진될 때까지 투자안을 선택하면 된다. <표 1>의 투자안들 중에서는 PI가 4.21로 가장 큰 투자안 B에 10만원 투자하고, 그 다음으로 PI가 높은 투자안 C에 10만원을 투자하면 정확히 20만원의 자본제약을 만족시키게 된다. 이렇게 투자안 B, C 조합에 투자하면 투자안 A만을 선택하는 경우보다 높은 NPV=56만원[$=NPV_B+NPV_C$]을 얻을 수 있다. 따라서 투자안 B와 C 조합은 20만원의 자본 제약 하에서 기업가치를 극대화시키는 최선의 선택이 된다.

(2) 자본제약이 2회 있는 경우

투자기간 동안 자본제약이 2회 이상이거나 두 투자안이 상호배타적이거나 한 투자안이 다른 투자안에 종속되는 경우에는 PI가 높은 순서대로 자본할당을 하지 못할 수도 있다. 다음 <표 2>처럼 첫 번째 연도와 두 번째 연도 모두 20만원씩 자본제약이 있는 경우의 자본할당을 살펴보자.

〈 표 2 : 자본제약이 2회 있는 경우 〉

투자안	CF0	CF1	CF2	NPV(r=10%)	PI
A	−20	60	10	42.8	3.14
B	−10	10	40	32.1	4.21
C	−10	10	30	23.9	3.39
D	0	−80	130	34.7	1.43

투자안 A, B, C는 올해 투자대상이고 투자안 D는 내년 투자대상이다. 올해와 내년 모두 투자자금이 20만원으로 제약된 상황에서 기업가치를 극대화시킬 수 있는 투자안 조합을 찾고자 한다.

먼저 자본제약이 올해만 있는 <표 1>의 경우처럼 PI가 높은 투자안 B와 C를 선택하면 내년 CF_1은 모두 20만원이 된다. 그러면 내년도 총 투자가능한 자금은 자본제약 20만원을 포함하여 40만원밖에 되지 않는다. 내년에 투자안 D에 투자하기 위해서는 80만원이 필요하다. 따라서 34만 7천원의 NPV를 얻을 수 있는 투자안 D을 투자할 수 없게 된다.

그러면 이번에는 올해 PI가 가장 낮은 투자안 A를 선택하는 경우를 살펴보자. 투자안 A의 CF_1은 60만원이다. 그러면 내년도 총 투자가능한 자금은 내년도 예산 20만원을 포함하여 80만원이 되므로 투자안 D에 투자할 수 있게 된다. 올해 투자안 A에 투자하고 내년에 투자안 D에 투자할 경우의 NPV=77만 5천원[=42만 8천원+34만 7천원]가 투자안 B와 C조합의 NPV 56만원보다 크게 된다. 자본제약이 2회(올해, 내년) 있는 경우 투자안 A와 D조합의 PI는 낮을지라도 NPV는 더 큰 값을 얻게 되므로 기업가치를 극대화 시킬 수 있는 최선의 선택이 되는 것이다.

2. 투자기간이 다른 경우 – 연간균등비용법

투자기간(또는 내용연수) 다른 두 투자안의 기간차이를 고려하지 않고 NPV를 비교하여 판단하면 잘못된 의사결정을 내릴 수도 있다.

H기업은 기계 A와 B 중에서 비용이 적게 드는 것을 선택하고자 한다. 기계 A는 구입비용은 100만원, 연간 가동비용은 10만원이 소요되고 2년마다 교체해야 한다. 반면에 기계 B는 구입비용은 140만원, 연간 가동비용은 8만원이 소요되고 3년마다 교체해야 한다고 한다. 할인율이 10%일 경우 어느 기계를 선택해야 하는가?

비용이 적게 드는 기계를 선택하기 위하여 우선 화폐의 시간가치를 고려한 기계별 비용들의 현재가치 합을 계산하면 다음과 같다.

$$PV[A] = \left[100 + \frac{10}{(1+0.1)} + \frac{10}{(1+0.1)^2}\right] = 117.36\text{만원}$$

$$PV[B] = \left[140 + \frac{8}{(1+0.1)} + \frac{8}{(1+0.1)^2} + \frac{8}{(1+0.1)^3}\right] = 159.89\text{만원}$$

총비용의 현재가치를 비교하면 기계 A가 기계 B보다 적으므로 기계 A를 선택해야 하는 것처럼 보인다. 그러나 기계 A는 2년을 사용하고, 기계 B는 3년을 사용한다. 기계 B의 비용이 많은 것은 기계 A보다 1년 더 유지해야 하기 때문일 수도 있다.

위와 같은 경우는 사용기간 총비용이 아니라 사용기간의 기간별 평균비용인 연간균등비용(equivalent annual cost, 이하 EAC)을 비교하면 기간차이 문제를 해결할 수 있다.

EAC는 사용기간 동안 발생하는 총비용의 연간평균비용을 의미하므로 모든 비용의 현재가치 합은 연간균등비용 현재가치의 합과 동일하게 될 것이다.[1] 따라서 다음과 같은 관계가 성립한다.

$$\text{모든 비용들의 현재가치의 합} = EAC \times PVIFA(r,\ T)$$

여기서, PVIFA(r,T)는 사용기간이 T이고 할인율인 r인 연금의 현재가치요소를 의미한다. 위의 식을 이용하여 EAC를 다음 식 (1)과 같이 계산할 수 있다.

---

1) 이것은 1, 2, 3의 합은 1, 2, 3의 평균인 2를 3번 더하는 것과 같은 원리이다.

$$EAC = \left[\frac{\text{모든 비용들의 현재가치의 합}}{PVIFA[r, T]} \right] \qquad \cdots \text{ 식 (1)}$$

식 (1)에 따라서 기계 A와 B의 EAC를 계산하면 다음과 같다.

$$EAC[A] = \left[\frac{A \text{ 비용들의 현재가치의 합}}{PVIFA[10\%, 2]} \right] = \left[\frac{117.36}{1.736} \right] = 67.60\text{만원}$$

$$EAC[B] = \left[\frac{B \text{ 비용들의 현재가치 합}}{PVIFA[10\%, 3]} \right] = \left[\frac{159.89}{2.487} \right] = 64.29\text{만원}$$

위의 결과들을 보면 연평균비용 관점에서는 기계 B가 더 적은 비용이 소요되므로 기계 B를 선택해야 한다. 총비용관점으로 판단할 때 기계 A의 비용이 더 적었던 것은 기계 B보다 1년 짧게 사용하기 때문에 그런 것이었다는 것을 알 수 있다.

‖ 10.2절 자본예산의 실제 적용 ‖

1. 현금흐름(Cash Flow) 관련 사항들

투자안의 경제성을 분석하기 위해서는 그 투자안을 선택했을 경우 발생하는 현금유입(cash inflow)액과 현금유출(cash outflow)액으로 현금흐름(cash flow, 이하 CF)을 최대한 정확하게 추정하는 것이 가장 중요하다. 추정된 CF의 크기에 따라서 투자안의 선택 여부가 결정되므로, CF 추정이 잘못 되었을 경우 선택되지 말았어야 할 투자안이 선택되어 막대한 손실이 발생시킬 수 있기 때문이다. 정확한 CF를 추정하여 투자안의 경제성을 분석하기 위해서는 다음과 같은 사항들이 고려되어야 한다.

(1) 현금만이 고려되어야 한다.

(2) 자본조달과 관련된 현금흐름은 고려되지 말아야 한다.

(3) 증분현금흐름이 고려되어야 한다.

(4) 매몰비용은 고려할 필요가 없지만 기회비용은 반드시 고려해야 한다.

(1)~(4)를 순서대로 자세히 살펴보자.

(1) 현금만이 고려되어야 한다

현금(cash) 10,000원은 지금 당장 금고에서 꺼내어 전액 소비할 수 있다. 그러나 손익계산서상의 순이익 10,000원은 그렇지 않을 수도 있다. 왜냐하면 순이익은 실제 현금유출입이 발생하지 않은 것들이 포함되어 계산되었기 때문이다. 투자안의 CF를 추정할 때는 해당연도에 실제 현금유출입이 발생한 것들을 이용하여 해당연도의 현금을 추정해야 한다.

그러나 손익계산서의 이익으로 추정하게 되면 해당연도의 현금을 정확하게 추정할 수 없게 된다. 2013년 매출액에는 2013년에 현금유입이 발생하지 않은 2013년 매출채권은 포함되어 있지만 2013년 실제로 현금유입이 발생한 2012년 매출채권은 포함되어 있지 않다. 또한 2013년 매출원가에는 2014년에 현금유출이 발생할 2013년 매입채무는 포함되어 있지만 2013년 실제로 현금유출이 발생한 2012년 매입채무는 포함되지 않았다.[2] 그러므로 CF를 추정할 때 순운전자본변화량을 차감하여 매출액과 매출원가의 해당연도의 실제 현금유출입액을 추정해야 한다.

감가상각비(depreciation)는 해당연도에 실제 현금유출이 발생하지 않지만 비용으로 인식되어 손익계산서의 영업이익(earning before interest and taxes, 이하 EBIT)이 계산될 때 차감된다. 따라서 CF를 추정할 때는 현금유출이 발생하지 않았음에도 차감된 감가상각비는 다시 더해주어야 한다. 반면에 감가상각비는 비용으로 인식되는 바람에 세금을 적게 부담시키는 세금공제효과를 발생시킨다. 이것 역시 현금유출을 줄여주기 때문에 고려되어야 한다.

또한 내용연수가 종료되는 시점에서 비유동자산이 처분될 때 감가상각이 반영된 장부가치와 다른 가격으로 거래되면 비유동자산처분이익(손실)이 발생하는데, 이것 역시

2) 매출채권은 유동자산에, 매입채무는 유동부채이다. 유동자산과 유동부채에는 1년 이내에 현금화될 수 있는 자산과 갚아야 할 부채가 각각 포함된다. 그러므로 재무제표를 작성하는 시점에서는 현금화 예정, 갚아야 할 예정이지 현금유입과 현금유출이 발생하지 않은 항목들이다.

세금효과를 고려하여 다음과 같이 인식되어야 한다.

비유동자산처분 현금유입액 = 처분가격 - [처분가격 - 장부가치]×법인세율

예제 1

1,000만원을 주고 구입한 새 기계의 수명은 5년이라고 한다. 구입비용은 5년 동안 정액감가상각되어 5년 후 장부가치는 0이지만 200만원을 주고 시장에서 매각할 수 있을 것으로 예상된다. 법인세율이 30%일 경우 5년 후 비유동자산 처분과 관련된 CF를 추정하시오. 5년 후 장부가치가 300만원인 경우도 추정해보시오.

〈풀이〉

5년 후에 장부가치가 0인 기계를 200만원을 받고 처분하면 처분이익이 발생한다. 그러나 이익이 발생하면 세금도 부담해야 하므로 실제 현금유입액은 다음과 같다.

5년 후 현금유입액 = 처분가격 − [처분가격 − 장부가치]×법인세율
= 200만원 − [200만원 − 0]×0.3 = 140만원

반면에 5년 후에 장부가치가 300만원인 기계를 200만원을 받고 처분하면 처분손실이 발생한다. 그러나 손실이 발생하면 부담해야 하는 세금이 감소하므로 세금감소분까지 고려하여 현금유입액은 다음과 같이 계산된다.

5년 후 현금유입액 = 처분가격 − [처분가격 − 장부가치]×법인세율
= 200만원 − [200만원 − 300만원]×0.3 = 230만원

<예제 1>에서 보는 것처럼 세금은 현금유출을 발생시키므로 모든 CF는 세후금액으로 추정되어야 한다.

(2) 자본조달과 관련된 현금흐름은 고려되지 말아야 한다

동일한 금액을 투자하여 동일한 CF를 얻을 수 있는 두 투자안의 유일한 차이는 자본조달 방법이라고 하자. 한 투자안은 투자금액 전액을 자기자본으로 조달하여 이자비용을 부담하지 않지만, 다른 투자안은 투자금액 절반을 타인자본(부채)으로 조달하여 이자비용을 부담하고 이자비용으로 인한 세금공제효과도 누린다. 그러나 타인자본사용으로 발생하는 이자비용은 CF을 추정할 때 직접적으로 차감하지 않고, NPV를 계산할 때 할인율 크기에 간접적으로 반영한다.

예제 2

투자안 A, B 모두 1,000만원을 투자한 후 1기간 후 2,000만원의 CF가 발생할 것으로 추정되었다. 다만 투자안 A는 투자금액 1,000만원 전액을 자기자본으로 조달하였고, 투자안 B는 500만원은 4%의 이자율을 부담하는 부채로 조달하였다고 한다. 투자안 A의 주주들은 부채사용으로 인한 불이익이 없을 것으로 예상하고 5%의 수익률을 요구하였지만, 투자안 B의 주주들은 부채사용으로 인한 불이익을 고려하여 10%의 수익률을 요구하였다. 가중평균자본비용(WACC, weighted average of cost of capital)을 할인율로 사용하여 두 투자안의 NPV를 계산하시오.[3] 법인세율은 30%라고 한다.

〈풀이〉

가중평균자본비용이란 각각의 자본비용(cost of capital)을 각각의 자본조달총액을 비중으로 평균한 것으로 다음과 같이 계산된다.

$$WACC=\left[\frac{B}{B+S}\right]\times k_B(1-t_C)+\left[\frac{S}{B+S}\right]\times k_S$$

B : 타인자본총액, S : 자기자본총액, k_B : 타인자본조달비용, k_S : 자기자본조달비용, t_C : 법인세율

투자안 A의 가중평균자본비용과 NPV를 계산하면 다음과 같다.

투자안 A의 $WACC(A)=k_S=5\%$

투자안 A의 $NPV(A)=\left[-1{,}000+\frac{2{,}000}{(1+0.05)}\right]=904.76$

투자안 B의 가중평균자본비용과 NPV를 계산하면 다음과 같다.

투자안 B의 $WACC(B)=\left[\frac{500}{500+500}\right]\times 4\%(1-0.3)+\left[\frac{500}{500+500}\right]\times 10\%=6.4\%$

투자안 B의 $NPV(B)=-1{,}000+\frac{2{,}000}{(1+0.064)}=879.70$

동일한 금액을 투자하여 동일한 CF를 얻었지만 부채를 사용한 투자안 B의 NPV가 작게 평가된 것을 알 수 있다. 이것은 부채사용 정도를 할인율에 반영하여 투자안의 NPV를 평가했기 때문이다. 따라서 부채사용 정도는 할인율로 NPV에 간접적으로 반영되므로 CF를 추정할 때 직접적으로 차감할 필요가 없다.

---

3) 가중평균자본비용(WACC)은 11장 자본비용에서 자세히 설명하고자 한다.

(3) 증분현금흐름이 고려되어야 한다

증분현금흐름(incremental cash flow)이란 그 투자안을 선택했을 경우 발생하는 CF에서 그 투자안을 선택하지 않았을 경우 발생하던 CF를 차감한, 그 투자안으로 인한 CF 변화량을 의미한다. CF를 추정하고 있는 투자안을 기존의 투자안들과 독립적으로 취급해야 그 투자안만의 가치를 평가할 수 있을 것이다.

또한 증분현금흐름을 추정할 때는 잠식(erosion)과 시너지(synergy) 같은 부수적인 효과(side effect)도 고려해야 한다. 신차량 출시는 같은 등급의 기존차량 판매를 감소시키는 잠식효과를 발생시킬 것이고, 항공회사가 여행사를 인수할 경우 시너지 효과를 기대할 수 있기 때문에 그 투자로 인한 부수적인 효과를 고려해야 할 것이다.

(4) 매몰비용은 고려할 필요가 없지만 기회비용은 반드시 고려해야 한다

매몰비용(sunk cost)은 그 투자안의 선택여부에 상관없이 이미 발생한 것이다. 따라서 그 투자안 선택에 따라 발생하게 될 CF로는 고려하지 말아야 한다. 신규 스마트폰 생산에 대한 컨설팅 비용은 생산여부에 상관없이 발생하므로 그 투자에 따른 비용으로 고려하지 말아야 한다.

반면에 기회비용(opportunity cost)은 실제 현금유출이 발생하지는 않지만 그 투자를 선택하지 않았다면 얻을 수 있는 수익이므로 그 투자에 따른 비용으로 고려해야 한다. 그렇게 함으로써 포기한 투자에서 얻을 수 있었던 수익보다 많은 수익을 그 투자에서 얻을 수 있는지를 알 수 있기 때문이다. 공장 확장에 필요한 자금을 펀드에 투자하면 20%의 수익률을 얻을 수 있을 것으로 추정되었다면 공장 확장 투자에서는 최소한 20% 이상의 수익률은 얻을 수 있어야 (+)의 CF가 발생할 것이다. 대부분의 기회비용은 NPV를 계산할 때 할인율에 반영된다.

2. 현금흐름(Cash Flow) 추정 : 예를 통한 설명

MS기업은 신규설비 투자를 고려중이다. 여러 방법들을 통하여 수집한 CF관련 자료들은 다음과 같다. MS기업의 신규 투자여부를 결정해 보자.

■ 기초자료

- 사용기간이 3년인 신규 생산설비는 9,000만원의 투자가 필요하고, 투자비용은 3년 동안 전액 감가상각되어 3년 후 장부가치는 0이지만 1,000만원에 처분할 수 있을 것으로 예상된다.
- 신규설비투자로 인하여 매년 2,000만원의 순운전자본 투자가 필요하다.
- 신규설비로 만들어진 제품의 매출액 : 매년 5,000개×4만원
- 개당 0.25만원의 제조비용과 매년 1,200만원의 고정비용 발생이 예상된다.
- 법인세율은 34%, 할인율은 20%라고 한다.

(1) 추정 손익계산서 항목들

〈 1년차~3년차 추정손익계산서 : 만원 〉

매출액	20,000
매출원가	2,450
고정비용	1,200
변동비용	1,250
감가상각비	3,000
EBIT	14,450
세금	4,947
순이익	9,503

- 매출액(Sales) = [가격(Price)×수량(Quantity)] = [4×50,000] = 20,000만원
- 매출원가(Cost Of Goods Sold) = [고정비용(Fixed Cost)+변동비용(Variable Cost)]
  = [1,200 + 0.25×5,000] = 2,450만원
- 매년 감가상각비(Depreciation)$=\left[\dfrac{\text{취득원가}-\text{잔존가치}}{\text{내용연수}}\right]=\left[\dfrac{9{,}000-0}{3}\right]=3{,}000$만원
- 영업이익(EBIT, Earning Before Interest and Taxes)
  = [매출액-매출원가-감가상각비] = [20,000-2,450-3,000] = 14,450만원
- 세금(Taxes) = [EBIT×법인세율(t_c)] = [14,450×0.34] = 4,947만원
  ⇒ CF를 추정할 때 100% 자기자본 조달을 가정하므로 이자비용은 발생하지 않는다. 따라서 영업이익(EBIT)에 세금을 부과하나 과세대상소득(EBT, Earning Before Taxes=EBIT-이자비용)에 세금을 부과하나 동일하다.

• 순이익(NI, Net Income) = [EBIT–세금] = [EBIT-(EBIT×t_c)]
= EBIT×[1-t_c] = 14,450×[1-0.34] = 9,503만원

(2) 추정 재무상태표 항목들

〈 투자기간 동안 추정재무상태표 : 만원 〉

	투자시점	1년차	2년차	3년차
순운전자본	2,000	2,000	2,000	0
비유동자산	9,000	6,000	3,000	0
자　　산	11,000	8,000	5,000	0

비유동자산 투자로 매출액이 변동하면 매출채권이나 재고자산 같은 유동자산과 매입채무와 같은 유동부채에도 변동이 발생한다. 예를 들면, 매출액과 매출원가가 증가하면서 신용거래로 인한 매출채권과 매입채무도 증가할 것이다. 자산이 증가하면 현금유출이, 부채가 증가하면 현금유입이 발생하므로 유동자산에서 유동부채를 차감한 순운전자본이 2,000만원이라는 것은 현금유출이 발생한 유동자산 변화가 현금유입이 발생한 유동부채 변화보다 많다는 것이므로 순운전자본 투자가 2,000만원 발생했다는 것이다. 또한 순운전자본 투자는 유동자산과 유동부채에 관련된 것이므로 투자는 1년 단위로 반복된다. 즉, 매 기간 초에 2,000만원 투자되었다가 연말에 전액 회수된다.

비유동자산인 신규설비는 투자시점에는 9,000만원의 장부가치를 갖지만 시간이 지남에 따라 감가상각이 매년 3,000만원씩 발생하여 1년차 말에는 6,000만원, 2년차 말에는 3,000만원, 3년차 말에는 전액 상각되어 0의 장부가치가 된다.

(3) 순현재가치(NPV) 계산

투자안의 NPV는 그 투자로부터 발생하는 모든 CF를 반영하여 계산되어야 한다. MS기업의 영업현금흐름(operating cash flow, 이하 OCF), 순운전자본투자와 비유동자산 투자에 관련된 CF은 다음 표와 같다.

〈 추정된 CF 〉

구 분	투자시점	1년차	2년차	3년차
영업현금흐름	0	12,503	12,503	12,503
순운전자본 투자	−2,000	0	0	2,000
비유동자산 투자	−9,000	0	0	660
CF	−11,000	12,503	12,503	13,823

• 영업현금흐름(OCF) = [EBIT+감가상각비–세금] = [14,450+3,000–4,947] = 12,503

• 비유동자산처분이익 = 처분가격-[처분가격-장부가치]×법인세

= 1,000 - [1,000 - $0]×0.34 = 660

• $\text{NPV}=\left[-11,000+\frac{12,503}{(1+0.2)}+\frac{12,503}{(1+0.2)^2}+\frac{13,823}{(1+0.2)^3}\right]=16,101\text{만원}$

NPV=16,101만원만큼 신규설비 투자로 인하여 기업가치가 증가할 것으로 예상되므로 MS기업의 신규설비 투자는 이루어져야 할 것이다.

3. 영업현금흐름(OCF)을 추정하는 다른 방법들

〈표 3 추정손익계산서 : 만원〉

매출액	1,500
매출원가	700
감가상각비	600
EBIT	200
세금(t_c=34%)	68
순이익	132

앞에서 언급한 방식대로 <표 3>의 추정손익계산서에서 영업현금흐름(OCF)을 계산하면 다음과 같다.

영업현금흐름(OCF) = [EBIT + 감가상각비 – 세금]

= [200 + 600 – 68] = 732만원

OCF는 이외에도 Top-Down 접근방식, Bottom-Up 접근방식, Tax-Shield 접근방식으로도 계산할 수 있다.

(1) Top-Down 접근방식

Top-Down 접근방식은 손익계산서의 가장 위(top)에 있는 항목 매출액에서 출발하여 아래로 내려가면서(down) 실제 현금유출이 발생한 항목들만 차감하여 다음과 같이 영업현금흐름을 계산한다.

영업현금흐름(OCF) = [매출액 - 매출원가 – 세금]

= [1,500 - 700 – 68] = 732

Top-Down 접근방식에서 감가상각비는 실제 현금유출이 발생하지 않았기 때문에 차감되지 말아야 한다.

(2) Bottom-Up 접근방식

Bottom-Up 접근방식은 손익계산서의 가장 아래(bottom)에 있는 항목 순이익에서 출발하여 위로 올라가면서(up) 실제 현금유출이 발생하지 않았는데 순이익을 계산하는 과정에서 차감된 항목들을 다시 더해 주어 다음과 같이 영업현금흐름을 계산한다.

영업현금흐름(OCF) = [순이익 + 감가상각비]

= [132 + 600] = 732

Bottom-Up 접근방식에서 감가상각비는 실제 현금유출이 발생하지 않았지만 비용으로 차감되었으므로 다시 더해 주어야 한다.

(3) Tax-Shield 접근방식

Tax-Shield 접근방식은 감가상각비가 실제 현금유출을 발생시키지 않지만 비용으로 인식되어 세금을 줄여주는 것에 초점을 맞춘 방식으로 다음과 같이 감가상각비가 없었을 경우의 CF에 감가상각비로 인한 세금절약액을 더해주어 영업현금흐름을 계산된다.

$$\textbf{영업현금흐름(OCF)} = \textbf{[매출액-매출원가]}\times[1-t_c] + \textbf{감가상각비}\times t_c$$
$$= [1{,}500-700]\times[1-0.34] + 600\times0.34 = 732$$

'[매출액-매출원가]×[1-t_c]'은 감가상각비가 없을 경우 현금흐름을, '감가상각비×t_c'는 감가상각비로 인한 세금절약액을 의미한다.

연습문제

10-1. 한국기업은 경쟁기업의 기술혁신에 대응하기 위하여 새로운 기계도입을 고려하고 있다. 다음 자료를 바탕으로 질문에 답하시오.

- 내용연수=3년이고 3년 후 처분가격이 $15,000인 생산설비에 $100,000 투자고려
- 세후시장가치가 $150,000인 회사소유 공장에 기계를 설치
- 연도별 감가상각율 : 1년차=40%, 2년차=30%, 3년차=20%
- 순운전자본(NWC) 초기투자=$20,000
- 매출액 : 판매량은 1년차=8,000개, 2년차=10,000개, 3년차=9,000개이고 판매가격은 1년차에 $50이고 그 이후 매년 5%씩 상승
- 매출원가(또는 영업비용) : 1년차에 개당 $30이고 그 이후 매년 5%씩 하락
- 법인세율=22% ■ 할인율=20%

① 연도별 매출액과 매출원가를 계산하시오.
② 연도별 투자관련(비유동자산에 대한 자본적 지출과 순운전자본 투자관련) CF를 계산하시오.
③ 연도별 추정손익계산서를 작성하시오.
④ ①~③의 자료를 가지고 현금흐름(CF)을 추정하여 기계도입에 대한 NPV를 계산하고 판단하시오

10-2. 다음은 신기계 교체안의 CF추정 자료들이다.

- OLD : 2년 전 3,000만원 구입, 내용연수=4년, 잔존가치=0만원, 현재 중고시장 거래가격=2,000만원
- NEW : 구입원가=5,000만원, 운전 시작까지 500만원 추가비용 발생, 구입대금 5,000만원을 정기예금에 적금하면 2년 동안 총 4% 이자수입 가능, 내용연수=2년, 2년 후 2,500만원을 받고 처분할 수 있을 것으로 예상.

■ 증분감가상각비는 정액법으로 직접계산하세요

■ 법인세율=22%, 할인율=8%

■ 예상영업자료(단위:만원)

구 분		매출액	영업비용	운전자본
1년차	OLD	3,000	1,800	2,500
	NEW	5,000	2,000	4,000
2년차	OLD	4,000	2,100	0
	NEW	6,400	2,800	0

① 투자시점의 현금흐름을 계산하시오.

② 연도별 증분영업현금흐름을 계산하시오.

③ 신기계 교체여부를 ①번과 ②번에서 계산한 자료를 가지고 판단하시오.

PART 4

자본 구조

제11장

자본비용

‖ 11.1절 자본비용의 기초 ‖

1. 자본비용과 할인율, 기대수익률, 요구수익률, 기회비용

주식과 채권의 가치를 평가하는데 사용되는 할인율(discount rate)은 주식과 채권투자에 대한 기대수익률(expected return)이라고 할 수 있다. 만약 현재 주가(P_0)가 10,000원인 주식에 투자하여 1기간 후 10%의 수익률을 기대한다면, 1기간 후 주가(P_1)는 11,000원이 되어야 한다(배당이 없다면). 이 상황은 다음과 같은 식으로 표현할 수 있다.

$$E(P_1) = P_0 \times [1 + E(R_E)] = 10,000 \times [1 + 0.1] = 11,000$$

여기서 P_0는 현재 주가, $E(P_1)$은 1기간 후 예상주가, $E(R_E)$는 기대수익률을 의미한다. 위의 식을 가치평가(valuation)의 기본식으로 정리하면 다음과 같다.

$$P_0 = \frac{E(P_1)}{[1 + E(R_E)]} = \frac{11,000}{[1 + 0.1]} = 10,000$$

위의 식에서 P_0는 주식을 보유함에 따라 얻을 수 있는 미래 현금흐름 11,000원을 적절한 할인율로 할인한 주식의 가치를 의미한다. 위의 두 식을 연결하면 주식의 가치를 평가하는 적절한 할인율은 주식 투자자의 기대수익률 $E(R_E)$과 같다는 것을 알 수 있다. 또한 투자자들은 다른 투자에서 얻을 수 있었지만 포기한 기회비용(opportunity cost)만큼의 수익률을 요구할 것이므로 투자자들의 기대수익률 $E(R_E)$을 투자자들의 요구수익률(required rate of return)이라고 할 수도 있을 것이다.

반면에 주식과 채권투자자들의 기대수익률은 주식과 채권을 발행하여 자본을 조달하려고 하는 기업에게는 부담해야 하는 자본비용(cost of capital)이 될 것이다. 기업 입장에서는 여하튼 자본제공자들의 요구수익률을 충족시켜 주어 자본을 조달해야 어떤 투자라도 할 수 있을 것이다. 이와 같이 기대수익률, 요구수익률과 자본비용은 할인율에 대한 자본제공자(투자자)와 자본차입자(기업)의 인식의 차이를 반영하는 명칭일 뿐이다.

기업은 주식과 채권발행으로 조달한 자금을 가지고 최소한 자본제공자들이 포기한 기회비용 이상의 수익률을 얻을 수 있는 투자를 선택해야 할 것이다. 또한 투자안의 기대수익률보다 최소한 같거나 낮은 비용으로 자본을 조달해야 할 것이다. 투자안의 경제성 평가에 사용되는 할인율이 투자자들의 기대수익률(또는 요구수익률)임과 동시에 기업이 부담해야 하는 자본비용이므로 그 이상을 얻어야 기업에게는 이익이 발생할 것이다.

2. 자본비용의 결정요소

기업의 활동을 자금을 조달(financing)하여 투자(investing)하는 것으로 단순하게 표현해도 될 만큼 자본을 어디에서 조달해야 하는가와 조달된 자본을 어디에 투자할 것인가는 CFO(chief financial officer)의 중요한 의사결정 사항들이다.

투자대상과 자본조달원천은 기업이 부담해야 하는 자본비용에 영향을 미치는 중요한 요소들이다. 우선 투자안의 위험정도에 따라서 자본제공자들이 요구하는 수익률의 크기가 달라질 것이다. 위험이 없는 투자안이라면 자본제공자들은 낮은 무위험수익률(risk-free rate)로도 만족하겠지만, 수익의 불확실성이 존재하는 위험한 투자안이라면 무위험수익률보다 높은 수익률을 요구할 것이다. 위험자산 투자자들에게 무위험 투자안을 포기하고 위험을 부담하는 것에 대한 보상이 이루어져야 하기 때문이다. 투자자들이 부담해야 할 위험이 클수록, 투자자들의 위험을 싫어하는 정도가 심할수록 더 많은 위험보상(risk premium)을 요구할 것이므로 요구수익률은 커질 것이고, 기업의 자본비용도 커질 것이다. 그러므로 투자안의 위험정도는 자본비용 크기에 영향을 미치게 된다.

또한 기업이 투자자금을 어디에서 조달하는가에 따라서도 자본비용의 크기가 달라질 것이다. 일반적으로 주식발행으로 자본(자기자본)을 조달할 때 부담하는 비용이 채권을 발행하여 부채(타인자본)를 조달할 때보다 높다. 이것은 투자수익의 성격에 따라 투자자들이 요구하는 수익률의 크기가 다르기 때문이다.

채권투자자는 투자시점에 언제 이자와 원금을 받을 수 있는지를 알게 된다. 또한 이자와 원금은 발행자가 의무적으로 지급해야 하므로 위험이 매우 적은 수익에 해당된다. 반면에 주식투자자는 매입시점에 배당금이나 매도가격으로 얻을 수 있는 투자수익을 확실하게 알 수 없다. 주주에게는 다른 권한들이 있기는 하지만 투자수익 관점에서는 안정적인 채권보다는 수익이 불확실하다고 할 수 있다. 따라서 주식을 매입하여 기업에 자금을 제공하는 투자자들의 요구수익률이 채권투자자보다 높아질 것이고, 기업

입장에게는 자기자본비용이 타인자본비용보다 커질 것이다. 그러므로 CFO는 투자자금을 조달할 때 투자안의 위험뿐만 아니라 자금조달 방법도 고려하여 자금조달비용을 최소화시킬 수 있는 자기자본과 타인자본의 최적 조합을 찾아내야 할 것이다.

‖ 11.2절 가중평균자본비용(WACC) ‖

1. 가중평균자본비용(WACC)의 개념

가중평균자본비용(weighted average cost of capital, 이하 WACC)은 용어에서 유추할 수 있듯이 자본조달 방법별 자본비용을 각각의 자본금액이 자본금액 전체에서 자치하는 비중만큼의 가중치로 평균한 기업 전체의 자본비용으로 식 (1)과 같이 계산할 수 있다.

$$R_{WACC} = \left[\frac{D}{D+E}\right] \times R_D \times (1-t_c) + \left[\frac{E}{D+E}\right] \times R_E \qquad \cdots \text{식 (1)}$$

여기서 E와 D는 자기자본과 타인자본의 시장가치를 의미하고, 기업가치 A는 타인자본의 시장가치 D와 자기자본의 시장가치 E의 합이다. 또한 R_E와 R_D는 자기자본과 타인자본 비용(또는 수익률)을 의미하고 t_c는 법인세율을 의미한다. 부채 D와 자본 E에 대해서는 현재 기업의 자본과 부채의 구성 비율을 사용하기도 하고, 목표부채비율의 구성 비율을 사용하기도 한다.

☑ 예제 1

투자자금 1,000만원을 주식과 채권을 발행하여 각각 800만원과 200만원 조달하였고, 주식수익율과 채권수익률은 각각 20%와 5%, 법인세율은 30%라고 하면 가중평균자본비용(WACC)은 얼마인가?

〈풀이〉

부채와 자본의 구성비율은 0.2와 0.8이므로, 식 (1)을 이용하여 WACC를 계산하면 다음과 같이 16.7%가 된다.

$$R_{WACC} = [0.8 \times 20\% + 0.2 \times 5\% \times (1-0.3)] = 16.7\%$$

이것은 주식으로 조달한 800만원에 대해서는 20%, 채권을 통하여 조달한 200만원에 대해서는 세금공제효과를 고려하여 3.5% [=5%×(1−0.3)]의 비용을 부담하고 있으므로, 기업 전체적으로는 16.7%의 비용을 부담하고 있다는 것을 의미한다. 동시에 기업은 주주에게 20%의 수익률을, 채권자에게는 5%의 수익률을 충족시켜주기 위해서 이자비용의 세금공제효과 외에도 16.7%의 수익률을 얻을 수 있는 투자를 해야 한다는 것을 의미한다.

2. 자기자본비용 (Cost of Equity)

주식을 통하여 자본을 제공하는 투자자들의 요구수익률은 직접적으로 측정하기 어렵기 때문에 간접적으로 추정해야 한다. 간접적으로 추정하는 방법에는 4장에서 설명한 Gordon의 배당성장모형(Gordon's constant-dividend growth model)과 7장에서 설명한 자본자산결정모형(CAPM)을 이용하는 방법 등이 있다.

먼저 Gordon모형을 이용하여 자기자본비용을 추정해보자. 배당금이 매년 g만큼 일정하게 지속적으로 성장한다면 주식가격은 다음과 같이 평가할 수 있다.

$$P_0 = \left[\frac{D_1}{R_E - g}\right] = \left[\frac{D_0 \times (1+g)}{R_E - g}\right]$$

여기서 P_0는 주식가격, D_0와 D_1은 t=0, 1에서의 주당배당금, R_E는 주식투자자의 기대수익률, g는 배당성장율을 각각 의미한다.

위 식을 R_E에 대하여 정리하면 식 (2)와 같다. 식 (2)는 고든의 배당성장모형을 이용하여 추정한 자기자본비용을 의미한다.

$$R_E = \left[\frac{D_1}{P_0} + g\right] = \left[\frac{D_0 \times g}{P_0} + g\right] \qquad \cdots \text{ 식 (2)}$$

예제 2

H기업은 작년에 주당 400원의 배당금을 지급하였고, 현재 주가는 6,000원이라고 한다. 배당금이 매년 6%씩 증가할 것으로 분석되었다면 H기업의 자기자본비용은 얼마인가?

〈풀이〉

식 (2)를 이용하여 계산하면 $R_E = \left[\frac{D_1}{P_0} + g\right] = \left[\frac{400 \times (1+0.06)}{6{,}000}\right] + 0.06 = 13.07\%$

배당성장모형을 이용하여 자기자본비용을 추정할 때는 과거 배당자료를 이용하여 미래 배당금을 예측해야 하므로 배당성장률 추정값에서 오차가 발생할 가능성이 높다. 또한 배당성장모형은 주식 발행자의 위험(risk)이 고려되지 않는다는 단점도 가지고 있다. 특히 배당을 지급하지 않는 기업에 대해서는 비슷한 기업특징을 가지고 있는 배당기업의 자료를 대용치로 사용해야 하므로 무배당 기업에 대한 정확한 자료를 얻는 것이 어려워진다.

이번에는 자본자산결정모형(CAPM)을 이용하여 자기자본비용을 추정해 보자. 식 (3)은 CAPM을 이용한 자기자본비용을 의미한다.

$$R_E = R_F + \beta_E \times [E(R_M) - R_F] \qquad \cdots \text{ 식 (3)}^{1)}$$

여기서 R_F는 무위험수익률로 미국의 경우 재무성이 발행한 3개월 만기 T-bill 수익률을, 한국의 경우 call금리 또는 RP(환매조건부채권) 금리 등을 대용치로 사용한다.

1) 본장의 수익률 표기와 일관성을 유지하기 위하여 7장 CAPM의 표기와는 다르게 되었다.

$E(R_M)$은 시장포트폴리오의 기대수익률로 대부분 주가지수(stock price index)를 이용하여 계산한다. β_E와 $[E(R_M)-R_F]$는 각각 주식의 체계적 위험(systematic risk)과 시장위험 프리미엄(market risk premium)을 의미한다.

예제 3

현재 T-bill 수익률은 4.9%, 시장위험프리미엄은 8.5%, H기업의 β는 1.35라고 한다. H기업의 자기자본비용은 얼마인가?

〈풀이〉

식 (3)을 이용하여 계산하면 $R_E = [4.9\% + 1.35 \times 8.5\%] = 16.38\%$

CAPM을 이용하여 자기자본비용을 추정하면 주식의 위험(β)을 고려할 수 있고, 배당여부에 상관없이 모든 기업의 주식들에게 적용할 수 있다. 그러나 체계적 위험과 시장위험프리미엄을 추정해야 하므로 오류 가능성이 존재하고, 과거 자료를 가지고 미래 상황에 대한 의사결정을 해야 하는 단점이 있다.

3. 타인자본비용과 우선주 자본비용

채권을 발행하여 조달하는 타인자본비용은 주식과는 다르게 금융시장을 통하여 확인할 수 있다. 발행주체와 신용등급별 채권수익률 자료는 한국거래소, 한국은행 홈페이지에 공시되고 있다. 기존에 발행한 채권이 있는 경우는 그 채권의 수익률을, 처음 발행하는 경우는 그 기업과 동일한 신용등급의 수익률을 부채의 자본비용으로 사용하면 된다.

우선주(preferred stock)는 매 기간 일정한 배당금을 보통주의 배당금보다 우선하여 영원히 지급받는 주식이므로 영구연금 형태의 CF를 투자자들에게 제공한다. 영구연금의 현재가치 공식을 이용하면 우선주의 가격은 $P_P=[D_P/R_P]$와 같이 계산할 수 있으므로, 그 식을 조정하여 식 (4)와 같이 우선주 자본비용을 계산할 수 있다. 여기서 R_P는 우선주 자본비용, D_P는 우선주 배당금, P_P는 우선주 가격을 각각 의미한다.

$$R_P = \left[\frac{D_P}{P_P}\right] \quad \cdots \text{ 식 (4)}$$

우선주를 발행한 기업의 WACC는 식 (1)을 다음 식 (5)와 같이 조정하여 계산해야 한다. 우선주를 발행하지 않은 기업의 WACC는 식 (1)을 그대로 사용하면 된다. 여기서 P는 우선주의 시장가치를 의미하고 자산(A)은 부채(D), 보통주(E), 우선주(P)의 시장가치의 합과 동일하게 된다.

$$R_{WACC} = \left[\frac{D}{D+E+P}\right]R_D(1-t_c) + \left[\frac{E}{D+E+P}\right]R_E + \left[\frac{P}{D+E+P}\right]R_P \quad \cdots \text{ 식 (5)}$$

4. 가중평균자본비용(WACC) – 세금이 없는 경우

먼저 법인세가 없을 경우의 WACC을 도출해 보자. 재무상태표 등식처럼 기업의 자산(A)은 부채(D)와 자본(E)의 합과 동일하다.[2)] 이것으로부터 식 (6)과 같이 자산투자 수익은 채권투자 수익과 주식투자 수익의 합과 동일해야 한다는 것을 유추할 수 있다.

$$A \times R_A = [D \times R_D] + [E \times R_E] \quad \cdots \text{ 식 (6)}$$

여기서 R_A는 자산투자 수익률, R_D는 타인자본비용 또는 채권투자자들의 요구수익률, R_E는 자기자본비용 또는 주식투자자들의 요구수익률을 각각 의미한다. 식 (6)의 좌변, $[A \times R_A]$는 자산투자로부터 발생한 현금흐름(cash flow from asset)을 의미한다. 반면에 식 (6) 우변의 $[D \times R_D]$는 채권투자자들의 수익 즉, 채권투자자들에게 분배되는 현금흐름(cash flow to bondholder), $[E \times R_E]$는 주식투자자들의 수익 즉, 주식투자자들에게 분배되는 현금흐름(cash flow to shareholder)을 각각 의미한다.

식 (6)의 양변을 자산 A로 나눈 다음 R_A에 대하여 정리하면 식 (7)과 같이 나타낼 수 있는데, 이것은 세금이 없는 경우의 WACC을 의미한다.

---

2) 우선주는 보통주와 함께 자본에 포함시켜 자산을 자본과 부채로 나누었다. 실제로 우선주는 대기업들 외에는 발행하는 기업들이 많지 않은 현실이다.

$$A\times R_A = [D\times R_D] + [E\times R_E] \Rightarrow \frac{A\times R_A}{A} = \left[\frac{D\times R_D}{A}\right] + \left[\frac{E\times R_E}{A}\right]$$

$$\Rightarrow R_A = \left[\frac{D}{D+E}\right]\times R_D + \left[\frac{E}{D+E}\right]\times R_E$$

$$R_{WACC} = \left[\frac{D}{D+E}\right]\times R_D + \left[\frac{E}{D+E}\right]\times R_E \quad \cdots \text{식 (7)}$$

식 (7)은 가중평균자본비용(Weighted Average Cost of Capital)은 채권을 매입하여 자본을 제공한 채권자의 요구수익률인 타인자본비용과 주식을 매입하여 자본을 제공한 주주의 요구수익률인 자기자본비용을 자산에서 타인자본과 자기자본이 차지하는 비중만큼의 비율로 가중평균하여 계산된다는 것을 보여주고 있다.

5. 가중평균자본비용(WACC) – 세금이 있는 경우

법인세가 존재하는 경우의 WACC을 도출하기 위해서는 부채를 사용할 때 발생하는 이자비용의 세금감면효과(tax-shield effect)를 고려해야 한다. <표 1>은 부채를 500만원(이자율 10%)사용한 경우와 사용하지 않은 경우 동일한 영업이익(earning before interest and tax, 이하 EBIT)에 대한 세금과 순이익을 보여주고 있다.

〈 표 1 : 이자비용의 세금감면효과, 단위 만원 〉

	부채를 사용하지 않은 경우	부채를 사용한 경우
EBIT, 영업이익	1,000	1,000
(−) I, 이자비용	0	50*
EBT, 과세소득	1,000	950
(−) T, 세금(t_c=30%))	**300****	**285**
NI, 순이익	700	665

* : 이자비용=500만원×0.1=50만원, ** : 세금 = EBT×t_c

<표 1>의 세금을 보면 부채를 사용하면 15만원 적게 납부하는 것을 알 수 있다. 세금절약분 15만원은 '이자비용×법인세율[=50만원×0.3]'과 일치한다. 부채에 대한 이자비용은 '원금×이자율' 이므로 부채사용으로 인한 세금절약분은 식 (8)과 같다. 여기서 D는 부채총액, R_D는 부채의 이자율, t_c는 법인세율을 각각 의미한다.

$$\text{부채사용에 따른 세금절약분} = \left[D \times R_D\right] \times t_c \quad \cdots \text{ 식 (8)}$$

부채사용에 따른 세금절약분은 부채를 사용하지 않는 경우보다 현금유출을 줄여주므로 결국 CF의 증가로 이어진다. 그러므로 식 (6)은 식 (9)와 같이 변경되고, 식 (7)과 동일한 유도과정을 거치면 세금을 고려한 WACC은 식 (10)과 같이 나타낼 수 있다.

$$A \times R_A + \left[D \times R_D\right] \times t_c = \left[D \times R_D\right] + \left[E \times R_E\right] \quad \ldots \text{ 식 (9)}$$
$$\Rightarrow A \times R_A = \left[D \times R_D\right](1 - t_c) + \left[E \times R_E\right]$$
$$\Rightarrow \frac{A \times R_A}{A} = \left[\frac{D \times R_D}{A}\right](1 - t_c) + \left[\frac{E \times R_E}{A}\right]$$
$$\Rightarrow R_A = \left[\frac{D}{D+E}\right] \times R_D \times (1 - t_c) + \left[\frac{E}{D+E}\right] \times R_E$$

$$R_{WACC} = \left[\frac{D}{D+E}\right] \times R_D \times (1 - t_c) + \left[\frac{E}{D+E}\right] \times R_E \quad \cdots \text{ 식 (10)}$$

식 (10)은 가중평균자본비용의 설명을 시작하면서 제시하였던 식 (1)과 동일함을 알 수 있다.

‖ 11.3절 ESTMAN CHEMICAL의 가중평균자본비용(WACC) : 사례연구 ‖

1. 자기자본비용 계산

ESTMAN CHEMICAL(이하 EMN)의 주식관련 정보는 Yahoo의 finance 섹션 등에서 얻을 수 있다. 한국 기업들의 주가관련 정보 역시 각종 포털사이트의 증권 섹션이나 한국거래소(KRX, Korea Exchange)의 주식 섹션에서 쉽게 얻을 수 있다. Yahoo에서 얻은 EMN에 대한 주식관련 정보는 다음과 같다.

- 시가총액(Market Capitalization) = $42억
- 주당시장가격(market price)과 장부가격(book value) = $51.34와 $21.028
- 발행주식수 = [시가총액/주당시장가격] = [$42억/$51.34] = 8,180만 주
- $\beta = 0.983$: Hoovers(=0.90), Msnbc(=0.94), Yahoo(=1.1)의 추정치 평균
- T-bill 수익률(RF) = 4.86%
- 시장위험프리미엄(market risk premium) = [E(RM)−RF] = 8.5%
- 향후 5년 동안 주당순이익(EPS, earning per share) 예상성장률 = 7%
- 주당배당금과 배당수익률 = $1.76와 3.30%

먼저 식 (3)의 CAPM을 이용하여 EMN 주식의 자본비용을 추정하면 다음과 같다.

$$R_E = R_F + \beta_E \times [E(R_M) - R_F] = 0.0486 + 0.983 \times [0.085] = 13.22\%$$

이번에는 EPS 성장률만큼 주당배당금(DPS, dividend per share)도 매년 성장한다고 가정할 경우 식 (2) Gordon의 배당성장모형을 이용하여 추정하면 다음과 같다.

$$R_E = \left[\frac{D_1}{P_0} + g\right] = \left[\frac{\$1.76 \times (1 + 0.07)}{\$51.34} + 0.07\right] = 10.69\%$$

CAPM으로 추정하는 경우와 배당성장모형으로 추정하는 경우 자기자본비용이 다르게 나타났다. 여기서는 어떤 방법이 더 우수한지의 논쟁은 무시하고 두 방법의 평균값

11.94%를 EMN의 자기자본비용으로 사용한다.

2. 타인자본비용 계산

EMN의 채권관련 정보는 FINRA (Financial Industry Regulatory Authority)의 bond 섹션에서 얻을 수 있다. 한국 기업들의 채권관련 정보는 한국거래소(KRX)의 채권 섹션이나 채권관련 민간사이트에서 얻을 수 있다.

부채의 자본비용은 EMN이 발행한 채권들의 YTM의 가중평균으로 계산할 수 있다. 가중치는 채권의 장부가치(BV, book value)와 시장가치(MV, market value) 모두 사용할 수 있다. 다음 <표 2>는 EMN이 발행한 채권관련 정보들을 이용하여 장부가치와 시장가치로 각각 가중평균한 채권수익률 계산과정을 보여주고 있다.

〈 표 2 : EMN 채권의 가중평균수익률 〉

쿠폰 이자율(%)	YTM (%)	BV ($백만)	가중치	BV YTM(%)	MV ($백만)	가중치	MV YTM(%)
3.25	5.85	72	0.05*	0.30**	67.79	0.05	0.28
7.00	5.87	138	0.10	0.59	145.61	0.10	0.60
6.30	6.40	179	0.13	0.83	177.47	0.12	0.80
7.60	7.04	497	0.36	2.53	507.44	0.36	2.50
7.625	7.00	200	0.14	1.01	212.62	0.15	1.04
7.60	7.03	298	0.22	1.51	316.25	0.22	1.56
전체		1,384	1.00	6.77	1,427.18	1.00	6.78

* : 가중치 0.05 = [$72/$1,384], ** : BV YTM 0.30% = [5.85%×0.05]

<표 2>의 결과에 의하면 장부가치와 시장가치로 계산한 EMN 채권의 수익률은 각각 6.77%와 6.78%로 거의 비슷한 것을 알 수 있다.

3. WACC 계산

이제 앞에서 추정한 자기자본비용과 타인자본비용을 가지고 WACC을 계산해보자. 먼저 주식과 채권의 장부가치(BV)를 가지고 WACC을 계산해 보자. 자기자본인 주식의 장부가치는 '주당장부가격×발행주식수=[$21.028×8,180만]=$17억 2,000만'이다. 타인자본인 채권의 장부가치와 장부가치 기준 수익률은 <표 2>에 의하면 각각 $13억 8,400만, 6.77%이다. 법인세율이 35%라면 장부가치로 계산한 WACC은 다음과 같다.

$$R_{WACC}^{BV} = \left[\frac{D}{D+E}\right] \times R_D \times (1-t_c) + \left[\frac{E}{D+E}\right] \times R_E$$

$$= \left[\frac{\$1.384}{\$1.384+\$1.72}\right] \times 0.0677 \times (1-0.35) + \left[\frac{\$1.72}{\$1.384+\$1.72}\right] \times 0.1194$$

$$= 8.57\%$$

이번에는 주식과 채권의 시장가치(MV)를 가지고 WACC을 계산해 보자. 자기자본인 주식의 시장가치는 $42억이었다. 타인자본인 채권의 시장가치와 시장가치 기준 수익률은 <표 2>에 의하면 각각 $14억 2,700만, 6.78%이다. 법인세율이 35%라면 시장가치로 계산한 WACC은 다음과 같다.

$$R_{WACC}^{MV} = \left[\frac{D}{D+E}\right] \times R_D \times (1-t_c) + \left[\frac{E}{D+E}\right] \times R_E$$

$$= \left[\frac{\$1.427}{\$1.427+\$4.2}\right] \times 0.0678 \times (1-0.35) + \left[\frac{\$4.2}{\$1.427+\$4.2}\right] \times 0.1194$$

$$= 10.29\%$$

연습문제

11-1. 다음 자료를 바탕으로 가중평균자본비용에 대한 질문에 답하시오.

〈 HOB 기업에 대한 자료 〉

자기자본 관련		타인자본 관련
■ 주가=10,000원 ■ 금년도배당금=500원 ■ 배당성장률=2% ■ 발행주식수=6,000주	■ 무위험수익률(R_F)=5% ■ 시장수익률(R_M)=9% ■ 베타=0.8 ■ 세율=22%	■ 채권 1 : YTM=5%, MV=2,000만원 ■ 채권 2 : YTM=4%, MV=3,000만원 ■ 채권 3 : YTM=6%, MV=5,000만원 ■ YTM : 채권의 만기수익률 ■ MV : 채권의 시장가치

① 배당성장모형과 CAPM을 이용한 자기자본비용을 계산하시오.

② 채권 1～3의 시장가치와 만기수익률을 이용하여 타인자본비용을 계산하시오.

③ 자기자본비용은 CAPM을 이용하여 추정한 값을 사용하여, 세금이 있을 경우의 가중평균자본비용(WACC, Weighted Average Cost of Capital)을 시장가치(Market Value)기준으로 계산하시오.

④ 시가총액(주식과 채권의 합)에 해당하는 금액을 투자하고 있는 투자안으로부터 매년 900만원의 세후수익이 예상될 경우의 NPV를 계산하시오.

11-2. 관악기업은 자기자본만으로 기업을 운영하고 있으면 기업의 가치는 100억원이고, 매년 기대영업이익은 영구히 20억원으로 예상된다. 법인세율은 30%이고 만약 타인자본을 조달한다면 8%의 이자율로 조달할 수 있을 것으로 예상된다. 관악기업은 현재 타인자본도 사용하는 다음과 같은 자본구조 2가지를 고려하고 있다.

■ A안 : 자기자본 50억, 타인자본 50억원 ■ B안 : 자기자본 5억, 타인자본 95억원

① 자기자본만으로 운영할 경우 관악기업의 자기자본비용과 가중평균자본비용을 구하라.
② 자본구조를 바꾸는 두 안의 자기자본비용과 가중평균자본비용을 세금이 없는 경우와 세금이 있는 경우를 각각 구하여 비교하시오.

제12장
자본구조

‖ 12.1절 자본구조와 자본비용 ‖

1. 자본구조의 개념

자본구조(capital structure)란 재무상태표 대변의 기업이 장기적으로 조달하는 부채(debt)와 자본(equity)의 구성을 의미한다.[1)]

자본구조와 관련된 중요한 논쟁은 (a) 자본구조가 기업가치에 영향을 미치는가?, (b) 영향을 미친다면, 기업가치를 극대화시키는 부채와 자본의 최적구성비율은 무엇인가?에 관한 것들이다.

미래수익과 위험이 동일한 투자에 필요한 자금을 부채와 자본의 구성만 다르게 조달하는 것이 기업가치에 영향을 미칠 수 있는가 하는 부분은 CFO에게는 매우 중요한 사항일 것이다. 왜냐하면 동일한 금액을 투자하여 동일한 수익을 얻고 동일한 위험을 부담함에도 불구하고, 부채를 사용한 기업의 가치와 자기자본만을 사용한 기업의 가치가 다를 수 있다는 것은 자본구조가 기업가치에 영향을 미친다는 것이기 때문이다. 그렇다면 CFO는 기업가치를 극대화시키는 부채와 자본의 최적구성비율로 투자자금을 조달해야 할 것이다. 기업가치를 극대화시키는 부채수준이 존재하여 찾아낼 수 있다면 투자결정만큼이나 자본조달결정도 중요하다고 할 수 있을 것이다.

2. 최적자본구조와 자본비용

기업가치는 예상되는 기업의 미래 현금흐름(cash flow, 이하 CF)을 기업의 위험수준이 반영된 적절한 할인율을 이용하여 식 (1)과 같이 계산할 수 있다. 여기서 CF_t는 자본예산(capital budgeting)에서 다루었던 투자분석 방법으로 추정한 값들이고, 기업의 위험수준을 반영한 적절한 할인율로는 기업 전체의 자본비용인 가중평균자본비용(Weighted Average Cost of Capital, 이하 WACC)이 주로 사용된다.

$$V=\left[\frac{CF_1}{(1+R_{WACC})^1}+\cdots+\frac{CF_T}{(1+R_{WACC})^T}\right]=\sum_{t=1}^{T}\left[\frac{CF_t}{(1+R_{WACC})^t}\right] \quad \cdots \text{식 (1)}$$

1) 자본구조에서는 부채를 1년 이내에 갚아야 하는 유동부채를 제외한 1년 이상의 장기부채를 말한다. 유동부채는 주로 유동자산과 관련되어 발생하므로 운전자본관리에서 다룬다.

여기서 V는 기업가치, CF_t는 시점별 추정된 CF, R_{WACC}는 WACC를 각각 의미한다. 식 (1)에 의하면 만약 두 기업의 CF가 동일하다면, 각 기업의 자본구성에 따른 WACC의 크기에 따라서 두 기업의 가치는 다르게 평가될 수 있을 것이다. 또는 한 기업의 CF에 대해서도 부채와 자본의 구성비율에 따라 달라지는 WACC에 따라 기업가치가 다르게 평가될 수 있을 것이다. 따라서 CF를 극대화시키는 투자의사결정만큼 자본조달비용인 WACC을 최소화시킬 수 있는 부채와 자본의 최적구성비율을 찾아내는 자본조달결정 역시 CFO에게 중요한 의사결정 사항이다. 이와 같이 WACC를 최소화시킬 수 있는 최적자본구성비율 또는 최적자본구조를 찾아내는 것이 자본구조에서 다루는 핵심 분야이다.

기업은 투자자금을 내부보유 현금으로 충당할 수 있는 경우와 그렇지 못하여 외부에서 조달해야 하는 경우 부담해야 하는 자본비용은 동일한 자금을 조달하더라도 다를 것이다. 또한 금융자산의 단기투자에 필요한 자금과 신약개발처럼 장기간 필요한 자금을 조달하는 경우 역시 자본비용이 다를 것이고, 부채를 처음 사용하는 경우와 이미 상당한 부채를 사용하고 있는 경우 역시 자본비용이 다를 것이다. 따라서 WACC는 해당 기업이 직면하고 있는 자본조달 상황을 반영해야 할 것이다.

기업가치의 극대화는 가능한 많은 현금흐름(또는 수익)을 얻을 수 있는 투자안을 선택하는 투자의사결정(=자본예산의 주요 내용)뿐만 아니라 가능한 자본비용(또는 위험)을 적게 부담하는 자본구조를 선택하는 자본조달결정(=자본구조의 주요 내용) 모두에 영향을 받을 수 있을 것이다.

‖ 12.2절 재무레버리지 효과 ‖

1. 재무레버리지 효과

다음 <자료 1>을 가지고 자기자본만을 사용하는 기업 U(Unlevered firm)와 부채를 사용하는 기업 L(Levered firm)의 영업이익 변화에 대한 ROE(return on equity, 자기자본이익률)와 EPS(earning per share, 주당순이익)의 변화를 비교해보자.

〈 자료 1 〉

- 기업 U : 자산 = 자본(=10,000,000원)
- 기업 L : 자산 = [부채(5,000,000원)+자본(5,000,000원)]
- 부채의 이자비용과 주가는 기업 U와 L 모두 각각 10%, 1,000원
- 발행주식수 : 기업 U = 10,000주[=10,000,000원/1,000원]
  기업 L = 5,000주[=5,000,000원/1,000원]
- 자기자본부채비율 : 기업 U=0, 기업 L=1

이런 상황에서 두 기업의 미래 상황(호황, 유지, 불황)별 영업이익(EBIT, earning before interest and tax)은 1,500,000원, 1,000,000원, 500,000원으로 예상된다. 유지 상황의 영업이익 1,000,000원은 현재 영업이익과 동일한 수준을 의미한다.

먼저 부채를 사용하지 않는 기업 U의 주주들이 얻을 수 있는 ROE와 EPS를 미래 상황별로 계산하면 다음 표와 같다. 표의 결과를 보면 영업이익의 50% 증가(감소)에 대하여 주주들의 몫인 ROE와 EPS 역시 50%씩 증가(감소)하였다.

〈 기업 U : 자기자본만을 사용한 기업 〉

	불 황	유 지	호 황
영업이익(EBIT)	500,000원	1,000,000원	1,500,000원
이자(interest)	0원	0원	0원
순이익(net income)	500,000원	1,000,000원	1,500,000원
ROE(=순이익/자기자본)	5%	10%	15%
EPS(=순이익/발행주식수)	50원	100원	150원

이번에는 부채를 사용하는 기업 L 주주들의 몫인 ROE와 EPS를 상황별로 계산하면 다음 표와 같다. 기업 L의 ROE와 EPS는 자기자본=5,000,000원과 발행주식수=5,000주를 이용하여 계산하였다. 이자는 부채 5,000,000원에 대한 10%로 계산하였다.

〈 기업 L : [자기자본 + 부채]를 사용한 기업 〉

	불 황	유 지	호 황
영업이익(EBIT)	500,000원	1,000,000원	1,500,000원
이자(interest), 10%	500,000원	500,000원	500,000원
순이익(net income)	0원	500,000원	1,000,000원
ROE(=순이익/자기자본)	0%	10%	20%
EPS(=순이익/발행주식수)	0원	100원	200원

미래의 영업이익이 현재 수준 1,000,000원을 유지할 때 기업 U와 L의 ROE와 EPS는 각각 10%와 100원으로 동일하다. 기업 U는 미래 영업이익이 50% 증가(감소)할 경우 ROE는 10%에서 15%(5%)로 50% 증가(감소)하고, EPS는 100원에서 150원(50원)으로 50원 증가(감소)하는 것으로 나타났다. 그러나 부채를 사용한 기업 L은 기업 U와 동일하게 영업이익이 50% 증가(감소)할 때 ROE는 10%에서 20%(0%)로 100% 증가(감소)하고, EPS는 100원에서 200원(0원)으로 100원 증가(감소)하는 것으로 나타났다 즉, 영업이익이 증가할 때는 부채를 사용한 기업의 주주 몫인 ROE와 EPS는 부채를 사용하지 않는 기업보다 더 크게 증가하였지만 반대로 영업이익이 감소할 때는 더 크게 감소하였다.

이와 같이 부채를 사용한 기업의 주주 몫인 ROE와 EPS의 변동폭이 자기자본만을 사용한 기업의 EPS와 ROE 변동폭보다 확대되어 나타나는 것을 '재무레버리지 효과(financial leverage effect)'라고 한다.

재무레버리지 효과는 부채를 많이 사용하는 기업일수록 크게 나타난다. 따라서 영업이익 증가가 예상될 때 부채를 증가시키면 주주들이 보다 많은 혜택을 누릴 수 있을 것이다. 그러나 예상과는 다르게 영업이익이 감소하면 주주들은 몫은 부채를 증가시키지 않은 경우나 자기자본만을 사용하는 경우보다 더 크게 감소할 것이다.

이와 같이 부채를 사용하는 기업의 주주들의 몫은 그렇지 않은 기업의 주주들보다 영업이익 변동에 따른 위험에 보다 많이 노출되어 있기 때문에 위험보상을 반영한 그들의 요구수익률도 부채를 사용하지 않는 기업 주주들의 요구수익률보다 높을 것이다.

2. Homemade leverage

재무레버리지 효과로 인하여 부채사용 정도가 주주들의 ROE와 EPS에 영향을 미친다는 것은 투자자들은 기업의 부채수준을 중요하게 고려해야 한다는 것을 의미한다.

그러나 투자자 개인이 직접 자유롭게 부채를 조절할 수 있다면 투자자가 원하는 수준의 부채를 사용하는 기업을 직접 선택하지 않아도 된다. 투자자의 기업이 자신이 원하는 수준의 부채를 사용하지 않아도 투자자가 직접 차입이나 대출을 통하여 자신의 자본구성을 원하는 부채수준으로 만들 수 있다면 투자자가 원하는 수준의 부채를 사용한 기업에 투자한 것과 동일한 결과를 얻을 수 있다. 이와 같이 투자기업의 부채수준에 상관없이 투자자 개인이 직접 원하는 부채수준을 구성하는 것을 homemade leverage라고 한다.[2)]

앞에서 언급되었던 자기자본 부채비율이 1인 기업 L에 100주 투자한 투자자 甲의 이익은 다음 표와 같이 계산된다.

〈기업 L에 투자한 甲의 결과〉

	불 황	유 지	호 황
EPS	0원	100원	200원
100주 투자수익	**0원**	**10,000원**	**20,000원**
순투자비용	100주×1,000원 = 100,000원		

다음 표는 투자자 乙이 기업 L과 같은 부채수준을 원하지만 乙 자신이 직접 자기자금 100,000원과 부채 100,000원(이자 10%)을 차입한 200,000원을 가지고 자기자본만을 사용한 기업 U 주식 200주를 투자할 경우 얻을 수 있는 이익을 보여준다. 투자자 乙은 자신이 원하는 부채수준을 가지고 있지 않은 기업 U에 투자했지만, 乙 자신의 부채수준은 자신이 원하는 기업 L과 동일하게 구성한 상태이다.

2) homemade leverage에 대한 적당한 표현을 찾기가 쉽지 않기도 하였고, 영어표현이 의미를 보다 잘 전달할 수 있을 것이라 판단되어 본서에서는 영어로 직접 표기하였다.

〈기업 U에 투자한 乙의 결과〉

	불 황	유 지	호 황
EPS	50원	100원	150원
200주 투자수익	10,000원	20,000원	30,000원
이자비용(이자율 10%)	10,000원	10,000원	10,000원
투자순이익	**0원**	**10,000원**	**20,000원**
순투자비용	200주×1,000원 − 100,000원(차입금) = 100,000원		

두 표의 결과를 보면 부채를 사용한 기업 L에 투자한 甲이나 자기자본만을 사용한 기업 U에 투자한 乙이나 동일한 금액 100,000원을 투자하여 상황별로 동일한 투자수익을 얻을 수 있다는 것을 알 수 있다.

특히, 투자자 乙의 결과를 보면 자신이 원하지 않은 부채수준의 기업 U에 투자하였지만 乙 개인의 자본구조를 자기자금 100,000원과 부채 100,000원으로 자신이 원하는 기업 L과 동일하게 부채비율을 구성하여 기업 L에 투자하는 경우와 동일한 결과를 얻고 있다. 따라서 투자자는 자신이 원하지 않는 부채수준의 기업에 투자하더라도 homemade leverage를 통하여 자신이 원하는 부채수준의 기업에 투자하는 경우와 동일한 성과를 얻을 수 있다.

∥ 12.3절 완전자본시장에서의 MM이론 ∥

1. 완전자본시장

자본구조 이론들은 1958년 MM(Miller and Modigliani)이 완전자본시장 하에서 자본구조와 기업가치의 관계를 체계적으로 설명한 이후 발전하기 시작하였다. MM이 가정한 완전자본시장(perfect capital market)이란 다음 조건들이 만족되는 이상적(ideal)인 시장을 말한다.

첫 번째, 법인세(corporate tax)와 개인소득세(personal income tax) 등 각종 세금이 존재하지 않는다.

두 번째, 파산비용(bankruptcy cost), 거래비용(transaction cost)과 대리비용(agency cost) 등이 존재하지 않는다.

세 번째, 정보불균형(information asymmetry)이 존재하지 않아서 시장참여자들 모두 동일한 정보를 가진다.

네 번째, 어떤 증권도 이미 시장에 존재하고 있어서 투자자들이 원하는 형태의 수익을 모두 만족시켜줄 수 있다.

2. 완전자본시장하의 MM 제 1 명제(MM proposition I)[3]

MM은 완전자본시장에서의 기업가치는 어떤 자산에 투자하여 얼마의 CF를 얻었는가에 따라서 결정되는 것이지 투자에 필요한 자금을 어떻게 조달하였는가에 따라서 결정되는 것이 아니라고 하였다. 즉, 재무상태표 대변의 부채와 자기자본의 구성비율에 따라 기업가치가 결정되는 것이 아니라 차변의 어떤 자산에 투자하였는가에 따라 기업가치가 결정된다는 것이다.

〈 그림 1 : 완전자본시장에서의 MM의 주장 〉

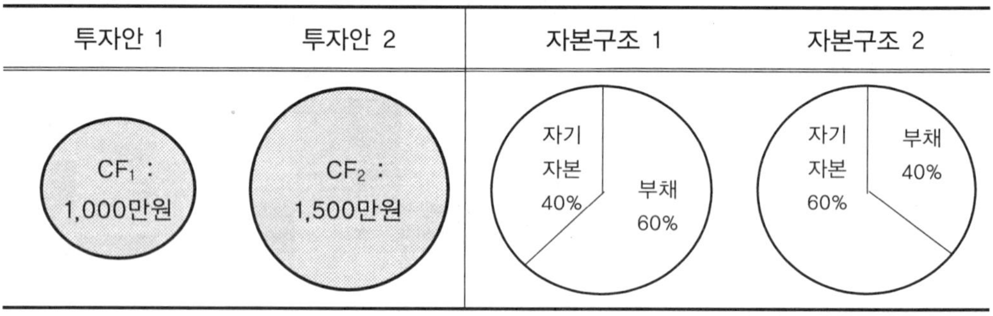

<그림 1>의 원의 크기를 기업가치의 크기라고 하면 MM의 주장은 기업가치는 왼쪽 두 개의 원들처럼 자산투자로부터 발생하는 CF의 크기에 영향을 받는 것이지, 오른쪽 두 개의 원들처럼 부채를 60% 사용하거나 40% 사용하는 자본구조의 차이에는 영향을 받지 않는다는 것이다. 따라서 완전자본시장에서는 투자결정이 이루어졌다면 기업이 선택하는 자본구조는 기업가치에 아무런 영향을 주지 못한다는 것이다.

3) "완전자본시장하의 MM 명제"라는 명칭은 MM의 수정이론인 "법인세가 존재하는 경우의 MM 명제"와 비교하기 위해서 "법인세가 없는 경우의 MM 명제"라고도 한다.

MM의 이런 주장을 다음과 같은 “완전자본시장에서의 MM의 제 1 명제”로 정리할 수 있다.

> **완전자본시장하의 MM 제 1 명제(MM proposition Ⅰ) :**
> 완전자본시장(perfect capital market)에서의 기업가치(firm value)는 기업의 자본구조(capital structure)와는 무관하다.

3. 완전자본시장하의 MM 제 2 명제(MM proposition Ⅱ)

완전자본시장하의 MM 제 2 명제는 자본비용(cost of capital) 관점에서 MM의 주장을 정리한 것으로 부채를 사용한 기업의 WACC과 부채를 사용하지 않은 기업의 WACC이 동일하다면 부채사용 여부는 기업가치에 영향을 주지 못한다는 내용이다.

우선 WACC을 자기자본비용(R_E)에 대하여 정리하면 다음과 같다.

$$R_A(WACC) = \left[\frac{D}{D+E}\right] \times R_D + \left[\frac{E}{D+E}\right] \times R_E$$

$$\Rightarrow R_E = R_A + [R_A - R_D] \times \frac{D}{E}$$

여기서 D와 E는 부채와 자기자본 총액을 각각 의미하므로 D/E는 자기자본부채비율이다. 또한 R_D와 R_E는 타인자본)비용과 자기자본비용을 각각 의미하고, R_A는 WACC이며 자산투자에 대한 요구수익률(ROA, return on asset)을 의미하기도 한다.

완전자본시장하의 MM의 제 2 명제는 WACC를 자기자본비용(R_E)에 대해서 정리한 것으로 다음과 같다.

> **완전자본시장하의 MM 제 2 명제(MM proposition Ⅱ) :**
> $$R_E = R_A + [R_A - R_D] \times \frac{D}{E} \qquad \cdots \text{ 식 (2)}$$

여기서 R_A는 부채를 사용하지 않은 기업의 WACC 또는 자기자본비용을 의미한다. 그러므로 식 (2)는 부채를 사용하는 기업의 자기자본비용은 부채를 사용하지 않는 기업의 자기자본비용보다 $[R_A-R_D]\times[D/E]$만큼 차이가 난다는 것을 보여주고 있다.

일반적으로 타인자본비용(R_D)이 자기자본비용(R_E)보다 낮으므로 부채를 발행하여 자금을 조달하는 것이 주식을 발행하여 조달하는 것보다 기업 입장에서는 부담이 적을 것이다. 그러나 MM의 제 2 명제에 의하면 부채를 조달하여 얻을 수 있는 비용감소는 부채를 사용함에 따라 증가하는 자기자본비용이 정확히 상쇄시켜 WACC은 변하지 않는다고 한다. 그러므로 투자결정이 이루어진 상황에서 부채사용 정도는 기업가치에 영향을 주지 못한다는 것이 MM의 주장이다.

예제 1

앞으로 매년 1,200원의 CF가 지속적으로 발생할 것으로 예상되는 기업 U는 12%의 비용이 발생하는 자기자본만을 사용하고 있다. 기업 U가 이자비용이 8%인 부채를 자산의 20% 사용할 경우와 50% 사용할 경우 자기자본비용(R_E), 가중평균자본비용(R_A)과 기업가치가 각각 어떻게 되는지 부채를 사용하지 않는 경우와 비교하시오.

〈풀이〉

자기자본만을 사용하는 기업 U의 가중평균자본비용은 자기자본비용과 동일하므로 $12\%[=R_A=R_E]$이고, 기업가치는 다음과 같이 10,000원이다.

$$V=\left[\frac{CF}{R_A}\right]=\left[\frac{1,200}{0.12}\right]=10,000\text{원}$$

부채를 20% 사용할 경우 R_E, R_A와 기업가치는 다음과 같이 각각 13%, 12%, 10,000원으로 계산된다.

$$R_E=R_A+[R_A-R_D]\times\frac{D}{E}=12\%+[12\%-8\%]\times\frac{20\%}{80\%}=13\%$$

$$R_A=\left[\frac{D}{D+E}\right]\times R_D+\left[\frac{E}{D+E}\right]\times R_E=\left[\frac{20\%}{20\%+80\%}\right]\times 8\%+\left[\frac{80\%}{20\%+80\%}\right]\times 13\%=12\%$$

$$V=\left[\frac{CF}{R_A}\right]=\left[\frac{1,200}{0.12}\right]=10,000\text{원}$$

또한 부채를 50%로 증가시킬 경우 R_E, R_A와 기업가치는 다음과 같이 각각 16%, 12%, 10,000원으로 계산된다.

$$R_E = R_A + [R_A - R_D] \times \frac{D}{E} = 12\% + [12\% - 8\%] \times \frac{50\%}{50\%} = 16\%$$

$$R_A = \left[\frac{D}{D+E}\right] \times R_D + \left[\frac{E}{D+E}\right] \times R_E = \left[\frac{50\%}{50\% + 50\%}\right] \times 8\% + \left[\frac{50\%}{50\% + 50\%}\right] \times 16\% = 12\%$$

$$V = \left[\frac{CF}{R_A}\right] = \left[\frac{1,200}{0.12}\right] = 10,000\text{원}$$

자기자본비용은 부채가 0% ⇒ 20% ⇒ 50%로 증가함에 따라 12% ⇒ 13% ⇒ 16%로 증가하여 8%의 저렴한 타인자본비용의 이점을 정확히 상쇄시켜 가중평균자본비용은 부채 사용 정도에 상관없이 12%로 일정하다. 그 결과 기업가치 역시 10,000원으로 변화가 발생하지 않았다.

<그림 2>에서 부채(D/E)가 증가함에 따라 자기자본비용(R_E)이 증가하는 것은 재무레버리지 효과에서 살펴본 것처럼 부채를 많이 사용할수록 주주들의 몫인 ROE와 EPS의 불확실성이 커져서 주주들의 요구수익률이 증가하기 때문이다. 따라서 부채사용으로 누릴 수 있는 저렴한 타인자본 비용(R_D)의 이점이 부채사용 정도에 비례한 자기자본비용의 증가로 정확히 상쇄되어 WACC(R_A)은 일정한 값을 유지하게 된다.

〈그림 2 : 완전자본시장하에서의 MM 제 2 명제〉

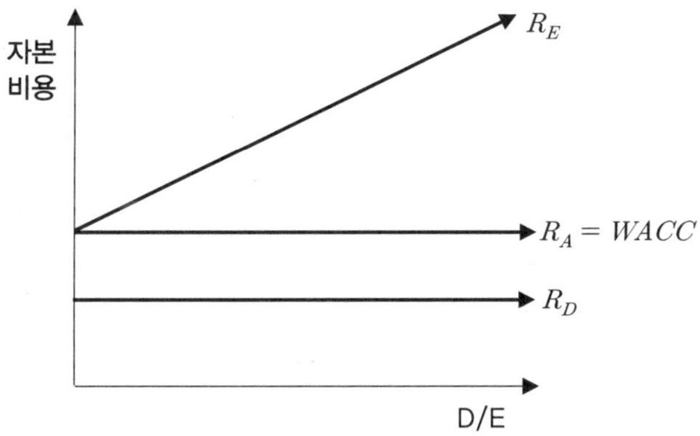

‖ 12.4절 법인세가 존재할 경우의 MM이론 ‖

1. 부채사용의 긍정적인 효과 : 이자비용의 세금감면(interest tax shield)

기업이 부채를 사용하면 자기자본만을 사용할 경우와는 다르게 다음과 같은 상반된 효과가 발생한다. 첫 번째는 부채에 대한 이자비용이 세금을 감소시킨다. 법인세액은 과세대상소득(taxable income)에 대하여 법인세율이 적용되어 산출된다.[4] 과세대상소득은 영업이익(EBIT)에서 이자비용이 차감된 금액이다. 따라서 부채를 사용한 기업은 사용하지 않은 기업과 동일한 영업이익을 창출하여도 이자비용 때문에 과세대상소득이 감소하여 세금부담이 줄어들게 된다. 두 번째는 부채를 많이 사용할수록 이자와 원금상환에 대한 부담이 증가하여 파산(bankruptcy) 가능성이 점점 증가할 것이다.

이자비용으로 인한 세금감면(tax deductible)은 부채사용에 따른 긍정적인 효과이지만 파산가능성의 증가는 부정적인 효과이다. 본 절에서는 우선 부채사용에 따른 긍정적인 효과인 이자비용의 세금감면에 대해서 다음 <자료 2>를 가지고 설명하고자 한다.[5]

〈 자료 2 〉

- 기업 U : 자기자본만을 사용한 기업
- 기업 L : 연 8%의 이자비용을 지급하는 부채 1,000,000원 사용
- 기업 U와 L 모두 영업이익(EBIT)이 매년 1,000,000원씩 영원히 발생
- 기업 U와 L 모두 법인세율(t_c) : 30%

<자료 2>의 기업 U와 L은 나머지 조건은 모두 동일하고 부채사용 여부만 다르다. 두 기업의 영업이익 1,000,000원에 대한 세금과 순이익을 계산하면 다음 표와 같다.

4) 실제 법인세액은 손익계산서상의 당기순이익에 익금과 손금산입, 이월결손금, 비과세소득, 소득공제 등을 조정한 법인세과세표준에 세율을 곱하여 법인세산출세액을 계산하고 다시 공제감면세액, 가산세 등을 조정하여 산출된다.

5) 부채사용에 따른 파산가능성 증가는 파산비용을 고려한 자본구조에서 설명한다.

항　　목	기업 U	기업 L
영업이익(EBIT)	1,000,000원	1,000,000원
이자(interest)	0원	80,000원
과세대상소득(taxable income)	1,000,000원	920,000원
법인세(taxes), t_c=30%	300,000원	276,000원
순이익(net income)	700,000원	644,000원

이자비용의 세금감면효과를 쉽게 설명하기 위하여 두 기업 모두 감가상각비, 자본적 지출, 순운전자본변화량을 0으로 가정하면 CF는 다음 표와 같이 [영업이익(EBIT)-법인세]로 간단하게 계산할 수 있다. 주목할만한 것은 영업이익은 두 기업 모두 동일하게 1,000,000원이 발생하였지만 CF는 부채를 사용한 기업 L이 24,000원 많이 발생한 것이다.

항　　목	기업 U	기업 L
영업이익(EBIT)	1,000,000원	1,000,000원
법인세(taxes), t_c=30%	300,000원	276,000원
CF	700,000원	724,000원

이번에는 두 기업의 자본제공자(채권자와 주주)들에게 분배된 CF를 다음 표에 정리하였다. 순이익 전액을 주주들에게 배당으로 지급한다고 가정하면 부채를 사용한 기업 L의 자본제공자들에게 분배된 CF가 24,000원 많음을 알 수 있다.

항　　목	기업 U	기업 L
채권자에게 분배된 CF(=이자비용)	0원	80,000원
주주에게 분배된 CF(=배당금)	700,000원	644,000원
자본제공자 전체에게 분배된 CF	700,000원	724,000원

기업 L은 기업 U보다 자산투자로부터 발생한 CF와 자본제공자들에게 분배된 CF 모두 24,000원 많았다. 24,000원은 정확히 [이자비용×법인세율(t_c)]과 일치하므로 이자비용으로 감면된 세금은 부채를 사용한 기업의 CF을 증가시켰다.

기업 L의 CF - 기업 U의 CF = [724,000원 - 700,000원] = 24,000원

[이자비용×법인세율(t_c)] = [80,000원×0.3] = 24,000원

따라서 이자비용의 세금감면액은 다음 식 (3)과 같다. 여기서 D는 부채, R_D는 타인 자본비용, tc는 법인세율을 각각 의미한다.

이자비용의 세금감면액(interest tax shield) :

$$\left[\text{이자비용} \times t_c\right] = \left[D \times R_D \times t_c\right] \qquad \cdots \text{ 식 (3)}$$

2. 법인세가 존재할 경우 MM 제 1 명제(MM proposition I with taxes)

<자료 2>의 기업 L이 매 기간 일정한 금액의 이자를 영원히 지급하는 영구채권을 발행하여 부채를 조달하였다고 가정하면 식 (3)으로 계산할 수 있는 이자비용의 세금감면액은 매 기간 일정하게 영원히 발생하여 기업 L의 CF를 매 기간 그 만큼 증가시킬 것이다. 따라서 <자료 2>처럼 다른 조건이 동일하다면 부채를 사용한 기업의 가치는 부채를 사용하지 않은 기업가치보다 클 것이다.

이자비용의 세금감면액 가치는 식 (3)의 이자비용의 세금감면액을 부채의 자본비용인 R_D로 할인하여 다음과 같이 계산할 수 있다. 이자비용의 세금감면액은 부채를 사용하였기 때문에 발생한 것이므로 R_D를 할인율로 사용하였다.

$$\text{이자비용 세금감면액의 가치} = \left[\frac{D \times R_D \times t_c}{R_D}\right] = \left[D \times t_c\right] \qquad \cdots \text{ 식 (4)}$$

식 (4)를 이용하여 <자료 2>의 기업 L에서 발생하는 이자비용 세금감면액의 가치를 계산하면 300,000원[=1,000,000원×0.3]이 된다. 부채를 사용한 기업 L의 CF가 부채를 사용하지 않은 기업 U의 CF보다 이자비용의 세금감면액만큼 크기 때문에 기업 L의 가치 역시 기업 U의 가치보다 이자비용 세금감면액의 가치만큼 클 것이다. 이와 같이 법인세가 존재하면 이자비용의 세금감면효과로 인하여 부채사용 여부가 기업가치에

영향을 줄 수 있고, 부채를 많이 사용할수록 기업가치는 증가한다는 것이 다음 식 (5)로 정리한 법인세가 존재할 경우 MM 제 1 명제의 내용이다. 여기서, V_L은 부채를 사용하는 기업의 가치. V_U는 자기자본만을 사용하는 기업의 가치를 각각 의미한다.

> 법인세가 존재할 경우 MM 제 1 명제(MM proposition Ⅰ with taxes) :
>
> $$V_L = V_U + [D \times t_c] \qquad \cdots \text{ 식 (5)}$$

<자료 2> 기업 U의 자본비용(R_U)이 10%라고 가정하면 매년 700,000원의 현금흐름이 영원히 발생하는 기업 U의 가치(V_U)는 다음과 같이 7,000,000원으로 계산된다.

$$V_U = \left[\frac{CF}{R_U}\right] = \left[\frac{EBIT \times (1-t_c)}{R_U}\right] = \left[\frac{1,000,000 \times (1-0.3)}{0.1}\right] = 7,000,000\text{원}$$

기업 L의 가치는 식 (5)에 의하면 다음과 같이 7,300,000원으로 계산된다.

$$V_L = V_U + [D \times t_c] = 7,000,000 + [1,000,000 \times 0.3] = 7,300,000\text{원}$$

다음 <그림 3>은 법인세가 존재할 경우의 MM 제 1 명제를 설명하고 있다. 부채규모(D)가 증가함에 따라 부채를 사용한 기업의 가치(V_L)는 부채를 사용하지 않은 기업의 가치(V_U)보다 $[D \times t_c]$만큼 증가하고 있음을 알 수 있다.

법인세가 없는 완전자본시장 하에서는 기업가치는 부채사용 여부에 아무런 영향을 받지 않는다는 MM 제 1 명제는 법인세가 존재할 경우에는 부채를 사용하면 기업가치는 증가하며, 부채를 많이 사용할수록 더 많이 증가한다고 수정되었다.

그러나 식 (5)에 의하면 부채를 100% 사용하는 것이 기업가치를 극대화시킬 수 있다는 비논리적인 결론에 도달하게 된다. 기업이 부채를 사용하면 이자비용의 세금감면의 긍정적인 효과와 더불어 부채의 원금과 이자비용 상환 압박에 따른 파산가능성이 증가하는 부정적인 효과도 동시에 발생한다. 식 (5)의 법인세가 존재할 경우 MM 제 1 명제에는 부채사용에 따른 세금감면의 긍정적인 효과만 고려되었고 부정적인 효과

〈그림 3 : 법인세가 존재할 경우의 MM 제 1 명제〉

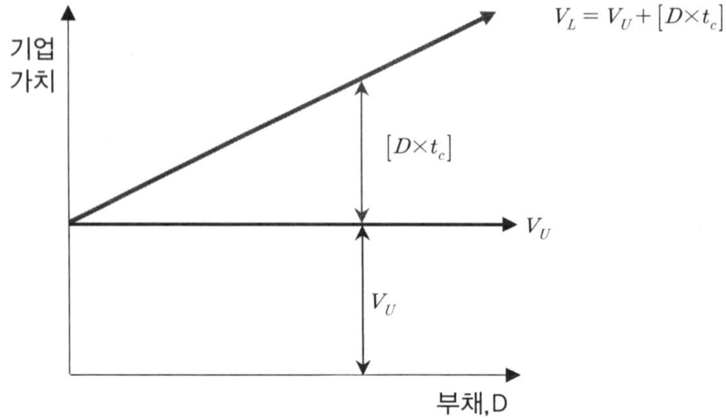

인 파산가능성의 증가는 고려되지 않았기 때문에 그런 비논리적인 결론이 나올 수 있는 것이다.

3. 법인세가 존재할 경우 MM 제 2 명제(MM proposition Ⅱ with taxes)

법인세가 존재할 경우에 기업이 실제로 부담하는 부채의 이자비용은 R_D가 아니라 이자비용의 세금감면효과로 인하여 $[R_D \times (1-t_c)]$로 감소할 것이다. 그러므로 WACC(R_A) 역시 감소할 것이다. 법인세가 존재할 경우 부채사용 기업의 WACC을 자기자본비용(R_E)에 대하여 정리하면 다음과 같을 것이다.

$$R_A(WACC) = \left[\frac{D}{D+E}\right] \times R_D \times (1-t_c) + \left[\frac{E}{D+E}\right] \times R_E$$

$$\Rightarrow R_E = R_A + [R_A - R_D] \times (1-t_c) \times \frac{D}{E}$$

위의 자기자본비용(R_E) 식 오른쪽 항의 R_A를 부채를 사용하지 않는 기업의 WACC이면서 자기자본비용을 의미하는 R_U로 바꿔주면 다음과 같은 법인세가 존재할 경우 MM 제 2 명제가 도출된다.[6)]

---

6) 완전자본시장하의 MM 제 2 명제와는 다르게 R_A를 R_U로 바꿔준 것은 완전자본시장에서는 부채를 사용한 기업이나 사용하지 않는 기업의 WACC는 동일($R_L = R_U$)하기 때문에 구분하지 않았지만 법인세가 존재할 경우에는 부채

법인세가 존재할 경우 MM 제 2 명제(MM proposition Ⅱ with taxes) :

$$R_E = R_U + [R_U - R_D] \times (1 - t_c) \times \frac{D}{E} \quad \cdots \text{식 (6)}$$

법인세가 존재할 경우 MM 제 2 명제, 식 (6)과 완전자본시장하의 MM 제 2 명제, 식 (1)의 차이는 이자비용의 세금감면효과를 나타내는 $(1-t_c)$항이다. 식 (1)은 저렴한 타인자본비용이 가져다주는 비용 감소분이 자기자본비용의 증가분으로 정확히 상쇄되어 결국 WACC의 변화는 발생하지 않는다는 것을 보여주었다. 그러나 식 (6)는 부채사용 증가에 따른 자기자본비용의 증가분이 이자비용의 세금감면으로 인하여 저렴한 타인자본비용이 가져다주는 비용 감소분보다 작아져서 부채를 사용하면 WACC의 감소가 발생하는 것을 보여주고 있다.

앞에서 법인세가 존재할 경우 기업 L의 가치와 부채가 각각 7,300,000원과 1,000,000원이었다. 그러면 재무상태표 등식에 의하면 자기자본은 6,300,000원이 될 것이다. 식 (6)으로 기업 L의 자기자본비용 R_E를 계산하여 WACC(R_L)을 계산하면 다음과 같다.

$$\begin{aligned} R_E &= R_U + [R_U - R_D] \times (1 - t_c) \times \frac{D}{E} \\ &= 10\% + [10\% - 8\%] \times (1 - 0.3) \times \frac{1,000,000}{6,300,000} = 10.22\% \end{aligned}$$

$$\begin{aligned} R_L(WACC) &= \left[\frac{D}{D+E}\right] \times R_D \times (1 - t_c) + \left[\frac{E}{D+E}\right] \times R_E \\ &= \left[\frac{1,000,000}{7,300,000}\right] \times 8\% \times (1 - 0.3) + \left[\frac{6,300,000}{7,300,000}\right] \times 10.22\% = 9.6\% \end{aligned}$$

부채를 사용하지 않은 기업 U의 WACC(R_U=10%)와 비교하면 부채를 사용하는 기업 L의 WACC(R_L=9.6%)이 감소한 것을 알 수 있다. 따라서 두 기업의 CF가 동일하더라도 기업가치는 부채를 사용한 기업 L이 높게 평가된다. 이것은 두 기업의 투자결정으

사용 여부에 따라 WACC는 달라지기($R_L < R_U$) 때문에 부채를 사용하지 않은 기업의 WACC와 명확하게 구분해야 하기 때문이다.

로 인한 결과가 동일하더라도 자본조달결정이 다르면 기업가치가 달라질 수 있다는 것을 의미한다.

법인세가 존재할 경우의 MM 제 2 명제를 나타내는 <그림 4>를 <그림 2>와 비교하면 타인자본비용이 세금감면혜택으로 인하여 R_D에서 $[R_D \times (1\text{-}t_c)]$로 감소했기 때문에 부채를 사용하는 기업의 자기자본비용(R_E)의 증가가 적게 이루어지는 것을 알 수 있다. 이것으로 인하여 WACC(R_L)도 부채를 사용하지 않는 기업의 WACC(R_U)보다 작아지게 된 것이다.

〈 그림 4 : 법인세가 존재할 경우의 MM 제 2 명제 〉

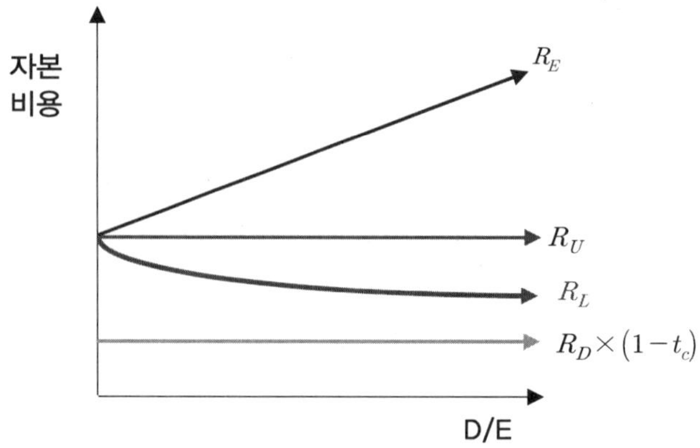

‖ 12.5절 MM 이후 자본구조이론 ‖

1. 부채사용의 부정적인 효과 : 파산가능성의 증가

기업의 부채사용은 이자비용으로 인한 세금감면의 긍정적인 효과도 발생시키지만 원금과 이자상환의 부담으로 인한 파산가능성이 증가하는 부정적인 효과도 발생시킨다. 기업은 원금과 이자상환의 의무를 지키지 못하면 재무적 곤경(financial distress) 상태에 이르러 최악의 상황에는 파산(bankruptcy)에 이르게 된다. 기업이 파산하게 되면 자산에 대한 소유권이 주주에게서 채권자로 넘어가게 되어 자기자본의 가치는 사라진다. 따라서 부채를 사용하는 기업의 가치는 부채사용에 따른 긍정적인 효과와 더불어 부정적인 효과인 파산가능성도 고려하여 평가되어야 한다.

파산이 발생할 경우 기업이 부담해야 하는 비용을 파산비용(bankruptcy cost)이라고 하며 직접비용과 간접비용으로 구분할 수 있다. 직접비용(direct cost)은 파산소송과 관련된 변호사 수임료와 공인회계사 비용, 파산기업 관리와 관련된 비용 등 측정 가능한 비용들이다. 반면에 간접비용(indirect cost)은 측정하기는 어렵지만 파산기업에게는 훨씬 더 큰 부담을 가져다주는 비용들이 포함된다. 납품업자들과 소비자들의 거래중지로 인한 영업활동의 심각한 타격을 예를 들 수 있다.

2. 파산비용을 포함한 최적자본구조

부채를 사용하면 이자비용에 따른 세금감면의 긍정적인 효과와 파산가능성 증가의 부정적인 효과가 동시에 발생하므로 부채를 사용하는 기업의 투자자들은 상반된 두 가지 효과 모두를 고려해야 한다. 부채수준에 따른 파생가능성을 파생비용의 현재가치(PV(BC))로 고려하면 부채를 사용한 기업의 가치(V_L)는 다음 식 (7)과 같이 평가될 것이다.

부채사용에 따른 이자비용의 세금감면과 파산비용을 고려한 기업가치 :

$$V_L = V_U + [D \times t_c] - PV(BC) \quad \cdots \text{ 식 (7)}$$

부채가 증가(감소)할수록 증가(감소)하는 이자비용의 세금감면액은 기업가치를 증가(감소)시키지만 증가(감소)하는 파산가능성은 반대로 기업가치를 감소(증가)시키므로 이자비용의 세금감면액과 파산가능성 사이에는 상충관계(trade-off relationship)가 존재한다. 이와 같이 부채증가에 따른 이자비용의 세금감면액 증가와 파산비용 증가를 모두 고려한 이론을 자본구조의 상충이론(trade-off theory)라고 한다.

기업의 부채수준이 낮으면 이자비용에 따른 세금감면의 긍정적인 효과가 파산비용 증가의 부정적인 효과보다 클 것이므로 낮은 부채수준에서는 부채를 사용하면 기업가치는 증가할 것이다. 그러나 부채가 특정 수준을 넘어가면 이자비용이 가져다주는 세금감면의 긍정적인 효과보다 파산비용 증가의 부정적인 효과가 커져서 부채를 사용할

수록 기업가치는 감소할 것이다. 따라서 기업의 최적자본구조는 이자비용에 따른 세금 감면의 긍정적인 효과와 파산비용 증가의 부정적인 효과 모두를 고려하여 <그림 5>의 D*처럼 기업가치가 극대화되는 부채수준이 될 것이다.

〈 그림 5 : 이자비용의 세금감면과 파산비용을 모두 고려한 기업가치 〉

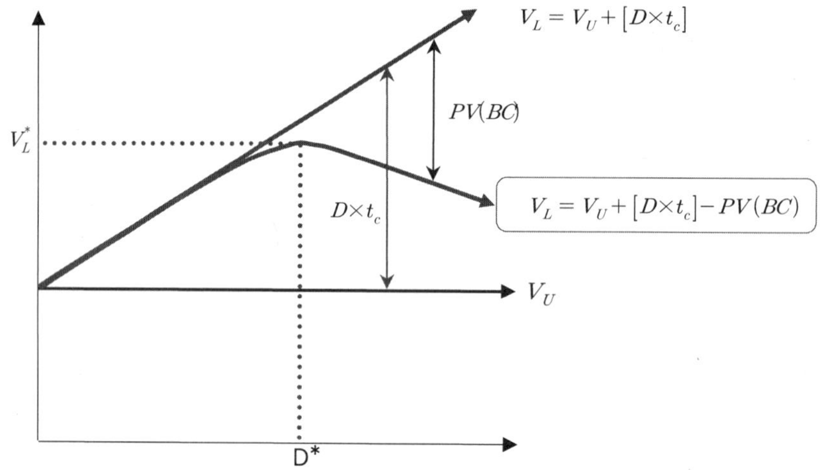

3. 대리비용과 최적자본구조

주인(principal)이 자신의 권한을 고용인(agent)에게 위임할 때 대리관계(principal -agent relationship)가 발생한다. 그러나 그들 간의 이해관계가 충돌하여 갈등이 발생할 때 대리문제(agency problem)가 발생하고, 대리문제로 발생하는 비용을 대리비용(agency cost)이라고 한다. 기업에서는 주주와 경영자, 채권자와 주주, 내부주주와 외부주주 사이에 대리관계가 발생한다. 이 중에서 자본조달과 관련 있는 채권자와 주주, 내부주주와 외부주주 사이의 대리문제와 비용에 대하여 살펴보자.

기업에 투자자금을 빌려준 채권자는 투자성과에 상관없이 고정된 청구권(원금과 이자)을 가지지만 주주는 기업의 수익이나 자산가치 중에서 채권자에게 지급되는 고정된 금액을 제외한 잔여재산 전액에 대한 청구권(residual claimant)을 가지게 된다. 따라서 기업의 수익이나 자산가치가 크면 클수록 채권자의 몫은 변화가 없어도 주주의 몫은 증가하게 된다. 게다가 기업의 손실이나 부채에 대해서는 그 금액이 아무리 많더라도 주주는 출자금액에 한하는 유한책임(limited liability)을 지게 된다. 그러므로 고정된 원금과 이자만을 얻을 수 있는 채권자는 기업의 안정적인 투자를 원하지만 채권자에게 먼저 분배되고 남은 수익 전액을 받을 수 있는 주주는 고수익을 얻기 위하여 고위험의 투자를 선호하게 되어 채권자와 주주의 이해관계가 충돌하게 되는 것이다.

주주가 고용한 경영자는 채권자에게는 안정적인 투자를 약속하고 자금을 차입하여 고수익 고위험 투자를 할 수 있을 것이고, 동일 자산을 담보로 여러 종류의 채권을 발행하여 기존채권자에게 위험을 전가시킬 수 있고, 채권자에게 피해가 갈 정도로 주주들에게 과도한 배당금을 지급할 수도 있을 것이다. 그러나 이런 상황을 모를 리 없는 채권자들은 채권약정서(bond covenant)에 위와 같은 채권자의 부를 감소시키는 행동을 제한하는 조항을 포함시킨다. 이와 같이 채권약정서 작성과 계약사항 이행을 감독하는데 발생하는 직접비용과 기회비용 등이 부채의 대리비용(agency cost of debt)이 된다. 부채의 대리비용은 부채를 사용하지 않으면 발생하지 않지만 부채가 증가할수록 점점 증가한다.

내부주주(inside shareholder)와 외부주주(outside shareholder)간에도 이해관계의 충돌이 발생할 수 있다. 소유경영자 또는 내부주주가 100%의 지분을 보유하고 있지 않다면 지분만 참여하는 외부주주와 각자의 이익만을 추구하는 행동으로 갈등이 발생할 수 있다.

소유경영자가 금전적인 보상 외의 비화폐적인 효용 추구(호화로운 사무실 인테리어, 자기이름으로 고액의 기부금 납부 등, 이것을 특권적 소비라고도 한다)를 위하여 기업의 자금을 사용하면 소유경영자 자신만이 누리는 혜택에 대한 비용을 외부주주들과 나누어 부담하게 되는 것이다. 또한 소유경영자가 자신의 여가를 즐기기 위해 업무를 소홀히 하는 것 역시 외부주주와의 갈등요소가 될 것이다. 이와 같이 소유경영자가 자신만의 이익을 추구함에 따라 발생하는 주주들의 부의 감소를 자기자본의 대리비용(agency cost of equity)이라고 한다.

자기자본의 대리비용은 소유경영자가 100%의 지분을 보유하고 있다면 발생하지 않을 것이다. 그러나 소유경영자가 5%의 지분만 보유하고 있다면 자신의 이익을 위한 비용을 자신은 5%만 부담하기 때문에 대리비용이 많이 발생할 것이다. 따라서 자기자본을 외부주주들에게서 조달하는 비중이 클수록 자기자본의 대리비용은 증가할 것이고 외부자금을 부채로만 조달한다면 자기자본의 대리비용은 발생하지 않을 것이다.

<그림 6>은 부채수준에 따른 부채와 자기자본의 대리비용과 두 비용의 합인 총대리비용의 크기를 보여주고 있다. 부채를 사용하지 않아도 자기자본의 대리비용이 발생하고 외부주주들의 자금이 증가할수록 자기자본의 대리비용은 증가할 것이다.

그러나 자기자본을 줄이고 부채를 증가시키면 자기자본의 대리비용은 감소하겠지만 부채의 대리비용이 증가할 것이다. 따라서 부채의 대리비용과 자기자본의 대리비용의 합인 총대리비용을 최소화 시키는 부채수준이 존재할 것이고 그 수준이 대리비용을 고려한 최적자본구조가 될 것이다.

〈 그림 6 : 대리비용과 최적자본구조 〉

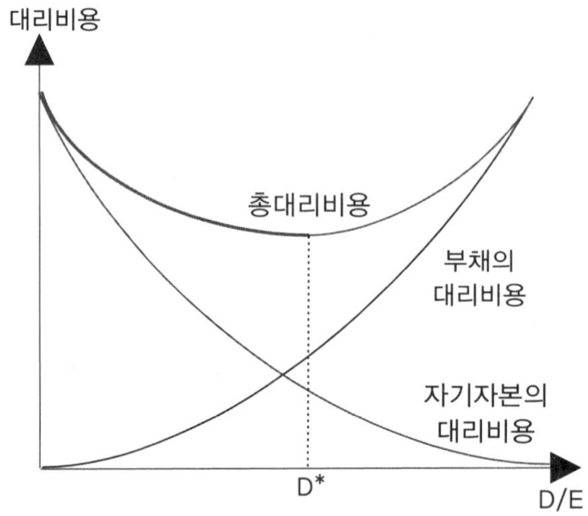

4. 우선순위이론

상충이론에 의하면 파산가능성이 낮은 기업들은 부채를 사용하여 이자비용에 따른 세금감면 혜택을 누리는 것이 합리적인 선택이 될 것이다. 그러나 현실에서는 수익이 많은 기업도 파산가능성이 매우 낮음에도 불구하고 부채를 적게 사용하는 경우가 많다. 왜 부채사용의 긍정적인 효과를 더 많이 누릴 수 있는 기업들이 오히려 부채를 적게 사용하는 것일까?

이런 상황은 우선순위이론으로 설명 가능하다. 기업은 투자자금을 조달할 때 내부적으로 보유하고 있는 현금으로 충당되면 주식이나 채권발행 등을 통하여 외부에서 자금을 조달하지 않을 것이다. 주식이나 채권을 발행할 때 비용부담이 내부자금의 기회비용보다 크기 때문에 내부적으로 보유하고 있는 현금을 사용하는 것이 나을 것이다.

만약 내부조달(internal financing)로 투자자금 전액을 충당시키지 못한다면 주식이나 채권을 발행하여 외부적으로 자금조달(external financing)을 해야 할 것이다. 일반적으로 채권을 발행할 때 부담하는 타인자본비용이 주식을 발행할 때 부담하는 자기자본비용보다 적기 때문에 우선 부채를 통하여 자금조달을 한다. 따라서 주식발행은 비용 관점에서 기업이 가장 나중에 선택해야 하는 자본조달 수단이다.

이와 같이 기업의 투자자금은 내부보유현금, 채권발행, 주식발행 순서로 조달된다는 것이 자본구조의 우선순위이론(pecking-order theory)이다. 부채를 사용하는 것보다 자본 비용을 적게 부담할 수 있는 내부보유현금은 수익이 많은 기업이 많이 보유하고 있을 것이므로 그들은 부채를 적게 사용할 것이다. 주주 입장에서도 내부보유현금으로 투자한 성과는 주주 본인들에게 전액 귀속될 것이므로 내부조달이 가장 선호될 것이다. 채권을 발행하여 자금을 조달하면 채권자에게 우선 이자와 원금을 상환하고 남은 금액을 주주들은 지분율에 따라 얻을 수 있을 것이다. 그러나 주식을 발행하여 자금을 조달하면 투자성과를 새로운 주주들과 지분율에 비례하여 나누어야 한다. 따라서 외부에서 자금을 조달할 때는 주식보다는 채권을 발행하여 투자자금을 조달하는 것이 주주에게 유리할 것이다.

주식발행 비용이 채권발행 비용보다 큰 것은 정보불균형(information asymmetry) 관점에서도 설명할 수 있다. 경영자는 현재 주가를 고려하여 주식의 발행시점을 결정할 것이다. 주식시장에 공개되지 않은 내부정보를 가지고 있는 경영자가 판단할 때 현재 시장에서 형성된 자기 기업의 주가가 과소평가(undervalued) 되어 좋은 가격을 받을 수 없다면 주식을 발행하지 않을 것이다. 비슷한 논리로 생각하면 주식이 발행되었다면 현재 시장에서 형성된 주가는 과대평가(overvalued) 되었다고 경영자는 판단한 것이다. 그러면 주식발행을 통하여 정보가 부족한 시장참가자들도 그 기업의 현재 주가는 과대평가 되었다는 것을 유추할 수 있으므로 주가는 하락할 것이다. 이와 같이 주식발행은 기존 주주의 부를 감소시키는 주가하락을 가져올 수 있으므로 채권발행보다 많은 비용부담을 발생시킨다.

우선순위이론은 기존의 다른 자본구조이론들과는 다르게 최적수준의 부채사용을 고려하지 않아도 된다. 또한 현실에서 이익을 많이 내고 현금을 많이 보유하는 기업들이 부채를 적게 사용하는 이유를 설명해 준다.

연습문제

12-1. MG 기업의 CFO는 부채를 발행하여 자사주식(현재 주가=5,000원)을 매입, 소각하여 자기자본의 일부를 부채로 대체하는 2가지 시나리오를 고려하고 있다.

- 부채를 사용하지 않았을 경우의 주식 수=1,000주, 자기자본비용=12%.
- 시나리오 1 : 채권 125만원 발행, 이자율=8%
- 시나리오 2 : 채권 250만원 발행, 이자율=10%
- 현재 영업이익은 매년 100만원이고 다음 기에 발생 가능한 영업이익은 현재보다 20% 하락하거나 20% 상승하는 2가지로 예측된다. 부채비율=[부채/자산]

① 현재 자본구조와 시나리오 1, 2로 변경되는 자본구조를 나타내는 다음 표를 완성하시오.

	자산	부채	자본	부채비율	주당가격	발행주식수	이자율
현재	500만원	0	500만원	0	5,000원	1,000주	0%
시나리오 1	[ ]	[ ]	[ ]	[ ]	5,000원	[ ]	[ ]
시나리오 2	[ ]	[ ]	[ ]	[ ]	5,000원	[ ]	[ ]

② 영업이익이 20% 하락하거나 20% 상승할 경우 ROE와 EPS를 계산하는 다음 표를 완성하시오.

	현재 자본구조		시나리오 1		시나리오 2	
영업이익	20% 하락	20% 상승	20% 하락	20% 상승	20% 하락	20% 상승
	80만원	120만원	80만원	120만원	80만원	120만원
이자	0	0	[ ]	[ ]	[ ]	[ ]
순이익	80	120	[ ]	[ ]	[ ]	[ ]
ROE	16%	24%	[ ]	[ ]	[ ]	[ ]
EPS	8,000원	12,000원	[ ]	[ ]	[ ]	[ ]

③ ②은 결국 무슨 효과를 설명하는 것인지 간단히 설명하시오.

12-2. 다음은 Zard 기업의 부채를 사용하지 않을 경우 자료들이다. 이것들을 참고로 질문들에 답하시오.

- 부채를 사용하지 않았을 경우의 자기자본비용 = 가중평균자본비용 = 10%.
- 매년 200만원의 세전영업이익을 얻을 수 있는 1,000만원이 소요되는 투자안 고려중.
- 투자한다면 기업가치, $V_U = \frac{200}{0.1} = 2,000$만원 (세금이 없을 경우)

① K은행이 5%의 이자율로 대출을 해줄 수 있다고 제안하여 목표부채비율을 자기자본 70%와 타인자본 30%로 조정하고자 한다. 이 비율대로 투자자금 1,000만원을 조달할 경우 세금이 없다면 자기자본비용, 가중평균자본비용과 기업가치는 각각 얼마인가?

② 세금=25%가 존재한다면 부채를 사용하지 않을 경우의 기업가치는 얼마인가?

③ ①과 같은 비율로 부채를 조달할 경우 세금이 25%라면 세금감면액의 가치와 기업가치는 얼마인가?

④ ①에서 세금=25%가 존재하면 자기자본비용과 가중평균자본비용은 각각 얼마가 되겠는가?

⑤ ①~④번의 결과들을 가지고 MM의 자본구조이론을 세금이 있는 경우와 없는 경우를 비교하여 설명하시오.

제13장
배당

13.1절 배당의 기초
13.2절 배당정책과 기업가치
13.3절 고객효과와 배당의 안정성

‖ 13.1절 배당의 기초 ‖

1. 배당의 의의

기업은 영업활동으로 벌어들인 수익에서 채권자에게 이자를, 정부에게 세금을 지급하고 남은 순이익(net income)의 일부는 주주에게 배당으로 지급하고 나머지는 재투자를 위하여 기업 내부에 유보시킨다. 기업이 주주의 부(wealth)를 증가시킬 수 있는 방법은 배당을 지급하거나 보유주식의 가치를 상승시키는 것이다. 보유주식의 가치인 주가를 상승시키기 위해서는 (+)의 순현재가치(NPV)를 얻을 수 있는 투자안에 지속적으로 투자해야 하므로 투자자금이 필요하다. 그러므로 순이익의 얼마를 배당으로 지급하고 얼마를 투자자금으로 사용해야 하는지를 CFO는 결정해야 한다. 이와 같이 주주의 부를 증가시키고 기업가치를 극대화시킬 수 있는 최적배당수준을 결정하는 것이 배당정책(dividend policy)이다.

배당은 주주에게 기업의 영업활동에 필요한 자본을 제공해 준 대가로 지급되므로 주주는 배당을 포함한 투자수익을 고려하여 요구수익률을 결정할 것이므로 배당은 기업입장에서는 자기자본비용에 영향을 미치는 중요한 요소이다.

우리나라 주식회사의 배당규모는 상법 462조에서 정한 배당가능한 이익의 범위를 초과할 수 없다. 즉, 재무상태표의 순자산액에서 자본금, 그 해 결산기까지 적립된 자본준비금과 이익준비금의 합계액, 그 해 결산기에 적립하여야 할 이익준비금 등을 뺀 잔액을 한도로 배당을 지급하도록 규정하고 있다. 배당규모는 또한 채권자들 부의 손실을 방지하기 위하여 제약될 수도 있다. 예를 들어, 채권자들은 매년 순이익의 25% 이상을 배당으로 지급하지 못하게 하는 조항을 채권약정서(bond covenant)에 명시할 수 있다.

채권자에 대한 이자지급은 채권발행 시 미리 결정되고 반드시 지급해야 할 의무인 반면에 주주에게 지급하는 배당은 주식발행 시 미리 결정되는 것이 아니라 이사회나 주주총회 의결사항이므로 기업이 반드시 지급해야 할 의무는 아니다.

미국 기업들은 분기별로 배당을 지급하고 있지만 한국의 대부분 기업들은 연 1회 결산배당을 지급하고 있으며 최근에 중간배당과 분기배당을 실시하는 기업들이 증가하고 있다.

2. 배당과 자사주매입

(1) 현금배당, 주식배당, 주식분할

현금배당(cash dividend)이란 자본제공에 대한 대가로 주주에게 지급하는 배당을 현금으로 지급하는 것을 말한다. 현금배당은 매매차익과 더불어 주식투자의 중요한 수익이 된다.

배당은 결산기마다 정기적으로 꾸준히 지급하는 정규배당(regular dividend)과 일시적인 이익증가로 특정 시점에 한하여 지급하는 추가배당(extra dividend) 또는 특별배당(special dividend)으로 구분할 수 있다.

주식배당(stock dividend)은 주주가 보유하고 있는 주식수에 비례하여 주식을 배당으로 지급하는 것이다. 외부로 현금유출이 발생하는 현금배당과는 다르게 주식배당은 이익잉여금의 일부가 자본금으로 이전될 뿐 현금유출은 발생하지 않는다. 그러나 발행주식 수는 증가하게 된다.

다음 박스는 HD기업의 주식관련 자료들이다.

■ HD기업의 자료

- 발행주식총수 = 1,000주 ▪ 액면가격 = 1,000원 ▪ 순이익 = 1,000만원
- 주당순이익(EPS) = [순이익/발행주식총수] = [1,000만원/1,000주] = 1만원
- 주가 = 5만원 ▪ PER = [주가/EPS] = [5만원/1만원] = 5배

이런 상황에서 HD기업이 25%의 주식배당을 공시하였다고 하면 보유주식 1주당 0.25주의 주식을 배당으로 지급한다는 것이므로 4주의 주식을 보유하고 있는 주주는 1주의 주식을 배당받게 된다.

현재 1,000주를 발행하고 있는 HD기업은 주식배당을 위하여 250주를 추가로 발행해야 하므로 발행주식총수는 1,250주[=1,000주+250주]가 되어 EPS는 10,000원에서 8,000원[=1,000만원/1,250주]으로 하락할 것이다.

주식배당이 PER에 영향을 주지 않는다면 주식배당 후 주가는 4만원[=8,000원×5배]으로 하락할 것이다.[1] 주식배당 전·후 4주를 보유하고 있던 주주의 부(wealth)를 비교

1) PER(price-earning ratio, 주가수익률)=[주가/EPS] 이므로 "주가=[PER×EPS]"의 관계가 성립할 것이다.

하면 다음과 같이 변화가 없다. 즉, 주식배당으로 인하여 주주의 부는 변하지 않는다.

주식배당 이전 : [보유주식수×주가] = [4주×5만원] = 20만원
주식배당 이후 : [보유주식수×주가] = [5주×4만원] = 20만원

주식배당과 유사한 결과를 가져오는 것으로 주식분할이 있다. 주식분할(stock split)은 주식 1주를 여러 주로 나누는 것이다. 예를 들어, 1:2 주식분할은 현재 액면가 1,000원인 주식을 액면가 500원인 주식 2주로 분할한다는 것을 의미한다. 주식분할은 발행주식수를 증가시키고 현금유출을 발생시키지 않아서 기업가치에 변화를 주지 않는다는 측면에서는 주식배당과 유사하다. 그러나 주식배당은 잉여금이 자본금으로 이전되어 자본금을 증가시키지만 주식분할은 자본금의 변화도 발생하지 않는다.

HD기업의 주식배당 이전의 자기자본 현황이 다음 표의 왼쪽과 같다고 하면 25%의 주식배당 이후 자기자본 현황은 오른쪽과 같이 변할 것이다.

〈주식배당 전 · 후 HD기업의 자기자본 현황〉

항 목	주식배당 이전	주식배당 이후
자본금	1,000,000원	1,250,000원
자본잉여금	300,000원	300,000원
이익잉여금	700,000원	450,000원
자기자본 총액	2,000,000원	2,000,000원

주식배당 이전의 자본금은 발행주식 1,000주에 해당하는 1,000,000원이었다가 주식배당 이후 발행주식수가 1,250주로 증가하여 자본금은 1,250,000원으로 증가하였다. 25%의 주식배당을 위하여 추가적으로 250주가 발행되므로 250,000원[=250주×1,000원]의 이익잉여금이 자본금으로 전입되었다. 그러나 주식배당 전 · 후 자기자본총액은 변하지 않았다.

이번에는 HD기업이 4:1의 주식분할을 실시하였다고 하자. 그러면 액면가 1,000원인 주식 1주가 액면가 250원인 주식 4주로 분할되므로 발행주식총수는 1,000주에서 4,000주로 증가하고, 액면가는 1,000원에서 250원으로 감소하게 된다. 주식분할 전 · 후 HD기업의 자기자본의 각 항목들의 총액은 다음 표와 같이 아무런 변화가 발생하지 않는다.

〈주식분할 전·후 HD기업의 자기자본 현황〉

항 목	주식분할 이전	주식분할 이후
자본금	1,000,000원	1,000,000원
자본잉여금	300,000원	300,000원
이익잉여금	700,000원	700,000원
자기자본 총액	2,000,000원	2,000,000원

HD기업 자료를 통하여 살펴본 것처럼 주식배당과 주식분할은 주주의 부에 아무런 변화를 가져오지 않음에도 현실에서는 기업들이 배당형태로 주식배당과 주식분할을 많이 이용하고 있다. 그 이유는 주식배당과 주식분할 이후의 주가하락이 이론적인 주가하락보다 적게 발생하여 주주들의 부가 다소 증가하는 경향이 있기 때문이다. 또한 주식배당과 주식분할은 현금유출을 발생시키지 않으므로 좋은 투자안을 많이 가지고 있는 기업들은 투자자금을 내부적으로 조달할 수 있을 뿐만 아니라 시장에 좋은 투자안을 가지고 있다는 정보를 전달하여 주가를 높일 수도 있기 때문이다.

(2) 자사주 매입

자사주매입(stock repurchase)이란 기업이 이미 발행된 자기주식을 주주로부터 매입하는 것을 말한다. 기업은 매입한 주식을 일정 기간 후 다시 매도할 수도 있고, 소각하여 발행주식수를 감소시킬 수도 있다. 보통 시장가격보다 높은 가격으로 매입하므로 주주는 배당금 이상의 소득을 얻을 수 있다. 따라서 자사주매입은 주주에게 현금배당과 동일한 효과를 가져다 줄 수 있는 성과분배수단이다.

다음은 K기업의 자기자본관련 자료들이다.

■ K기업의 자료

- ■100% 자기자본 조달 ■순이익 = 4,900만원 ■보유현금 = 30,000만원
- ■발행주식총수 = 100,000주 ■주가 = 10,000원 ■시가총액 = 100,000만원
- ■EPS = [4,900만원/100,000주]=490원 ■PER = [10,000원/490원]=20.4배

그리고 시장가치(market value)로 작성된 K기업의 재무상태표는 다음과 같다고 한다.

〈 시장가치로 작성된 K기업의 재무상태표 〉

현 금	30,000만원	부 채	0만원
기타자산	70,000만원	자 본	100,000만원
자산총액	100,000만원	부채 및 자본총액	100,000만원

이런 상황에서 K기업이 현금 30,000만원으로 주당 3,000원[=30,000만원/100,000주]의 배당금을 지급하였다면 재무상태표는 다음과 같이 변할 것이다.

〈 배당을 지급한 후 시장가치로 작성된 K기업의 재무상태표 〉

현 금	0만원	부 채	0만원
기타자산	70,000만원	자 본	70,000만원
자산총액	70,000만원	부채 및 자본총액	70,000만원

시장가치로 평가한 K기업의 자산총액이 배당을 지급한 현금의 감소로 70,000만원으로 감소하여, 주당가치도 7,000원[=70,000만원/100,000주]으로 감소하고, PER도 14.3배[=7,000원/490원]로 감소하게 된다.2)

K기업 주식 10주를 보유하고 있는 주주의 부는 주식가치 70,000원[=10주×7,000원]과 배당소득 30,000원[=10주×3,000원]을 합하여 100,000원이 될 것이다.

이번에는 K기업이 배당을 지급하지 않고 현금 30,000만원으로 자사주 30,000주[=30,000 만원/1만원]를 매입하였다고 하자. 그러면 유통주식수가 70,000주로 감소할 것이므로 주당가치는 10,000원[=70,000만원/70,000주]이 될 것이고, EPS는 700원[=49,000만원/70,000주]으로 증가할 것이고, PER는 14.3배[=10,000원/700원]가 될 것이다.3)

K기업 주식 10주를 보유하고 있는 주주의 부는 주식가치 100,000원이 될 것이다. 주식 3주를 K기업에게 판매하고 7주만 보유하고 있는 주주의 부도 3주 처분소득과 보유

2) 자본의 이익잉여금 항목에서 현금배당금이 30,000만원 지급되었다.

3) 유통주식수는 발행주식수에서 자사주매입량을 차감한 것이다. 기업이 자사주를 매입하여 금고에 보관하고 있으면 주식시장에서 유통되지 않으므로 실제 유통되는 주식수를 가지고 시장가치를 평가한다.

주식 7주의 가치를 합한 100,000원[=3주×10,000원+7주×10,000원]이 될 것이다. 따라서 배당을 실시하는 경우와 자사주매입을 실시하는 경우 주주의 부는 동일하게 된다.

그러나 배당소득세율이 자본소득세율보다 높다면 기업의 자사주매입은 주주의 세금부담을 줄여주어 배당을 지급하는 경우보다 주주의 세후수익을 증가시킬 수 있다. 배당소득세율은 15.4%, 자본소득세율은 5%라고 하면 배당소득과 자사주거래를 통한 자본이익 모두 1,000원일 경우 자사주거래에 따른 주주의 세후수익 950원[=1,000원×(1-0.05)]이 배당지급에 따른 주주의 세후수익 846원[=1,000원×(1-0.154)]보다 많을 것이다. 이와 같이 소득세율의 차이가 존재하면 자사주매입이 배당지급보다 주주들에게 유리할 것이다.

우리나라에서는 상법상 자사주의 취득은 원칙적으로 금지되어 있고 주식을 매입한 뒤 소각하거나 회사의 합병, 주주들의 매입청구가 있는 일부 예외적인 경우에만 자사주의 취득이 허용된다. 증권거래법에서는 경영권 안정과 방어 또는 주가안정의 목적을 위한 자사주 매입이 예외적으로 허용되고 있다. 또한 자사주 매입 이후 6개월 동안 매도할 수 없으며 자사주의 권리는 인정되지 않는다.

자사주매입은 공개시장매수, 공개매수, 사적협의에 의한 매수를 통하여 이루어진다. 공개시장매수(open-market repurchase)는 자사주매입을 공시하지 않고 일반투자자들처럼 기업이 주식시장에서 자연스럽게 자기주식을 매수하는 방법이다. 주주는 자신이 자사주 매도자인지 알지 못한다. 공개매수(tender offer)는 기업이 주식시장에 매입수량, 매입가격, 매입기간 등을 공시하고 특정 기간 동안 자기주식을 매수하는 방법이다. 따라서 주식매도 결정은 주주 개인의 판단으로 이루어진다. 사적협의에 의한 매수(target repurchase)는 비공개적으로 특정 주주와 협의를 하여 자기주식을 매수하는 방법이다. 우리나라 주식시장의 자사주매입은 대부분 공개매수로 이루어지며, 공시되는 자사주매입의 목적은 주가안정이 가장 많다.

3. 배당지급 절차

상법에 의하면 우리나라 기업들의 배당지급은 매 사업년도 종료일로부터 3개월 이내에 열리는 주주총회 의결사항으로 명시되어 있다. 배당은 배당기준일(record date)에 주식을 소유하고 있는 주주들에게만 지급된다. 배당기준일은 매 사업년도 말일로 되어 있다. 한국 주식시장의 매매결제는 매입한 날을 포함하여 3거래일(T+3일)이 소요되므로 배당기준일 2거래일 이전(T-2일)에는 주식을 매입해야 배당금을 받을 수 있다.[4] 배당금 지급은 주주총회 의결 이후 1개월 이내에 이루어져야 한다.

배당기준일 2거래일 이전(T-2일)처럼 배당금을 받을 수 있는 마지막 거래일을 배당부일(cum-dividend day), 배당기준일 1거래일 이전(T-1일)처럼 배당금을 받을 수 없는 거래일을 배당락일(ex-dividend day)이라고 한다. 배당락(ex-dividend)이란 배당금을 받을 수 있는 권리가 상실되는 것을 말하며, 이론적으로 배당락 주가는 배당금을 받을 수 있는 시점의 주가인 배당부일 주가에서 배당금만큼 하락되어야 한다.

한국 주식시장의 12월 결산 기업들의 배당기준일은 12월 31일, 배당락일은 12월 마지막 두 번째 거래일, 배당지급은 주주총회의 대부분이 2월말에서 3월초 사이에 이루어지므로 4월에 많이 이루어진다.

기업의 배당수준을 판단할 수 있는 변수로는 주당배당금, 배당수익률, 배당성향, 배당률 등이 있다. 주당배당금(DPS, dividend per share)은 배당총액을 발행주식수로 나누어 계산되며 주식 1주를 보유할 경우 받을 수 있는 배당금을 의미한다. 배당수익률(divided yield)은 주당배당금을 특정 시점의 주가로 나누어 계산되며 배당금으로 얻을 수 있는 주식투자 수익률을 의미한다. 배당성향(dividend payout ratio)은 해당 연도의 배당총액을 당기순이익으로 나누어 계산되며 순이익 중 얼마를 배당으로 지급하였는가를 의미한다. 배당률은 주당배당금을 액면가로 나누어 계산한다.

‖ 13.2절 배당정책과 기업가치 ‖

자본구조(capital structure) 이론의 중요한 논쟁 사항의 하나가 자본구조와 기업가치의 관련성 여부였다. 배당이론에서도 배당정책(dividend policy)과 기업가치의 관련성 여부가 중요한 논쟁 사항이다. 배당의 많고 적음은 기업가치에 영향을 미치지 않는다는 배당무관련 이론, 배당을 많이 지급하는 기업이 적게 지급하는 기업보다 기업가치가 높게 평가된다는 고배당선호 이론과 그 반대의 저배당선호 이론 등으로 구분된다.

4) 거래일(trading day)이란 주식시장이 열린 날로 달력상의 하루(calendar day)와는 다른 개념이다. 월요일이 배당기준일이면 매입한 날을 포함하여 달력상의 3일 이전은 토요일이 된다. 그러나 한국 주식시장에서는 토요일과 일요일에 주식시장이 열리지 않으므로 매입일을 포함한 3거래일 이전은 목요일이 되는 것이다.

1. 배당무관련(Irrelevance of dividend policy) 이론

(1) MM의 배당무관련 이론

MM(Miller and Modigliani)의 기업가치는 자산투자로 인한 수익에 의해서 결정되는 것이지 그 수익을 배당과 유보이익으로 나누는 배당정책과는 아무런 관련이 없다고 주장하였다. 기업이 현재 배당금을 증가시키면 동일한 금액만큼 내부유보이익이 감소하게 되어 미래의 배당가능액이 감소하므로 시점별 배당금의 많고 적음의 차이는 발생하겠지만 기업가치는 변하지 않는다는 것이다.

다음은 M기업의 배당관련 자료들이다.

■ M기업의 자료

- 100% 자기자본 조달
- 2년 후 기업을 청산(liquidation)할 예정[5)]
- 2년 동안 매년 1,000만원의 현금흐름($CF_{1,2}$) 발생
- 발행주식총수 = 10,000주
- 요구수익률 = 10%
- 현재 시행하고 있는 배당정책은 현금흐름 전액을 배당금으로 지급
- 이사회는 1년차 배당금을 1,100원 지급하기를 원함

현재 배당정책 하의 M기업의 주가와 기업가치를 배당평가모형을 이용하여 계산하면 다음과 같다. 여기서 $D_{1,2}$는 t=1, 2시점의 주당배당금, r은 할인율(요구수익률을 사용), P_0는 현재 시점의 주가를 각각 의미한다.

$$D_1 = D_2 = \left[\frac{1{,}000\text{만원}}{10{,}000\text{주}}\right] = 1{,}000\text{원}$$

$$P_0 = \left[\frac{D_1}{(1+r)^1} + \frac{D_2}{(1+r)^2}\right] = \left[\frac{1{,}000}{(1+0.1)^1} + \frac{1{,}000}{(1+0.1)^2}\right] = 1{,}735.54\text{원}$$

기업가치(또는 시가총액) = [1,735.54원×10,000주] = 17,355,400원

---

5) 청산(liquidation)은 기업 자체가 완전히 해산되는 것으로 남은 재산은 주주, 채권자 등이 나누어 갖는다. 일반적으로 기업이 영업을 계속하는 것이 손실이 더 크다고 판단될 때 이루어진다. 또한 청산은 기업이 모든 채무를 갚고 스스로 기업을 정리하는 것이므로 파산법에 따라 법원에 의해 기업의 정리가 결정되는 파산(bankruptcy)과는 차이가 있다.

이사회에서 요구한 1년차 배당금 D_1=1,100원으로 증가시키기 위해서는 1,100만원의 현금이 필요하므로 1년차 CF_1=1,000만원으로는 100만원이 부족하다. 부족한 100만원을 신주를 발행하여 조달한다면 신주주(new shareholders) 역시 구주주(old shareholders)들과 마찬가지로 10%의 수익률을 요구할 것이다.

M기업은 신주주에게 t=1에 필요한 100만원을 조달하고, t=2에서 110만원을 보장해 주어야 한다. 따라서 2년차 CF_2=1,000만원 중에서 110만원은 신주주에게 지급되어야 하므로 구주주에게는 나머지 890만원만 분배될 수 있을 것이다. 구주주 입장에서 주가와 기업가치를 평가하면 다음과 같다.

$$D_1 = \left[\frac{1,100\text{만원}}{10,000\text{주}}\right] = 1,100\text{원},\ D_2 = \left[\frac{890\text{만원}}{10,000\text{주}}\right] = 890\text{원}$$

$$P_0 = \left[\frac{D_1}{(1+r)^1} + \frac{D_2}{(1+r)^2}\right] = \left[\frac{1,100}{(1+0.1)^1} + \frac{890}{(1+0.1)^2}\right] = 1,735.54\text{원}$$

기업가치(또는 시가총액) = [1,735.54원×10,000주] = 17,355,400원

이와 같이 현재 시행중인 배당정책 하의 M기업의 주가와 이사회가 요구한 새로운 배당정책 하의 주가가 동일한 것을 알 수 있다. 즉, 어떤 배당정책을 취하든 기업가치는 변하지 않는다. 특정 시점의 배당금을 증가시키면 다른 시점의 배당금이 그만큼 감소하게 되므로 화폐의 시간가치를 고려하면 가치변화는 발생하지 않기 때문이다.

MM의 배당무관련 이론은 기업의 투자정책과 자본조달정책은 배당금의 크기에 영향을 받지 않는다는 가정과 완전자본시장(perfect capital market)의 가정 하에 성립된다.

(2) Homemade dividend

자본구조 이론에서 투자자 개인이 직접 차입이나 대출(homemade leverage)을 통하여 자신의 자본구성을 원하는 부채수준으로 만들 수 있다면 투자기업의 부채수준이 자신이 원하는 수준과 다르더라도 원하는 부채수준을 유지하고 있는 기업에 투자하는 것과 동일한 효과를 얻을 수 있다는 것을 살펴보았다.

배당무관련 이론에서도 이와 유사하게 기업이 투자자가 원하는 수준의 배당금을 지급하지 않아도 투자자 개인이 직접 재투자나 주식의 처분을 통하여 자신이 원하는 수준의 배당금을 받을 수 있는데 이것을 homemade dividend라고 한다.

앞에서 예를 든 M기업의 주주 朴군은 현재 시행중인 $D_1=D_2=1,000$원의 배당정책을 선호한다. 그러나 M기업이 朴군이 선호하는 현재 배당정책을 이사회가 요구하는 $D_1=1,100$원과 $D_2=890$원의 배당정책으로 바꾼다면 朴군은 M기업 주식을 자신이 원하는 형태의 배당정책을 시행하는 기업의 주식으로 교체해야 하는가?

朴군은 요구수익률만큼 재투자수익을 얻을 수 있다면 homemade dividend를 이용하여 자신이 원하는 시점별 배당금을 얻을 수 있으므로 M기업 주식을 교체할 필요가 없다.

우선 t=1에 $D_1=1,100$원을 수령하여 자신이 원하는 1,000원만 취하고 나머지 100원을 요구수익률과 동일한 10%에 1기간 재투자하면 t=2에 재투자수익 110원[=100원×(1+0.1)]을 얻을 수 있을 것이다. 재투자수익 110원과 t=2의 $D_2=890$원을 합하면 자신이 원하는 1,000원의 배당금을 얻을 수 있게 된다. 따라서 M기업이 $D_1=1,100$원과 $D_2=890$원의 배당정책으로 바꾼다고 하여도 주주 朴군은 homemade dividend를 이용하여 자신이 원하는 $D_1=D_2=1,000$원의 배당정책과 동일하게 만들 수 있으므로 M기업 주식을 교체하지 않아도 되는 것이다.

이번에는 반대의 경우를 살펴보자. 주주 金군은 이사회가 요구하는 $D_1=1,100$원과 $D_2=890$원의 배당정책을 선호하는데 M기업은 현재 배당정책 $D_1=D_2=1,000$원을 유지할 경우 어떻게 해야 하는가?

t=1의 $D_1=1,100$원을 원하는 金군은 $D_1=1,000$원을 수령하고 나머지 100원을 충당하기 위하여 M기업 주식을 100원만큼 처분하면 1,100원의 수익을 t=1에서 얻을 수 있다. 대신 t=1에 M주식 100원을 처분했기 때문에 t=2에서는 처분하지 않고 보유했을 경우 얻을 수 있는 수익까지 포함한 110원을 포기한 것이다. 따라서 t=2의 수익은 $D_2=1,000$원에서 t=1의 주식처분으로 포기한 110원을 제외한 890원이 된다. 890원은 金군이 t=2에서 원했던 배당금과 동일하다. M기업이 $D_1=D_2=1,000$원의 배당정책을 유지한다고 하여도 homemade dividend를 이용하여 金군이 원하는 $D_1=1,100$원과 $D_2=890$원의 배당정책과 동일하게 만들 수 있으므로 金군 역시 M기업 주식을 처분할 필요가 없다.

이와 같이 투자자들이 homemade dividend를 이용하여 자신들이 원하는 시점별 수익을 달성할 수 있다면 특정 배당정책에 대한 선호가 사라지므로 배당정책과 기업가치는 무관하게 될 것이다.

2. 저배당(Low payout)선호 이론

(1) 배당소득세율 차별

많은 국가에서 배당소득(dividend income)에 부과되는 세율과 자본소득(capital gain)에 부과되는 세율을 다르게 설정하고 있다. 최근에는 그 차이가 많이 완화되었지만 배당소득세율이 여전히 높아서 동일한 소득이라도 배당금으로 발생된 경우가 자본이익으로 발생된 경우보다 많은 세금을 납부해야 한다.[6] 또한 주식매매를 통한 자본이익은 실현시기를 주주가 선택할 수 있기 때문에 세금납부 시점을 투자자에게 유리하게 선택할 수도 있다.

저배당선호이론에 의하면 위와 같은 배당소득세율 차별 때문에 투자자들은 배당금을 적게 지급하는 기업을 선호한다고 한다. 특히 높은 배당소득세율을 적용받는 주주들은 더욱 저배당 기업을 선호할 것이다. 기업입장에서도 세금부담이 많은 배당금을 지급하는 것보다는 내부유보를 통한 재투자로 주가를 상승시키는 것이 주주의 부를 더 많이 증가시킬 수 있을 것이다.

예제 1

S기업의 현재주가는 10,000원이다. 여유현금을 배당으로 지급하면 주당 500원의 배당금을 주주들에게 지급할 수 있고 투자를 하면 주가를 500원 상승시킬 수 있을 것으로 예상된다. 개인의 배당소득세율과 자본소득세율은 각각 15.4%와 10%라고 한다. 어떤 선택이 주주를 부를 더 많이 증가시키는가?

〈풀이〉

주당 500원의 배당금을 지급하는 경우 주주들의 부는 다음과 같을 것이다.

주주들의 부 = [보유주식가치+세후배당금] = [10,000원+500원×(1−0.154)] = 10,423원

투자를 하여 주가를 500원 상승시키는 경우 주주들의 부는 다음과 같을 것이다.

10,500원에 주식을 처분하여 자본소득을 실현시킬 경우 주주들의 부
=처분가격−자본소득세[=매매차익×자본소득세율]
=10,500원−[10,500원−10,000원]×0.1=10,450원

6) 우리나라의 경우도 2013년 현재 배당소득이 4,000만원을 넘지 않으면 배당소득세율은 주민세를 포함하여 15.4%, 자본소득세율은 HTS(home trading system)거래를 할 경우 0.45% 정도이므로 배당소득세율의 차별이 존재한다.

따라서 재투자를 통하여 주가를 상승시켜 자본소득을 실현시키는 것이 배당을 지급하는 경우보다 주주들의 부를 주당 27원[=10,450원 - 10,423원] 더 증가시킨다.

<예제 1>의 결과를 통하여 알 수 있는 것은 배당소득세율 차별이 존재하면 저배당 정책을 취하는 것이 세금유출을 감소시켜 주주들의 부를 더 많이 증가시킬 수 있다는 것이다.

예제 2

예제 1의 S기업이 이번에는 여유현금을 1,000만원 보유하고 있다. S기업은 현금을 투자하면 매년 10%의 수익률을 얻을 수도 있지만 지금 배당으로 지급할 수도 있다. S기업 주주들 역시 배당금을 받아서 투자를 하면 매년 10%의 수익률을 얻을 수 있다고 한다. 기업의 법인세율은 22%, 개인의 자본소득세율과 배당소득세율은 각각 10%와 15.4%라고 한다. 지금 주주들에게 배당하는 경우와 S기업이 5년간 투자하여 얻은 수익을 주주들에게 배당하는 경우의 S기업 주주들의 5년 후 세후소득은 각각 얼마인가?

〈풀이〉

지금 주주들에게 1,000만원을 배당금으로 지급하는 경우 주주들의 5년 후 최종수익은 다음과 같이 1,301.68만원이 된다.

주주들의 세후배당수령액 = 1,000만원×[1−0.154] = 846만원
주주들의 자본소득세율 10%를 고려한 세후투자수익률 = 10%×[1−0.1] = 9%
846만원을 5년간 9%의 세후수익률로 투자한 수익 = [846만원×$(1+0.09)^5$]
= 1,301.68만원

이번에는 S기업이 5년간 투자한 후 주주들에게 배당금을 지급하는 경우 주주들의 최종수익은 다음과 같이 1,231.58만원이 된다.

법인세율 22%를 고려한 S기업의 세후투자수익률 = 10%×[1−0.22] = 7.8%
보유현금 1,000만원을 5년간 7.8%의 세후수익률로 투자할 경우 S기업의 수익
= [1,000만원×$(1+0.078)^5$] = 1,455.77만원
1,455.77만원 전액을 배당금으로 지급할 경우 주주들의 세후배당수령액
= [1,455.77만원×(1−0.154)] = 1,231.58만원.

<예제 2>의 결과를 보면 지금 주주에게 배당으로 지급하는 것이 5년 후 주주들의 부를 70.07만원 더 증가시킬 수 있는 것으로 나타났다. 이것은 개인의 배당소득세율과 자본소득세율 모두가 기업의 법인세율보다 낮기 때문에 나타난 결과이다. 이와 같이 기업이 여유현금을 배당으로 지급할 것인지, 직접 투자를 할 것인지의 선택 역시 주주와 기업이 부담하는 소득세율 크기에 영향을 받을 것이다.

☑ 예제 3

배당소득세율은 15.4%, 자본소득세율은 0%인 투자자가 투자대상으로 배당을 지급하지 않은 G기업과 배당을 지급하는 D기업을 고려하고 있다. G기업의 현재주가는 1,000원, 내년도 주가는 1,200원으로 예상되고, D기업은 내년에 주당 200원의 배당금을 지급할 것이고 배당락가격(ex-dividend price)은 1,000원으로 예상된다고 한다. D기업의 현재 주가는 얼마로 평가되겠는가? D기업과 G기업의 위험은 동일하다고 가정.

〈풀이〉

G기업 주식을 지금 1,000원에 매입하여 1년 후 1,200원에 매도하면 자본이익은 200원이 될 것이고 배당수익은 없으므로 투자수익률은 20%가 될 것이다. 자본소득세율이 0%이므로 세전수익률(pre-tax return)이나 세후수익률(after-tax return) 모두 20%가 될 것이다.

G기업과 D기업의 위험이 동일하다고 가정했으므로 어느 기업의 주식에 투자하든 동일한 수익률을 얻을 수 있어야 하므로 D기업의 수익률도 20%가 되어야 한다.

배당소득세율이 15.4%이므로 내년도 D기업의 주주들은 169원[=200원×(1-0.154)]의 세후배당금과 주식을 처분하여 1,000원의 수익을 얻을 수 있으므로 총 1,169원의 수익을 얻을 수 있다. 따라서 투자수익률이 20%가 되기 위해서는 현재 D기업의 주가는 974원[=1,169원/1.2]이 되어야 한다. 즉, D기업의 주주는 지금 974원에 주식을 매입하여 1년 후 세후배당금 169원을 수령하고 1,000원에 매각하면 G기업의 주주들과 동일한 20%의 수익률을 얻을 수 있게 되는 것이다.

예제 3의 결과를 보면 D기업과 G기업의 위험이 동일함에도 불구하고 D기업의 주가가 배당을 지급한다는 이유만으로 G기업의 주가보다 26원 낮게 평가되고 있다. 이것은 D기업의 투자자와 G기업의 투자자가 동일한 위험을 부담하므로 동일한 수익률을 얻어야 하기 때문에 그런 것이다. 배당소득세율에 대한 차별을 낮은 주식매입가격으로 보상하기 위하여 D기업의 주가가 G기업의 주가보다 낮게 형성된 것이다.

(2) 발행비용과 배당제약

앞에서 언급한 M기업이 배당에 필요한 100만원을 조달하기 위하여 주식을 발행할 때 암묵적으로 주가가 10,000원이라면 100주만 발행하면 되는 것으로 가정하였다. 즉, 발행비용을 포함하지 않았다.

그러나 신주를 발행하려면 발행업무 대행기관에 지급해야 하는 수수료와 신주발행에 따른 주가하락 등의 발행비용(flotation cost)을 부담해야 한다. 따라서 고배당정책을 실시하면 주식 발행비용이 증가하여 기업의 부담이 증가할 것이므로 저배당정책을 실시하는 것이 기업에게 유리할 것이다.

채권자들 또한 자신들의 부의 손실을 막기 위하여 채권약정서에 배당제약 조항을 포함시킬 수도 있다. 이런 경우에는 기업은 저배당정책을 실시할 수밖에 없을 것이다.

3. 고배당(High payout)선호 이론

(1) 확실한 현재소득 선호와 낮은 배당소득세율

현재의 확실한 소득을 원하는 투자자들은 주가상승을 통한 불확실한 미래 소득보다는 확실한 현재의 고배당을 선호할 것이다. 완전자본시장에서 homemade dividend를 이용할 수 있다면 고배당 기업들을 선호할 이유가 없겠지만 현실에서는 주식을 매수/매도할 때 거래비용이 발생하고 적절한 매매시점 선택을 위한 시간투자도 필요하기 때문에 현재 배당을 많이 지급하는 고배당 기업이 선호될 수 있다.

그리고 미국 주식시장의 연기금(pension fund)이나 신탁투자(trust investment)처럼 배당소득세가 면제되는 투자자들에게는 고배당 기업이 선호될 것이다.

이와 같이 고배당선호 이론에 의하면 현재의 확실한 소득을 원하거나 배당소득세율 부담이 적은 투자자들은 고배당을 선호할 것이라고 한다.

(2) 배당의 정보효과

배당의 정보효과는 기업내부 경영자와 외부투자자가 이용할 수 있는 정보가 동일하지 않은 정보불균형(information asymmetry) 상황에서 발생한다.

일반적으로 경영자는 기업의 미래전망이나 수익에 관하여 외부투자자보다 많은 정보를 가지고 있을 것이다. 따라서 기업에 대한 많은 정보를 가진 경영자가 결정하는 배당정책은 외부투자자가 알지 못하던 정보를 전달해주는 역할을 할 수 있을 것이다. 이것을 배당의 정보효과(signaling effect)라고 한다.

배당무관련 이론에서 살펴본 것처럼 단지 배당금의 많고 적음의 시점만 바꾸는 배당정책으로는 기업가치에 아무런 변화를 가져올 수 없다는 것을 알고 있는 경영자가 배당정책의 변화를 가져왔다면 외부투자자가 알지 못하는 기업의 미래수익에 변화가 발생했다는 것을 의미할 것이다. 예를 들어, 경영자는 미래수익이 지속적으로 증가할 것이라고 예상되지 않으면 다시 감소시키기 어려운 배당금을 증가시키지 않을 것이다. 그러므로 배당증가가 공시되었다면 정보가 부족한 투자자는 배당증가를 통하여 기업의 미래수익이 지속적으로 증가할 것이라는 정보를 얻을 수 있을 것이다.

그러나 미래수익이 증가하지 않음에도 배당을 증가시킨다면 증가된 배당금을 마련하기 위해 기업은 외부에서 자본을 조달해야 한다. 따라서 배당증가는 미래수익이 증가하지 않을 기업이 기업가치를 증가시키기 위해서 쉽게 따라할 수 있는 재무정책이 아니다.

배당을 증가시키면 기업의 미래수익 증가를 외부투자자에게 알려서 기업가치를 증가시킬 수 있으므로 고배당정책이 선호될 것이다.

반면에 배당감소는 외부투자자에게 미래수익의 감소라는 정보를 전달하므로 주가가 감소할 것이다. 또한 예상된 배당증가(감소)보다 공시된 배당증가(감소)가 적으면 오히려 주가가 하락(상승)하는 경우도 발생한다.

‖ 13.3절 고객효과의 배당의 안정성 ‖

1. 고객효과

저배당선호 이론에서는 배당소득세 부담으로 인하여 투자자는 배당을 적게 지급하는 기업을 선호할 것이라고 한 반면에 고배당선호 이론에서는 연기금이나 신탁투자자처럼 배당소득세가 감면되는 투자자는 배당을 많이 지급하는 기업을 선호할 것이라고 하였다. 이것은 투자자가 부담하는 배당소득세율의 크기에 따라 선호하는 배당수준이 다르다는 것을 의미한다.

배당을 많이 지급하는 기업은 고배당을 원하는 투자자들에게, 배당을 적게 지급하는 기업은 저배당을 원하는 투자자들에게 선호된다는 것이 배당의 고객효과(clientele effect)이다.

배당의 고객효과가 존재하면 어떤 기업이 고배당정책을 실시할 때는 고배당을 선호하는 투자자가 매입할 것이고, 저배당정책으로 전환하면 저배당을 선호하는 투자자가 매입할 것이므로 주가는 배당정책에 영향을 받지 않을 것이다. 따라서 기업은 주가를 상승시킬 수 있는 배당정책을 고민할 필요가 없게 된다.

2. 배당의 안정성

(1) 잔여배당정책

배당지급을 위하여 주식을 발행하면 발행비용이 발생하므로 배당금의 재원을 내부적으로 조달하면 발행비용을 부담하지 않아도 될 것이다. 내부자금으로 배당을 지급하려면 기업은 순이익에서 (+)의 순현재가치(NPV)를 가져다주는 투자에 필요한 자금을 먼저 결정하고 남은 부분(residual)을 배당으로 지급하면 될 것이다.

잔여배당정책(residual dividend approach)이란 적정 부채수준을 유지하면서 (+)의 NPV 투자안에 먼저 투자하고 남은 자금을 배당금으로 지급하는 정책을 말한다. 이럴 경우 좋은 투자기회를 많이 가지고 있는 연도에는 배당으로 지급할 수 있는 금액이 적으므로 배당성향이 낮아질 것이고 좋은 투자기회가 적은 연도에는 배당으로 지급할 수 있는 금액이 많을 것이므로 배당성향이 높아질 것이다.

실제로 급속도로 성장하는 기업들의 배당성향은 낮은 반면에 성숙단계에 접어들어 성장이 더딘 기업들의 배당성향은 높은 경향이 있다.

(2) 배당의 안정성

잔여배당정책을 따를 경우 배당금은 해당 기간의 투자기회에 영향을 받기 때문에 변동이 심할 것이다.

잔여배당정책에 따른 배당금의 급격한 변동은 안정적인 수익을 선호하고 배당에 대한 수익 의존도가 높은 주주들에게는 문제가 될 것이다. 기업도 배당을 증가하면 좋은 투자기회를 적게 가지고 있다는 내부정보를 시장에 전달하게 되므로 급격한 배당금의 변동을 원하지 않을 것이다. 따라서 경영자나 주주 모두 자주 바뀌는 배당정책보다는 예상 가능한 안정적인 배당정책을 선호할 것이다. 즉, 배당의 안정성(dividend stability)을 원할 것이다.

연습문제

13-1. D 기업은 100% 자기자본 조달 기업이며 2년 후 회사를 청산(liquidation)할 예정이다. 2년 동안 매년 1,210만원의 CF가 발생할 것으로 예상된다. 현재 발행주식수는 10,000주이며 주주들의 요구수익률은 10%라고 한다. 다음 질문에 답하시오.

① 현재 배당정책은 매년 현금흐름 전부를 배당금으로 지급하는 것이다. 배당평가모형에 의한 주가와 시가총액은 얼마인가?

② 이사회의 요구로 첫 해의 배당금을 1,500만원으로 변경하고자 한다. 현금흐름보다 많은 배당금을 충당하기 위해서 주식을 발행할 경우 두 번째 연도의 Old 주주들이 받을 수 있는 배당금과 그 때의 주가는 얼마가 되겠는가?

③ 朴군은 ①의 현재 배당정책을 선호한다. 만약 ②처럼 이사회가 요구하는 배당정책이 채택된다면 朴군은 자신이 원하는 시점별 배당금을 얻기 위하여 D 기업의 주식을 처분하고 새로운 주식(朴군이 원하는 형태의 배당금을 지급하는)을 매입해야 하는가? 그렇지 않다면 朴군은 D 기업의 주식으로 어떻게 자신이 원하는 형태의 배당금을 만들 수 있는지 보이시오.

13-2. REC사는 여유현금 1,000만원을 가지고 있다. 그 돈을 부동산에 투자하면 20%의 수익률을 얻을 것으로 예상된다. 반면에 주주들에게 배당으로 지급하면 주주들은 그 돈을 가지고 금융자산에 투자하면 25%의 수익률을 얻을 수 있을 것으로 예상된다. 기업이 부담하는 법인세율은 22%, 주주들이 부담하는 개인소득세율(배당소득과 투자수익 모두)은 15.4%라고 한다. REC사가 직접 투자를 한 후 주주들에게 배당을 하는 경우와 주주들에게 배당을 지급하여 주주들이 직접 투자한 경우 5년 후에 주주들이 받을 수 있는 금액은 각각 얼마인가 ?

PART 5

추가적인 주제들

제14장

옵션과 실물옵션

‖ 14.1절 옵션의 기초 ‖

1. 옵션의 기초

옵션(option)이란 특정 시점에 미리 정해진 가격으로 특정 자산을 매입(buy)하거나 매도(sell)할 수 있는 권리가 부여된 증권을 말한다. 여기서 특정 시점이란 옵션의 권리를 행사하는 시점으로 옵션의 만기(maturity, T)라고 한다. 옵션은 만기까지만 존재하는 증권으로 만기까지 권리가 행사되지 않으면 자동 소멸된다. 미리 정해진 가격이란 옵션거래가 발생한 시점에서 결정된 권리를 행사하는 시점에 그 자산을 사거나 팔기로 약속한 가격을 말하며 옵션의 행사가격(exercise price 또는 strike price, X)이라고 한다. 특정 자산이란 옵션의 권리를 행사하여 사거나 팔 수 있는 대상을 말하며 기초자산(underlying asset)이라고 한다. 옵션은 권리(right)가 부여된 증권이므로 반드시 사거나 팔아야 할 의무(obligation)가 있는 것은 아니다.

옵션은 기초자산을 만기에 행사가격으로 매입할 수 있는 권리가 부여된 콜(Call) 옵션과 매도할 수 있는 권리가 부여된 풋(Put) 옵션으로 구분할 수 있다(이하 Call 옵션과 Put 옵션). 또한 권리를 만기에만 행사할 수 있는 유로피언(European) 옵션과 만기뿐만 아니라 만기 이전 언제라도 권리를 행사할 수 있는 아메리칸(American) 옵션으로 구분할 수 있다.

옵션거래에서 옵션 매입자(buyer)는 옵션 매도자(seller)에게 옵션가격에 해당하는 프리미엄(premium)을 지불한다. 옵션 프리미엄은 기초자산을 행사가격에 사거나 팔 수 있는 권리에 대한 가격이라고 할 수 있다. 옵션 매도자는 옵션 매입자가 권리를 행사하면 권리행사를 인수해야 하는 의무를 가지므로 옵션 인수자(writer)라고도 한다. 옵션 매입자가 권리를 행사하지 않으면 옵션 매도자는 옵션 프리미엄만큼 이익을 얻을 수 있다.

만약 H기업 주식을 12월 두 번째 목요일에만 20만원에 살 수 있는 권리가 부여된 증권이 현재 2,350원에 거래된다면, 그 증권은 유로피언 Call 옵션이며, 기초자산은 H기업 주식, 만기일은 12월 두 번째 목요일, 행사가격은 20만원, 옵션프리미엄은 2,350원이 되는 것이다.

2. 옵션가치평가의 기초

(1) 만기에서의 옵션의 가치

본 절에서는 만기에만 권리를 행사할 수 있는 유로피언 옵션으로 만기에서의 옵션의 가치를 설명하고자 한다.

Call 옵션이란 만기(T)에 기초자산을 행사가격(X)으로 매입할 수 있는 권리가 부여된 증권이므로 만기에 형성되는 기초자산의 가격(S_T)에 따라 Call 옵션의 가치가 결정된다.

다음은 H기업 주식에 대한 Call 옵션 관련 자료들이다.

> ■ H기업의 Call 옵션의 자료
> - 만기(T) : 12월 두 번째 목요일
> - 행사가격(X) : 200,000원
> - 기초자산 : H기업 주식
> - 만기일에만 권리 행사가 가능(유로피언 옵션)
> - 옵션프리미엄 : 2,350원

① Case 1 : 만기의 H기업 주가(S_T) = 250,000원 〉 행사가격(X) = 200,000원

만약 만기에 기초자산인 H기업 주식의 가격(S_T)이 250,000원으로 행사가격(X)=200,000원보다 높게 형성되면 옵션 매수자는 X=200,000원으로 H기업 주식을 매입할 수 있는 권리를 행사하여 매입한 후 S_T=250,000원으로 매도하면 50,000원의 차익을 얻을 수 있을 것이다. 따라서 'S_T=250,000원 > X=200,000원'인 경우 Call 옵션의 가치(C_T)는 다음과 같다.[1)]

$$C_T = [S_T - X] = [250{,}000원 - 200{,}000원] = 50{,}000원$$

② Case 2 : 만기의 H기업 주가(S_T) = 150,000원 〈 행사가격(X) = 200,000원

만약 만기에 기초자산인 H기업 주가(S_T)가 150,000원으로 행사가격(X)=200,000원보

1) 여기서는 옵션 프리미엄을 고려하지 않은 옵션의 가치를 먼저 설명하고 나중에 식 (1-1)과 식 (2-1)을 통하여 옵션 프리미엄을 고려한 가치를 설명한다.

다 낮게 형성되면 옵션 매수자는 150,000원으로 매입할 수 있는 주식을 행사가격 200,000원으로 매입하는 권리를 행사하지 않을 것이므로 Call 옵션의 가치는 '0'이 될 것이다.

Case 1과 Case 2를 종합하면 Call 옵션의 만기에서의 가치(C_T)는 다음 식 (1)과 같이 나타날 수 있다. 여기서 max[~]는 [ ]안의 값들 중에서 큰 값을 취한다는 표시이다.

$$C_T = \max[(S_T - X),\ 0] \qquad \cdots \text{식 (1)}$$

Put 옵션이란 만기(T)에 기초자산을 행사가격(X)으로 매도(sell)할 수 있는 권리가 부여된 증권이므로 Call 옵션과 마찬가지로 기초자산의 만기에서의 가격(S_T)에 따라 가치가 결정될 것이다. H기업 Put 옵션이 프리미엄만 2,000원으로 다를 뿐 Call 옵션의 자료와 동일하다고 가정하고 Case 3과 4의 만기에서의 Put 옵션의 가치(P_T)를 살펴보자.

③ Case 3 : 만기의 H기업 주가(S_T) = 250,000원 〉 행사가격(X) = 200,000원

만기에 기초자산인 H기업의 주가(S_T)가 250,000원으로 행사가격(X)=200,000원보다 높게 형성되면 옵션 매수자는 250,000원에 매도할 수 있는 주식을 행사가격 200,000원으로 매도하는 권리를 행사하지 않을 것이므로 Put 옵션의 가치는 '0'이 될 것이다.

④ Case 4 : 만기의 H기업 주가(S_T) = 150,000원 〈 행사가격(X) = 200,000원

만기에 기초자산인 H기업의 주가(S_T)가 150,000원으로 행사가격(X)=200,000원보다 낮게 형성되면 옵션 매수자는 H기업 주식을 S_T=150,000원에 매수하여 X=200,000원으로 매도할 수 있는 권리를 행사하면 50,000원의 차익을 실현시킬 수 있을 것이다. 따라서 'S_T=150,000원 < X=200,000원'인 경우 Put 옵션의 성과(P_T)는 다음과 같다.

$$P_T = [X - S_T] = [200{,}000\text{원} - 150{,}000\text{원}] = 50{,}000\text{원}$$

Case 3과 Case 4를 종합하면 Put 옵션의 만기에서의 가치는 다음 식 (2)와 같이 나타날 수 있다.

$$P_T = \max[(X - S_T),\ 0] \qquad \cdots \text{ 식 (2)}$$

식 (1)과 식 (2)로 표현한 Call 옵션과 Put 옵션의 가치는 <그림 1>과 <그림 2>처럼 나타낼 수 있다.

〈그림 1〉 만기에서의 Call 옵션의 가치

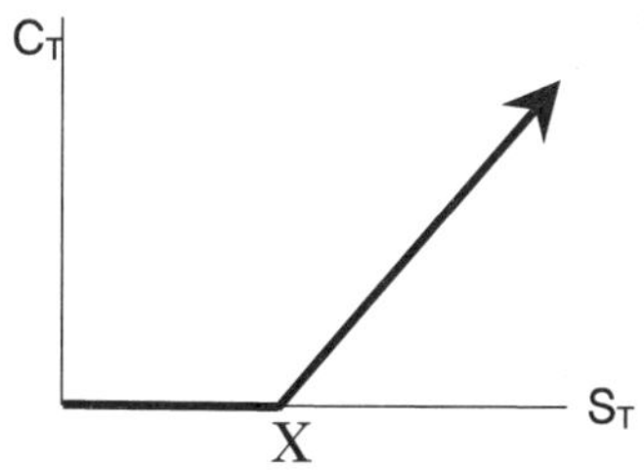

〈그림 2〉 만기에서의 Put 옵션의 가치

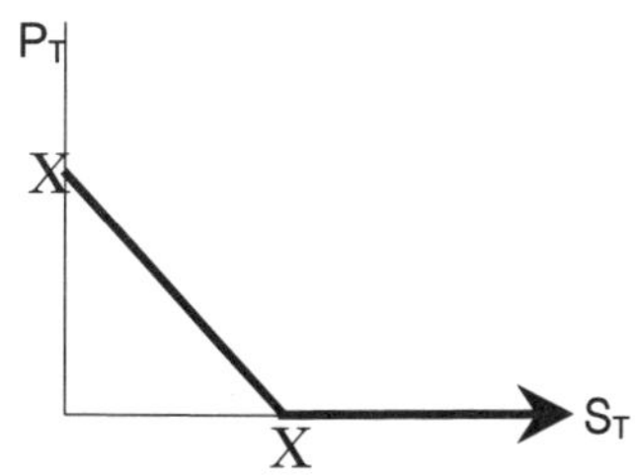

(2) Zero-sum 게임의 옵션거래

옵션거래에서 발생하는 옵션 매수자와 매도자 성과의 합은 언제나 '0'이 된다. 옵션 매수자가 (+)의 성과를 실현시키기 위하여 권리를 행사하면 옵션 매도자는 매수자의 권리행사를 인수하는 의무를 이행해야 하므로 매수자의 (+) 성과만큼 (-)의 손실을 보아야 하고, 옵션 매수자가 권리를 행사하지 않으면 매수자와 매도자 모두 '0'의 성과를 얻게 된다. 따라서 옵션거래는 매수자와 매도자 성과의 합은 0이 되는 Zero-sum game이 되는 것이다.

앞에서 예를 든 H기업 Call 옵션 매수자는 Case 1 경우처럼 250,000원하는 H기업 주식을 행사가격 200,000원에 매수하는 권리를 행사하면 (+)50,000원의 성과를 얻지만, 옵션 매도자는 권리행사를 인수해야 하므로 250,000원하는 H기업 주식을 200,000원에 매도해야 하므로 (-)50,000원의 성과를 얻게 되어, H기업 Call 옵션 매수자와 매도자 성과의 합은 정확히 '0'이 된다.

(3) 옵션 프리미엄을 반영한 옵션의 가치

옵션의 실제 거래에서는 옵션 매수자는 권리를 취득한 것에 대한 대가로 옵션 매도자에게 옵션 프리미엄(premium)을 지급한다. 옵션 프리미엄은 옵션에 부여된 권리의 가격이라 할 수 있으므로 옵션의 거래비용에 해당된다.

옵션의 거래비용인 프리미엄을 반영한 Call 옵션과 Put 옵션 매수자의 만기에서의 가치는 각각 다음과 같다.

C_T = max[(S_T − X), 0] − 옵션 프리미엄 … 식 (1−1)
P_T = max[(X − S_T), 0] − 옵션 프리미엄 … 식 (2−1)

H기업 옵션 프리미엄 2,350원을 반영한 Case 1과 2의 Call 옵션매수자의 수익은 각각 47,650원[=(250,000원–200,000원)-2,350원]과 (-)2,350원[=0-2,350원]이 된다.

(4) Call 옵션가격의 범위

기초자산을 매수하거나 매도할 수 있는 권리가 부여된 파생상품(derivatives)인 옵션의 가격은 기초자산의 가격에 많은 영향을 받는다. 따라서 옵션과 기초자산과의 관계를 이해하면 옵션가격의 상한(upper bound)과 하한(lower bound)이 파악되어 옵션가격의 범위를 추정할 수 있다.

Call 옵션은 기초자산을 매수할 수 있는 권리가 부여된 증권이므로 기초자산을 매입할 수 있는 권리의 가격이 기초자산보다 비쌀 수는 없으므로 Call 옵션가격의 상한은 '기초자산의 가격'이 된다.

Call 옵션 소유자는 권리를 행사하면 기초자산의 가격과 행사가격의 차액만큼의 이익을 실현시킬 수 있을 것이고, 권리를 행사하지 않는다고 하더라도 최소한 (-)의 성과를 보지는 않을 것이다(프리미엄을 고려하지 않을 경우). 따라서 Call 옵션의 가격은 권리행사를 통하여 얻을 수 있는 성과보다는 최소한 비싸야 할 것이므로 Call 옵션가격의 하한은 'max[(S_T–X), 0]'이 된다.

Call 옵션가격의 상한과 하한을 통하여 추정한 t시점의 Call 옵션가격의 범위는 다음 식 (3)과 같이 표현할 수 있다.

$$\max[(S_T - X), 0] \leq C_t \leq S_t \quad \cdots \quad \text{식 (3)}$$

‖ 14.2절 이항옵션가격결정모형 ‖

1. 이항옵션가격결정모형의 기초

이항옵션가격결정모형(Binominal Option Pricing Model)은 매 기간 발생 가능한 기초자산의 가격변화를 일정한 비율로 상승하거나 하락하는 두 가지 행태로만 가정하고, 차익거래 개념을 응용하여 옵션의 가격을 도출하는 모형이다.

차익거래란 추가적인 투자나 위험부담 없이 이익을 취하는 거래로 시장이 균형 상태라면 차익거래 기회가 존재하지 말아야 한다. 차익거래기회가 존재하지 않기 위해서는 동일한 수익이나 성과를 가지는 두 자산의 가격은 동일해야 한다.[2)]

재무관리 제 3 법칙 :
차익거래가 존재하지 않기 위해서는 동일한 수익을 얻는 두 자산의 가격은 동일해야 한다 (Two assets with the same payoff must have the same price).

이항옵션가격결정모형은 차익거래 기회가 존재하지 않기 위해서는 옵션과 동일한 크기의 수익을 가져다주는 포트폴리오의 가격은 옵션가격과 동일해야 한다는 개념을 응용하여 옵션의 가격을 평가한다.

2) 재무학에서는 차익거래에 대해서 재무관리 제 3 법칙을 포함하여 다음의 4가지의 무차익원리(no arbitrage principle)가 적용된다. ① 미래수익이 같은 두 자산의 가격(또는 두 투자전략의 비용)은 같아야 한다(the same payoffs ⇒ the same price or cost). ② 자기자금과 위험을 부담하지 않는 투자에 대한 수익은 0이어야 한다 (no investment and no risk ⇒ zero return). ③ 위험을 부담하지 않는 투자에 대한 수익률은 무위험이자율과 같아야 한다(return on an investment with no risk = risk-free interest rate). ④ 위험이 같은 투자에 대한 기대수익률은 같아야 한다(the same risk ⇒ the same expected return).

2. 예제를 통한 이항옵션가격결정모형 설명

■ 기초자산 XYZ 주식에 대한 자료

(a) XYZ 주식(배당은 지급하지 않음)의 현재가격 : 10,000원
(b) 무위험채권의 이자율 : 연 5%
(c) 1년 후 XYZ 주가는 동일한 확률로 9,500원 또는 12,500원이 예상됨

① XYZ 주식의 할인율

현재 XYZ 주식은 10,000원에 거래되고 있으므로 1년 후 기대수익을 할인하여 주식의 가치를 계산한다면 다음과 같은 관계가 성립할 것이다.

$$P_0 = \left[\frac{E(CF_1)}{(1+r)^1} \right] \Rightarrow 10,000 = \left[\frac{0.5 \times 9,500 + 0.5 \times 12,500}{(1+r)^1} \right]$$

위의 관계를 통하여 할인율(r)을 추정하면 XYZ 주가에 반영된 할인율(r)은 0.1 또는 10% 임을 알 수 있다.

② 1년 후 행사가격(X)이 9,300원인 Call 옵션가격과 할인율

Call 옵션의 1년 후 행사가격이 9,300원이라면, 1년 후 XYZ 주가(S_T)가 9,500원으로 하락하든, 12,500원으로 상승하든 XYZ 주식을 9,300원에 매수할 수 있는 Call 옵션의 권리는 모두 행사될 것이다. 따라서 Call 옵션의 1년 후 가치(C_1)는 다음과 같을 것이다.

1년 후 XYZ 주가	권리행사 여부(X=9,300원)	Call 옵션의 1년 후 가치 : C_1
9,500원	행 사	200원[=9,500원−9,300원]
12,500원	행 사	3,200원[=12,500원−9,300원]

표의 Call 옵션과 동일한 가치(또는 수익)을 얻을 수 있는 가상의 'C 포트폴리오'를 XYZ 주식 a주와 무위험순수할인채권(risk-free pure discount bond, 이하 무위험채권) b원으로 구성하면 1년 후 XYZ 주가변화에 따른 C 포트폴리오의 성과는 다음 표와 같게 된다.

1년 후 XYZ 주가	무위험채권 이자율	C 포트폴리오 수익
9,500원	5%	$9,500 \times a + 1.05 \times b = 200$원
12,500원	5%	$12,500 \times a + 1.05 \times b = 3,200$원

1년 후 XYZ 주식 가격별 C 포트폴리오의 수익을 나타내는 연립방정식을 풀면 a=1주와 b=(-)8,857원을 얻게 된다. 이것은 Call 옵션과 동일한 수익을 얻을 수 있는 C 포트폴리오는 'XYZ 주식 1주 매수 & 무위험채권 (-)8,857원 투자'로 구성할 수 있다는 것을 의미한다. 여기서 무위험채권 (-)8,857원 투자는 무위험채권을 발행하여 8,857원만큼 차입(borrowing)한다는 것을 의미한다.[3)]

C 포트폴리오 구성 시점에 소요된 비용은 무위험채권으로 8,857원을 차입하여 XYZ 주식 1주를 10,000원에 매수하였으므로 1,143원이 된다. 차익거래 기회가 존재하지 않기 위해서는 C 포트폴리오와 동일한 수익을 얻는 XYZ 주식 Call 옵션가격 역시 1,143원이 되어야 한다. Call 옵션이 1,143원에 거래되어야 Call 옵션과 동일한 수익을 얻을 수 있는 C 포트폴리오를 구성하는 비용과 같게 되기 때문이다.

Call 옵션이 1년 후 XYZ 주식 가격변화에 상관없이 모두 행사될 것이 확실하면 Call 옵션의 가격은 XYZ 주식가격에서 무위험수익률(여기서는 무위험채권의 이자율 R_f)로 할인한 행사가격(X)의 현재가치를 차감하여 계산할 수 있다.

$$C_0 = S_0 - \left[\frac{X}{(1+R_f)^1}\right] = 10,000 - \left[\frac{9,300}{(1+0.05)^1}\right] = 1,143\text{원}$$

XYZ 주식에 대한 Call 옵션의 가격이 1,143원이므로 1년 후 기대수익을 할인하여 Call 옵션의 가치를 계산한다면 다음과 같은 관계가 성립된다.

$$C_0 = \left[\frac{E(CF_1)}{(1+r)^1}\right] \Rightarrow 1,143 = \left[\frac{0.5 \times (9,500 - 9,300) + 0.5 \times (12,500 - 9,300)}{(1+r)^1}\right]$$

위의 관계를 통하여 할인율을 추정하면 기초자산 XYZ 주식의 파생상품인 Call 옵션

3) 무위험채권에 투자하는 금액이 (+)이면 그 금액만큼 채권을 매입(buy)하여 채권발행자에게 자금을 대출(lending), (-)이면 그 금액만큼 채권을 발행(sell)하여 채권투자자들에게 자금을 차입(borrowing)하는 것임.

가격에 반영된 할인율(r)은 0.487 또는 48.7%이다. XYZ 주가에 반영된 할인율 10%보다 높은 할인율이 Call 옵션가격의 평가에 적용되고 있다는 것을 알 수 있다. 이것을 통하여 기초자산인 주식가치보다는 기초자산에 대한 파생상품인 옵션가치의 불확실성이 더 크다는 것을 유추할 수 있다.

③ 헷지비율(hedge ratio)

②에서 Call 옵션과 동일한 수익을 얻을 수 있는 가상의 C 포트폴리오를 구성하기 위하여 주식을 매수하였다. 헷지비율(hedge ratio)이란 옵션과 동일한 수익을 얻을 수 있는 포트폴리오를 구성하기 위하여 필요한(매수해야 할) 주식의 숫자를 말한다. ②에서는 Call 옵션과 동일한 수익을 얻기 위하여 XYZ 주식 1주를 매입해야 했으므로 헷지비율은 1이 된다.

헷지(hedge)에는 가격변동 위험을 회피한다는 의미가 포함되어 있으므로 헷지비율은 주가변동 위험을 회피하기 위하여 필요한 주식의 숫자라고 할 수 있다.

또한 헷지비율은 주가가 1단위 변동할 때 Call 옵션가격의 변화율을 의미하기도 한다. ②에서는 주가가 1,000원 증가하면 Call 옵션가격도 헷지비율(=1)만큼 즉, 1,000원 증가한다.

④ 1년 후 행사가격(X)이 10,000원인 Call 옵션가격과 할인율

②와 비교하여 Call 옵션의 1년 후 행사가격이 10,000원으로 증가하면 XYZ 주가(S_T)가 9,500원으로 하락하면 Call 옵션의 권리가 행사되지 않을 것이다. 주식시장에서 9,500원에 매수할 수 있는 XYZ 주식을 10,000원에 매수할 이유가 없기 때문이다. 그러나 S_T=12,500원으로 상승할 때는 X=10,000원에 XYZ 주식을 매수하는 옵션의 권리가 행사될 것이다. 따라서 Call 옵션의 수익은 다음과 같게 된다.

1년 후 XYZ 주가	권리행사 여부(X=10,000원)	Call 옵션의 1년 후 가치 : C_1
9,500원	행사하지 않음	0원
12,500원	행 사	2,500원[=12,500원−10,000원]

이번에도 표의 Call 옵션과 동일한 수익을 얻을 수 있는 가상의 C 포트폴리오를

XYZ 주식 a주와 무위험채권 b원으로 구성하면 1년 후 XYZ 주가변화에 따른 C 포트폴리오의 성과가 다음과 같게 된다.

$$\begin{cases} 9,500 \times a + 1.05 \times b = 0 \\ 12,500 \times a + 1.05 \times b = 2,500\text{원} \end{cases}$$

1년 후 XYZ 주식 가격별 C 포트폴리오의 수익을 나타내는 연립방정식을 풀면 a=(5/6)주와 b=(-)7,540원을 얻게 되므로 C 포트폴리오는 'XYZ 주식 (5/6)주 매수 & 무위험채권 (-)7,540원 투자'로 구성할 수 있다.

따라서 C 포트폴리오 구성에 소요된 비용은 무위험채권 7,540원을 발행하여 XYZ 주식 (5/6)주를 8,333원[=10,000원×5/6]에 매수하였으므로 793원이 될 것이고, C 포트폴리오와 동일한 수익을 얻는 Call 옵션가격 역시 793원이 되어야 한다. 행사가격이 10,000원으로 증가한 Call 옵션가격은 행사가격이 9,300원일 때의 1,143원보다 하락한 것을 알 수 있다.

XYZ 주식에 대한 Call 옵션의 가격이 794원이므로 1년 후 기대수익을 할인하여 Call 옵션의 가치를 계산하는 다음 관계를 통하여 Call 옵션가격에 적용된 할인율이 57.4%라는 것을 알 수 있다.

$$C_0 = \left[\frac{E(CF_1)}{(1+r)^1} \right] \Rightarrow 794 = \left[\frac{0.5 \times 0 + 0.5 \times (12,500 - 10,000)}{(1+r)^1} \right]$$

행사가격이 9,300원일 때 Call 옵션의 가격과 적용된 할인율은 각각 1,143원과 48.7%이지만 행사가격이 10,000원으로 증가하면 옵션가격은 794원으로 하락하고, 불확실성(또는 위험)이 반영된 할인율은 57.4%로 증가하였다. 이것을 통하여 행사가격이 커지면 Call 옵션의 수익은 감소하고 불확실성은 증가하게 되므로 Call 옵션가격이 하락하게 된다는 것을 추정할 수 있다.

⑤ 기초자산 XYZ 주가의 1년 후 변동폭이 확대된 경우 Call 옵션가격

이번에는 만기에 기초자산 XYZ 주가(S_T)가 9,000원 또는 13,000원으로 예상되어 ④

의 9,500원 또는 12,500원보다 가격 변동폭이 확대된 경우 Call 옵션가격에 미치는 영향을 살펴보자.

④와 동일하게 Call 옵션의 행사가격(X)이 10,000원이라면 S_T=9,000원으로 하락하면 옵션의 권리가 행사되지 않을 것이고, S_T=13,000원으로 상승하면 X=10,000원에 매수하는 옵션의 권리가 행사될 것이다. 따라서 Call 옵션의 수익은 다음과 같게 된다.

1년 후 XYZ 주가	권리행사 여부(X=10,000원)	Call 옵션의 1년 후 가치 : C_1
9,000원	행사하지 않음	0원
13,000원	행 사	3,000원[=13,000원−10,000원]

이번에도 표의 Call 옵션과 동일한 수익을 얻을 수 있는 가상의 C 포트폴리오를 XYZ 주식 a주와 무위험채권 b원으로 구성하면 1년 후 XYZ 주가변화에 따른 C 포트폴리오의 성과가 다음과 같다.

$$\begin{cases} 9,000 \times a + 1.05 \times b = 0 \\ 13,000 \times a + 1.05 \times b = 3,000\text{원} \end{cases}$$

연립방정식을 풀면 a=(3/4)주와 b=(-)6,429원을 얻게 되므로, C 포트폴리오 구성에 소요된 비용은 무위험채권 6,429원을 발행하여 XYZ 주식 (3/4)주를 7,500원에 매수하였으므로 1,071원이다. 따라서 C 포트폴리오와 동일한 수익을 얻는 Call 옵션가격 역시 1,071원이 된다. 기초자산의 가격 변동폭이 확대된 Call 옵션가격은 1,071원으로, 기초자산의 가격 변동폭이 확대되기 전의 794원보다 상승한 것을 알 수 있다. 따라서 기초자산 가격의 변동폭이 확대되면 Call 옵션의 가치는 증가한다는 것을 알 수 있다.

3. Call 옵션가격의 결정요인들

Call 옵션가격(C)은 Call 옵션 수익의 크기에 따라 결정될 것이다. 옵션의 수익은 기초자산 가격(S)과 가격변동성(σ_s), 행사가격(X), 무위험이자율(R_f), 만기(T) 등에 영향을 받을 것이다.

Call 옵션은 기초자산의 가격(S)이 클수록 권리 행사에 따른 수익이 커질 가능성도 높아질 것이다. 만기에 기초자산을 10,000원에 매입할 수 있는 Call 옵션의 수익은 만기의 기초자산 가격이 행사가격 10,000원보다 높을수록 커질 것이다. 현재 기초자산의 가격이 5,000원인 경우보다는 9,000원인 경우가 만기의 기초자산 가격이 행사가격 10,000원보다 높게 형성될 가능성이 높을 것이다. 따라서 기초자산의 가격이 높을수록, Call 옵션의 수익이 증가할 것이고, Call 옵션가격도 상승할 것이므로 Call 옵션가격과 기초자산 가격 사이에는 (+)의 상관관계가 존재한다.

앞의 ⑤에서 살펴본 것처럼 Call 옵션은 만기의 기초자산 가격의 변동성(σ_s)이 클수록 권리 행사에 따른 수익이 커질 가능성이 높을 것이다. 가격이 크게 상승하면 행사가격으로 매입하는 권리행사에 따른 수익이 커지고, 가격이 크게 하락하면 권리행사를 포기하여 수익을 '0'로 한정시킬 수 있기 때문이다. 따라서 만기의 기초자산 가격의 변동성 클수록, Call 옵션의 수익이 증가할 것이고, Call 옵션가격도 상승할 것이므로 Call 옵션가격과 기초자산 가격의 변동성 사이에는 (+)의 상관관계가 존재한다.

Call 옵션은 행사가격(X)이 클수록 권리행사 가능성은 낮아질 것이고, 권리행사가 된다고 하더라도 수익은 낮을 것이다. 따라서 행사가격이 높을수록, Call 옵션의 수익이 하락할 것이고, Call 옵션가격도 하락할 것이므로 Call 옵션가격과 행사가격 사이에는 (-)의 상관관계가 존재한다.

Call 옵션은 무위험이자율(R_f)이 높을수록 행사가격의 현재가치[$X/(1+R_f)^T$]가 감소하므로 행사가격 하락과 유사한 효과가 나타날 것이므로 권리행사에 따른 수익이 높아질 것이다.[4] 따라서 무위험이자율이 높을수록, 행사가격의 현재가치가 하락하여, Call 옵션의 수익이 증가할 것이고, Call 옵션가격도 상승할 것이므로 Call 옵션가격과 무위험이자율 사이에는 (+)의 상관관계가 존재한다.

Call 옵션은 만기(T)가 길수록 가격변동성이 커질 가능성이 높아지고, 행사가격의 현재가치도 많이 감소하므로 권리행사에 따른 수익이 높아질 것이다. 따라서 만기가 길수록 가격변동성이 커질 가능성이 높아지고, 행사가격의 현재가치의 하락도 커지므로, Call 옵션의 수익이 증가할 것이고, Call 옵션가격도 상승할 것이므로 Call 옵션가격과 만기 사이에는 (+)의 상관관계가 존재한다.

Call 옵션가격과 가격결정요인들 사이의 관계는 다음 식 (4)와 같이 정리할 수 있다.

---

4) C 포트폴리오 비용관점에서 보면 무위험이자율이 높을수록 차입할 수 있는 금액이 감소하므로 주식을 매수하는 데 많은 비용이 발생하게 되므로 Call 옵션가격도 상승하는 것으로 설명할 수 있다.

$$C=C[S(+),\ \sigma_S(+),\ X(-),\ R_f(+),\ T(+)] \cdots \text{식 (4)}$$

여기서 C, S, σ_s, X, R_f, T는 Call 옵션가격, 기초자산 가격, 기초자산 가격의 변동성, 행사가격, 무위험수익률, 만기를 각각 의미하고, ( )안의 +와 –는 Call 옵션가격과 해당변수 간에는 정의(positive) 상관관계와 부의(negative) 상관관계가 존재한다는 것을 의미한다.

‖ 14.3절 옵션의 응용 : 자기자본과 부채의 가치 ‖

1. 유로피언 옵션의 Put–Call 항등식

투자자는 특정 시점의 수익을 어떤 상황에도 일정하게 고정시킬 수 있는 무위험포트폴리오(risk-free portfolio)를 구성할 수 있으면, 보유하고 있거나 보유할 예정인 자산의 미래 가격변동위험을 회피할 수 있을 것이다.

어떤 투자자가 주식의 특정 시점 가격을 10,000원으로 고정시키기를 원한다고 한다. 그 주식을 1주 매수하고, 기초자산은 그 주식, 행사가격(X)은 투자자가 고정시키기를 원하는 10,000원, 만기(T)는 투자자가 원하는 시점으로 하는 Call 옵션을 1단위 매도하고, Put 옵션 1단위를 매수하는 포트폴리오를 구성하여 'RF(risk-free) 포트폴리오'라고 하자.

거래유형	비용(t=0)	수익(t=T)	
		$S_T \geq X$	$S_T < X$
주식 1단위 매수	S	S_T	S_T
Put 1단위 매수	P	0	$[X-S_T]$
Call 1단위 발행	–C	$-[S_T-X]$	0
RF 포트폴리오	S+P–C	X	X

현재(t=0) RF 포트폴리오를 구성하는데 발생하는 비용과 만기 시점(t=T)의 수익은

앞의 표와 같을 것이다.

기초자산인 주식의 만기시점의 가격(S_T)이 행사가격(X=10,000원)보다 높게 형성될 경우 매수한 Put 옵션의 권리는 행사하지 않을 것이고, 발행한 Call 옵션의 권리가 행사될 것이므로 RF 포트폴리오의 수익은 $X[=S_T-(S_T-X)]$가 될 것이다. 또한 $S_T < X$ 인 경우는 매입한 Put 옵션의 권리를 행사하고, 발행한 Call 옵션의 권리는 행사되지 않을 것이므로 RF 포트폴리오의 수익은 이번에도 $X[=S_T+(X-S_T)]$가 될 것이다.

각주에서 언급한 세 번째 무차익원리 '③ 위험을 부담하지 않는 투자에 대한 수익률은 무위험이자율과 같아야 한다(return on an investment with no risk = risk-free interest rate)'를 적용하면 RF 포트폴리오의 수익률은 무위험수익률(R_f)이 되어야 한다. 따라서 다음과 같은 관계가 성립한다. 분자의 X는 만기시점의 RF 포트폴리오의 수익, 분모의 (S+P-C)는 t=0의 투자비용이 될 것이기 때문이다.

$$\left[\frac{X}{(S+P-C)}\right] = [1+R_f]^T$$

위의 식을 정리하면 다음 식 (5)와 같은 Put-Call 항등식이 도출된다.

$$P = \left[C - \left\{S - \frac{X}{(1+R_f)^T}\right\}\right] \quad \cdots \text{ 식 (5)}$$

여기서 P, C, S 와 $X/(1+R_f)^T$는 각각 t시점의 Put 옵션가격, Call 옵션가격, 기초자산의 가격, t시점에서 만기(T)의 X를 무위험수익률 R_f로 할인한 행사가격의 현재가치 [PV(X)]를 각각 의미한다. Put 옵션의 가격(P)은 Call 옵션의 가격(C)보다 [S-PV(X)]만큼 작다는 것을 식 (5)를 통하여 알 수 있다.

2. 옵션으로 표현한 자기자본과 부채의 가치

자본구조(capital structure)와 재무상태표 등식에 의하면 기업의 자금원천은 부채(debt, 타인자본)와 자기자본(equity)으로 구성되어 있고, 자산(asset)의 가치는 부채와 자기자본 가치의 합과 동일하다.

부채의 가치는 고정적인 성격을 가지고 있지만 자기자본의 가치는 자산가치에서 부채가치를 차감한 후의 가치이므로 자산가치에 비례한다. 채권자는 기업의 자산이나 성과가 분배될 경우 주주보다 우선하여 분배 받고, 주주는 채권자에게 먼저 분배되고 남은 것을 분배 받는다.

H기업의 부채가 5,000만원일 경우 자산가치에 따른 부채와 자기자본의 가치는 다음 표와 <그림 3>과 같다(단위는 만원). 여기에 나타난 부채와 자기자본의 가치를 옵션을 이용하여 설명하고자 한다.

자 산	부 채	자기자본
0	0	0
2,500	2,500	0
5,000	5,000	0
7,500	5,000	2,500
10,000	5,000	5,000
⋮	⋮	⋮
100,000	5,000	95,000

〈그림 3〉

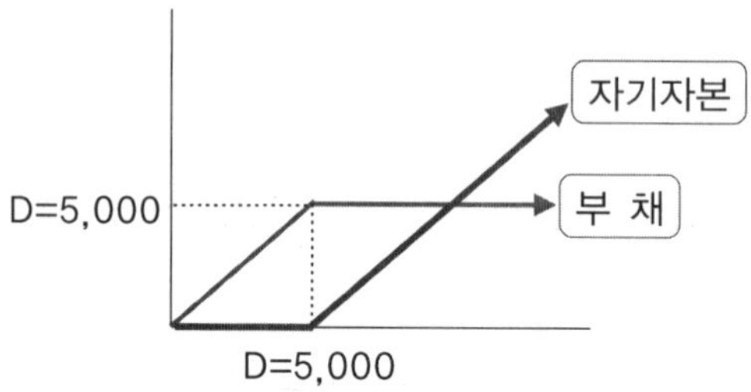

(1) 부채를 사용한 기업의 자기자본 가치

부채를 사용한 기업의 자기자본(levered equity)의 가치는 기초자산인 자산에 대하여 부채의 액면금액(face value)을 행사가격으로 하는 Call 옵션을 매수하는 것으로 나타낼 수 있다.

기업의 자산이나 성과를 분배할 때 주주(shareholder)는 채권자(bondholder)에게 부채를 먼저 상환한 후 남은 것에 대한 소유권을 주장할 수 있다. 자산가치가 부채의 액면금액보다 크면(위의 H기업의 자산가치가 5,000만원 이상인 경우에 해당) 주주에게 [자산가치–부채의 액면금액]이 분배될 수 있지만, 자산가치가 부채의 액면금액보다 작으면(위의 H기업의 자산가치가 5,000만원 미만인 경우에 해당) 부채를 우선 상환해야 하므로 주주에게 돌아오는 몫은 없게 된다.

이런 상황은 기초자산을 기업의 자산, 행사가격을 부채의 액면금액으로 하는 Call 옵션을 매수하는 것과 동일하다. t시점의 자산가치(V_t)가 행사가격인 부채의 액면금액

(D)보다 크면 Call 옵션의 권리를 행사하여 '$[V_t-D]$'의 수익을 취하고, $V_t < D$ 이면 권리를 행사하지 않아 수익이 '0'가 되므로 Call 옵션의 가치는 자기자본의 가치와 동일하게 된다. 따라서 자기자본의 가치(E_t)는 다음 식 (6)과 <그림 4>로 나타낼 있다. 식 (6)과 <그림 4>는 Call 옵션의 가치를 나타내는 식 (1), <그림 1>과 동일한 형태임을 알 수 있다.

$$E_t = \max[(V_t - D), 0] \cdots \text{식 (6)}$$

〈그림 4〉 자기자본의 가치

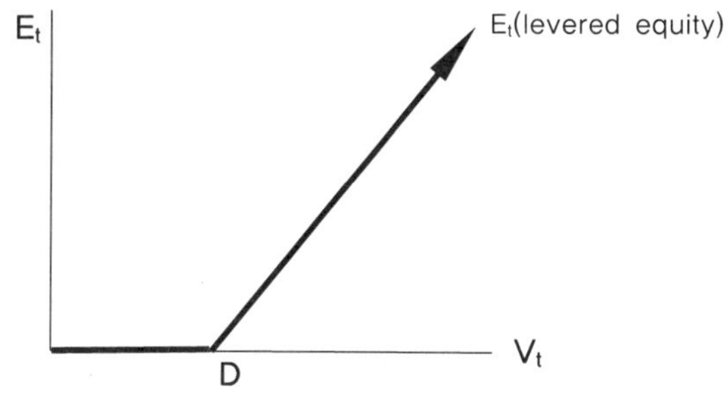

여기서 E_t, V_t, D는 t시점의 자기자본 가치, 자산가치, 부채의 액면금액을 각각 의미한다. 또한 t는 권리를 행사하는 시점 또는 자기자본의 가치를 평가하는 시점을 의미한다.

(2) 부채의 가치

부채(debt)의 가치는 자산가치(V_t)가 부채의 액면금액(D)보다 크면(위의 H기업의 자산가치가 5,000만원 이상인 경우에 해당) 전액 상환될 것이고, $V_t < D$ 이면(위의 H기업의 자산가치가 5,000만원 미만인 경우에 해당) V_t만큼만 일부 상환될 것이다. 이와 같은 부채의 가치는 다음 식 (7)과 같이 표현할 수 있다. 식 (7)은 부채의 가치는 자산가치와 부채의 액면금액 중 작은 것이 된다는 것을 의미한다. 여기서 D_t, V_t, D는 t시점의 부채의 가치, 자산가치, 부채의 액면금액을 각각 의미한다. 여기서 min[~]는 [ ]안

의 값들 중에서 작은 값을 취한다는 표시이다.

$$D_t = \min[V_t\ ,\ D] \quad \cdots \text{ 식 } (7)$$

식 (7)과 같은 결과는 '① 옵션의 권리행사 시점에 부채의 액면금액(D)만큼 받을 수 있는 무위험채권을 매입하고, ② 기초자산은 기업의 자산, 행사가격은 부채의 액면금액으로 하는 Put 옵션 1단위를 매도'하는 투자전략의 결과와 동일하다.

자산가치(V_t)가 부채의 액면금액(D)보다 작은 경우 Put 옵션 매수자가 권리를 행사할 것이므로 ②의 Put 옵션 매도에서는 $[D-V_t]$의 손실이 발생할 것이고, ①투자에서는 부채의 액면금액(D)을 상환 받을 것이므로 전체적으로 V_t의 수익이 실현될 것이다.

$V_t > D$ 이면 Put 옵션 매수자가 권리를 행사하지 않을 것이므로 ②의 Put 옵션 매도에서는 '0'의 성과가 발생할 것이고, ①투자에서는 부채의 액면금액(D)을 상환 받을 것이므로 전체적으로 D의 수익이 실현될 것이다. 이 과정을 다음 표와 <그림 5>로 정리할 수 있다.

자산가치 범위	① 무위험채권 매입	② Put 옵션 매도	① + ②
$V_t \leq D$	D	$-[D - V_t]$	V_t
$V_t > D$	D	0	D

〈그림 5〉 부채의 가치

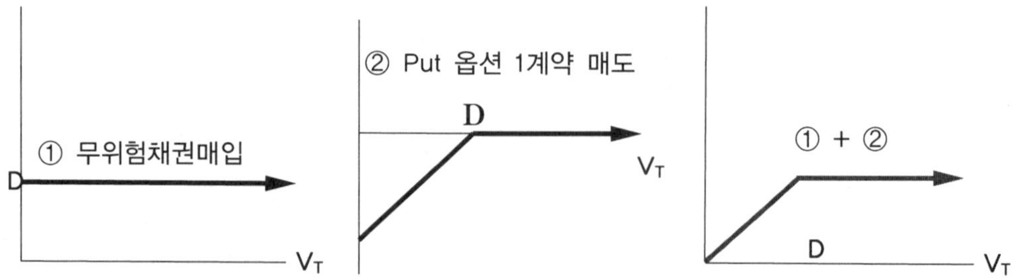

‖ 14.4절 실물옵션 ‖

1. 실물옵션의 개념

어떤 기업이 현재 개발하지 않은 해안가 토지를 리조트로 개발하려는 계획을 가지고 있다면 개발한 후의 경제적인 가치가 개발 전보다 크다면 개발사업을 추진하는 것이 바람직할 것이다. 이것은 기업이 소유한 해안가 토지를 기초자산, 개발 전의 경제적 가치를 행사가격으로 하는 Call 옵션으로 설명할 수 있다. 개발 이후 토지의 가치가 행사가격에 해당하는 개발 전의 경제적 가치보다 작다면 개발이라는 권리를 행사하지 않을 것이고, 크다면 개발하는 권리를 행사할 것이므로 Call 옵션의 의사결정과 매우 유사하다.

영화사는 유명 소설에 대한 영화 제작권을 구입한 후 영화제작 여부를 결정할 때 손익분기점 이상의 수익을 얻을 수 없을 것이라 예상되면 영화제작을 하지 않을 것이다. 이것은 영화제작을 기초자산, 손익분기점을 행사가격으로 하는 Call 옵션과 유사하다.

리스회사는 고객들에게 일정 기간 이내에 리스계약을 취소할 수 있는 권리를 제공하곤 한다. 이것은 고객들이 리스물건을 사용하고 만족하지 않으면 다시 리스회사에 판매하는 것과 유사하므로 리스회사가 고객들에게 Put 옵션을 판매한 것과 동일하다. Put 옵션의 가치는 리스가격에 포함될 것이다.

벤처캐피탈(venture capital)은 불확실성이 커서 자금조달이 쉽지 않은 벤처기업들에게 자금을 제공한다. 자금을 제공한 후 기업이 성공하면 IPO(initial public offering) 등을 통하여 상당한 수익을 실현시킬 수 있지만, 자금 제공 후 예상과는 다르게 진행될 경우 곤란하게 될 것이다. 실제로 벤처캐피탈의 기업에 대한 투자는 성공보다는 실패할 가능성이 더 높다. 이런 경우 벤처캐피탈은 자금 제공 후 기업의 성과가 나쁠 경우 그 기업을 떠날 수 있는 탈출 옵션(exit option)을 보유하는 경우가 있다. 이 옵션은 벤처캐피탈이 자금을 제공한 기업을 기초자산, 벤처캐피탈이 원하는 가치를 행사가격으로 하며, 기업의 가치가 행사가격보다 낮으면 옵션을 행사하여 기업에서 탈출할 수 있게 해준다.

이와 같이 옵션은 주식, 주가지수, 환율 등의 금융자산만을 기초자산으로 하는 것이 아니라 다양한 실물자산들에 대해서도 적용될 수 있다. 이와 같이 실물자산을 기초자산으로 하는 옵션을 실물옵션(real option)이라고 한다.

2. Big Example : 투자연기 옵션

투자결정을 할 때 지금 불확실한 상황에서 결정하는 것과 불확실성이 사라질 때까지 기다린 후 결정하는 것 중 어느 것이 유리한지를 옵션을 통하여 판단할 수 있다.

■ 기초자료
(a) 현재 투자금액 : 3,550만원
(b) 미래 투자수익은 1년 후부터 (5/9) 확률로 매년 160만원, (4/9)확률로 매년 250만원씩 영원히 발생할 것으로 예상된다. 그러나 1년이 지나면 어떤 수익이 발생할지 확실해 진다고 한다.
(c) 무위험수익률(R_f)=5%, 자본비용=12%

(b)에서 1년이 지나면 투자수익의 불확실성이 사라진다고 하였으므로 1년 후 투자수익이 무엇이든 160만원과 250만원 투자수익의 가치(V_1)를 확실하게 다음과 같이 평가될 것이다.

$$V_1(250\text{만원})=\left[\frac{250\text{만원}}{0.05(=R_f)}\right]=5{,}000\text{만원},\qquad V_1(160\text{만원})=\left[\frac{160\text{만원}}{0.05(=R_f)}\right]=3{,}200\text{만원}$$

① 현재(t=0) 투자를 결정하는 경우

현재(t=0)는 투자수익이 250만원과 160만원 중 어느 것이 실현될지 불확실한 상황이다. 따라서 현재 시점에서는 투자수익의 기대값을 다음과 같이 자본비용으로 할인하여 평가할 수 있다.[5)]

$$V_0=\left[\frac{\frac{4}{9}\times(250+5{,}000)+\frac{5}{9}\times(160+3{,}200)}{(1+0.12)^1}\right]=3{,}750\text{만원}$$

여기서 투자수익의 기대값은 t=0의 수익과 t=1에서의 투자수익의 가치를 합하여 계산하였다. 현재 시점의 투자비용 3,550만원이므로 순현재가치(NPV_0)는 다음과 같이

---

5) 5,000만원과 3,200만원은 t=1에서 불확실성이 사라진 후 투자안의 가치이므로 무위험수익률로 할인하여 평가하였고, t=0에서는 아직 불확실성이 존재하므로 자본비용으로 할인하여 투자안의 가치를 평가하였다.

200만원이 될 것이므로 현재 시점에서 투자가치가 있다고 할 수 있다.

$$NPV_0 = [-I_0 + V_0] = [-3,550 + 3,750] = 200\text{만원}$$

② 1년을 기다린 후 투자를 결정하는 경우

1년 후에는 투자수익의 불확실성이 사라질 것이므로 불확실성이 존재하는 현재(t=0) 투자결정을 하는 것보다 1년 기다린 후 투자를 결정하는 것도 고려할 수 있다.

우선 1년 후에도 투자비용은 3,550만원으로 변하지 않는다고 가정할 경우 투자수익이 250만원으로 확정될 경우와 160만원으로 확정될 경우 순현재가치(NPV_1)는 각각 다음과 같이 각각 1,450만원과 (-)350만원이 될 것이다.

$$NPV_1(250\text{만원}) = -3,550 + \left[\frac{250\text{만원}}{0.05(=R_f)}\right] = 1,450\text{만원}$$

$$NPV_1(160\text{만원}) = -3,550 + \left[\frac{160\text{만원}}{0.05(=R_f)}\right] = (-)350\text{만원}$$

1년 후에는 NPV가 (+)인 경우에만 투자가 이루어질 것이므로 현재 시점에서 1년 기다린 후 투자를 결정하는 경우의 순현재가치(NPV_0)를 계산하면 다음과 같을 것이다.

$$NPV_0(1\text{년 후 결정}) = \left[\frac{\frac{4}{9} \times NPV_1(250\text{만원}) + \frac{5}{9} \times 0}{(1+0.12)}\right] = 575.4\text{만원}$$

①의 현재(t=0) 투자를 결정하는 경우의 NPV_0=200만원이었지만 1년 기다린 후 투자를 결정하는 경우의 NPV_0=575.4만원으로 375.4만원만큼 증가하였다. 따라서 1년을 기다린 후 투자를 결정하는 것이 기업가치를 극대화시키는 더 좋은 선택이 될 것이다.

위와 같이 투자를 연기하거나 기다릴 수 있는 상황은 투자비용 3,550만원을 행사가격으로 하는 Call 옵션을 보유하는 것과 동일하다. 1년 후 불확실성이 사라진 후 투자비용 이상을 회수할 수 있는 투자만을 선택할 수 있는 옵션을 보유하고 있는 것과 마찬가지이기 때문이다. 여기서 1년 투자결정을 연기할 수 있는 옵션의 가치는 375.4만원이라고 할 수 있다.

예제 1

투자안의 미래수익은 동일한 확률로 180만원 또는 320만원으로 예상되지만 1년이 지나면 어떤 수익이 실현될지 확실해진다고 한다. 그러나 투자비용은 지금 투자하면 2,000만원, 1년 후 투자하면 2,400만원이 발생한다고 한다. 할인율은 12%일 경우 현재 투자를 결정하는 경우와 1년을 기다린 후 투자를 결정하는 경우를 비교하시오.

<풀이>

현재(t=0) 투자를 하는 경우 투자안의 NPV는 다음과 같다.

$$NPV_0 = -2{,}000 + \left[\frac{0.5 \times 180 + 0.5 \times 320}{0.12}\right] = 83\text{만원}$$

1년이 지난 후 투자수익이 180만원 또는 320만원으로 확실해진 경우 각각의 NPV는 다음과 같이 계산된다.

$$NPV_1(180\text{만원}) = -2{,}400 + \left[\frac{180\text{만원}}{0.12}\right] = (-)900\text{만원},\ NPV_1(320\text{만원}) = -2{,}400 + \left[\frac{320\text{만원}}{0.12}\right] = 266.7\text{만원}$$

1년이 지난 후 NPV가 (-)이면 투자하지 않을 것이므로 현재 시점에서 이런 상황을 고려하여 1년 기다린 후 투자를 결정하는 경우의 NPV를 계산하면 다음과 같을 것이다.

$$NPV_0(1\text{년 후 결정}) = \left[\frac{0.5 \times 0 + 0.5 \times 266.7}{(1+0.12)}\right] = 119.2\text{만원}$$

1년 지난 후 투자를 결정할 경우의 NPV=119.2만원은 현재 불확실성하에 투자할 때의 NPV=83만원보다 36.2만원이 증가하였다. 따라서 1년을 기다릴 수 있는 옵션의 가치는 36.2만원이 된다.

‖ 14.5절 혼성증권과 옵션 ‖

1. 신주인수권부사채

혼성증권(hybrid securities)이란 두 개 이상의 증권들의 특징을 모두 가지고 있는 증권을 말한다. 신주인수권부사채(warrants)와 전환사채(convertible bond) 등이 대표적인 혼성증권이다.

신주인수권부사채(warrants)란 투자자에게 주주처럼 사채발행 기업의 증자에 참여하여 신주를 인수받을 수 있는 권리가 부여된 사채를 말한다. 투자자가 신주인수권을 행사하면 신주인수권부사채 발행기업은 신주를 투자자에게 인도하고 투자자는 인도받는 신주에 대한 자본금을 기업에 납부해야 한다. 따라서 발행기업의 자본금과 발행주식수는 증가하게 된다.

신주인수권부사채 투자자가 신주인수권을 행사하여 자본금을 납부하면 발행기업의 자기자본가치는 기존의 가치(E_t)에다 납부된 자본금(X)만큼 증가할 것이다. 신주인수권행사 여부를 결정할 때 투자자는 자신이 납부한 자본금(X)과 행사 이후 자신이 보유할 수 있는 지분의 자기자본가치[$\alpha \times (E_t+X)$]와 비교하여 '[$\alpha \times (E_t+X) > X$]'인 경우 신주인수권을 행사할 것이다.

이런 상황은 일반적인 채권(straight bond)에 기초자산은 신주인수권부사채 투자자가 소유할 자기자본의 가치, 행사가격은 투자자가 납부할 자본금(X)인 Call 옵션을 부여한 것과 동일하다.

2. 전환사채

전환사채(convertible bond, 이하 CB)란 일정 기간 후 채권이 발행기업의 주식으로 전환될 수 있는 전환권이 부여된 회사채를 말한다. CB 투자자는 채권의 액면금액을 미리 정해두었던 숫자의 주식으로의 전환을 선택할 수 있다.

CB 1단위를 주식으로 전환할 때 받을 수 있는 주식 숫자를 전환비율(conversion ratio), 주식 1주로 전환하기 위해 포기해야 하는 채권의 액면금액을 전환가격(conversion price)이라고 한다. 만약 H기업 CB의 액면금액은 1,000만원이고 전환가격이 25만원이라면 전환비율은 40주[=1,000만원/25만원]가 될 것이고, 전환비율이 40주라고 정해져 있으면 전환가격은 25만원[=1,000만원/40주]이 되는 것이다.

CB 투자자들은 채권을 주식으로의 전환여부를 결정할 때 CB 발행기업의 전환 시점의 주가를 고려할 것이다. 위의 H기업 CB 전환시점의 H기업 주가가 20만원이라면 CB 투자자들은 25만원의 채권을 20만원의 주식으로 전환하지 않을 것이지만, 주가가 30만원이라면 25만원의 전환가격으로 전환하면 5만원[=30만원-25만원]의 차익을 실현시킬 수 있을 것이다.

이와 같이 CB는 일반적인 채권에 발행기업의 주식을 기초자산, 전환가격을 행사가격으로 하는 전환권이라는 Call 옵션이 추가된 형태이다. 그러므로 CB의 가치는 일반적인 채권의 가치와 전환권의 가치의 합이 될 것이다.

CB의 가치를 평가하기 위해서 먼저 전환가치와 최저가치를 이해해야 한다. 전환가치(conversion value)란 전환권이 행사되어 주식으로 전환되었을 때의 CB의 가치로 '전환시점의 주가×전환된 주식의 수'로 계산된다. 위의 H기업 CB의 전환시점의 주가가 30만원이라면 전환가치는 1,200만원[=30만원×40주]가 될 것이다. 일반적으로 CB는 전환가치보다 낮은 가격에 거래되지 않는다. CB 투자자는 전환가치가 사채의 액면금액보다 작으면 전환권을 행사하지 않을 것이고, 전환가치가 액면금액보다 크면 전환권을 행사할 것이다. 특히 주가가 전환가격보다 크면 클수록 전환가치가 커져서 CB 투자자의 수익도 증가할 것이다. 따라서 CB 투자자는 최소한 전환가치 이상의 수익을 얻을 수 있으므로 전환가치보다 CB의 가격은 높게 형성될 것이다.

최저가치(floor value)란 CB를 구성하는 일반사채의 가치와 전환가치 중 높은 것을 말한다. 전환시점의 CB 발행기업의 주가가 전환가격보다 작으면 전환권을 행사하지 않고 일반사채의 가치를 유지할 것이고, 주가가 전환가격보다 크면 전환권을 행사하여 사채의 액면금액보다 큰 전환가치를 취할 것이므로 CB 투자자는 최저가치 이상을 얻을 수 있다.

또한 대부분의 CB에는 강제 상환할 수 있는 수의상환권(call provision)이 존재한다. 수의상환권이란 CB 발행기업이 정해진 기간 내에 일정한 가격으로 사채를 상환(재매입)할 수 있는 권리를 말한다. 시장이자율이 하락하면 CB 발행기업은 수의상환권을 행사하여 낮아진 금리로 CB의 원금에 해당하는 금액을 차입하여 CB를 상환함으로써 이자부담을 줄일 수 있을 것이다.

채무불이행 위험(default risk)과 강제상환(callable) 가능성이 없다면 CB의 가치는 최저가치 이상은 될 것이다. CB 투자자는 최저가치보다 높은 가치를 얻을 수 있는 전환시점을 선택할 수 있는 옵션을 가지고 있으므로 CB의 가치는 최저가치보다 높게 형성될 것이다.

〈그림 6〉 CB의 가치

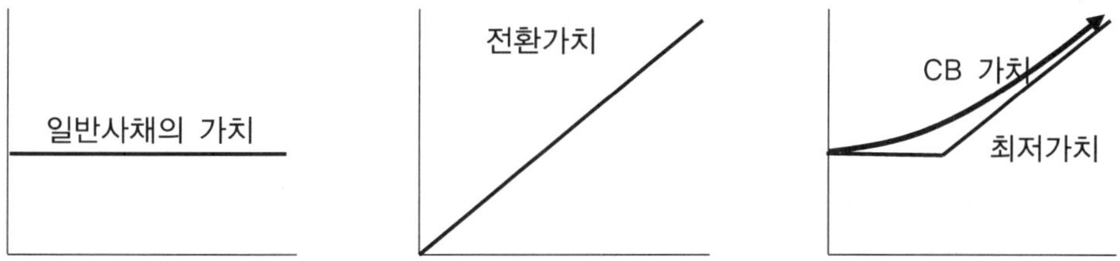

<그림 6>은 전환가치, 최저가치를 이용한 CB의 가치를 설명하고 있다. 왼쪽 그림은 채무불이행 위험(default risk)가 없는 일반사채의 가치를, 중간 그림은 전환가치를, 오른쪽 그림은 최저가치 이상으로 형성되는 CB의 가치를 각각 보여주고 있다.

연습문제

14-1. A 주식에 대해 만기가 3개월 후이고 행사가격(X)이 10,000원인 유럽식 Call 옵션과 Put 옵션이 거래되고 있다. 현재 주가는 11,000원이며, Call 옵션의 가격은 200원, Put 옵션의 가격은 50원이다.

① 만기일에 A 주식의 가격이 12,000원으로 상승한 경우와 9,000원으로 하락한 경우의 Call 옵션 매입자(buyer)와 매도자(seller)의 순수익(또는 순손실)은 각각 얼마인가?

② ①의 상황에서 Put 옵션 매입자(buyer)와 매도자(seller)의 순수익(또는 순손실)은 각각 얼마인가?

③ ①처럼 주가가 변할 경우 주식에 직접 투자하는 경우와 Put 옵션으로 투자(즉 buy)하는 경우 각각의 수익률은 얼마인가?

14-2. 다음 질문[①~③, ④]에 답하시오.

① K의 현재주가는 50,000원, K주식을 3개월 내에 50,000원에 매입할 수 있는 Call 옵션의 가격은 5,000원이라면 3개월 후 주가가 60,000원으로 상승한 경우와 45,000원으로 하락한 경우 주식으로 직접 투자한 경우와 옵션으로 투자한 경우의 수익률을 비교하시오.

② ①의 자료를 가지고 3개월 후 주가가 60,000원으로 상승한 경우와 45,000원으로 하락한 경우의 다음 표를 완성하시오. Put 옵션(행사가격=50,000원)의 가격은 3,000원으로 가정하고 옵션가격들을 옵션거래 성과에 반영하시오.

3개월 후	Call 매입자	Call 매도자	Put 매입자	Put 매도자
주가 60,000원	[ ]	[ ]	[ ]	[ ]
45,000원	[ ]	[ ]	[ ]	[ ]

③ ②의 결과를 가지고 Call 옵션의 매입자/매도자, Put 옵션의 매입자/매도자의 성과를 그래프로 나타내시오.

④ KOSPI 200 주가지수 옵션 거래자인 Park군은 행사가격이 215포인트인 2012년 1월물 put 옵션 1계약을 0.95포인트에 매입하였는데 만기에 KOSPI 200 지수가 200포인트라면 옵션거래 순수익률과 순수익은 각각 얼마인가?

제15장 M&A의 기초

‖ 15.1절 M&A의 기초 ‖

1. M&A의 기초

기업은 신규 사업 진출, 시장점유율 확대, 생산과정의 수직적 계열화 등의 다양한 전략적인 목적으로 M&A(merger and acquisition, 인수합병)를 시도한다. 본 장에서는 A기업을 인수기업(acquiring firm), B기업을 인수대상기업(acquired or target firm)이라고 가정하고 M&A 관련 내용들을 설명하고자 한다.

먼저 M&A는 흡수합병과 신설합병으로 구분할 수 있다. 흡수합병(merger)이란 A기업이 B기업의 모든 자산과 부채를 인수하여 M&A 이후 B기업은 A기업으로 흡수되어 법적인 실체는 A기업이 되는 경우이다. 흡수합병이 이루어지면 B기업은 M&A 이후 독립적인 지위를 상실하고 A기업의 하나의 사업부(business entity)로 존재하게 된다.

반면에 신설합병(consolidation) A기업과 B기업 모두 M&A 이후 법적인 실체가 사라지고 새로운 C기업으로 탄생하는 경우이다. 흡수합병과는 다르게 신설합병에서는 A기업도 B기업과 마찬가지로 C기업의 하나의 사업부로 존재하는 형태이다.

M&A가 완료되기 위해서는 A기업과 B기업 모두 주주들에게 승인을 받아야 한다. 일반적으로 주주의 2/3 이상 동의를 얻어야 하는데 소액주주들의 권익을 보호하기 위하여 주식매수청구권(appraisal right)이 주주들에게 부여된다.[1)]

A기업이 B기업을 인수하는 방법으로 주식취득과 자산취득이 있다. 주식취득(acquisition of stock)이란 A기업이 B기업의 투표권(voting right)을 가지고 있는 주식을 현금이나 다른 증권으로 교환하는 방법을 말한다. 주식취득은 두 기업의 경영진들 간의 사적매수(private offer)로 은밀히 진행되기도 하고 공개매수(tender offer)를 통하여 A기업의 경영진과 B기업의 주주들 간에 직접적으로 진행되기도 한다.[2)] 공개매수를 이용하면 A기업은 B기업의 경영진이나 이사회를 통하지 않고 주주들과 직접적으로 교섭할 수 있다. 자산취득(acquisition of assets)이란 A기업이 B기업의 핵심자산을 매수하는 방법으로, B기업 주주들의 동의를 필요로 한다.

---

1) 주식매수청구권(appraisal right)이란 주식회사의 합병, 영업양도 등 주주의 이익과 중대한 관계가 있는 회사업무에 대해서 주주총회 결의가 있는 경우 해당 결의사항에 반대하는 소액주주들이 자기소유 주식을 공정한 가격으로 매수할 것을 회사에게 청구할 수 있는 권리를 말한다.

2) 공개매수(tender offer)는 기업의 지배권 획득 또는 강화를 목적으로 주식의 매수희망자가 매수기간, 가격, 수량 등을 공개적으로 제시하고, 불특정 다수의 주주로부터 주식을 매수하는 방법을 말한다.

M&A는 A기업과 B기업의 사업성격에 따라 수평적 합병, 수직적 합병과 다각적 합병으로 구분할 수도 있다. 수평적 합병(horizontal acquisition)은 두 기업이 동일한 업종에 속한 경우로 예를 들면, 과점시장의 두 기업이 합병하는 경우에 해당된다. 수직적 합병(vertical acquisition)은 두 기업이 생산과정의 수직 관계에 있는 경우로 예를 들면, 자동차회사가 자동차 부품을 납부하는 회사를 합병하는 경우에 해당된다. 어떤 경우이든 독·과점이 발생할 수 있는 M&A에 대해서는 공정거래위원회 등으로부터 제한을 받게 된다. 반면에 다각적 합병(conglomerate acquisition)은 두 기업 사업 간의 관련성이 매우 적은 경우로 예를 들면, 건설회사가 식품회사를 합병하는 경우가 해당된다.

인수 후 상장폐지(going private)는 소수의 투자자로 구성된 투자집단이 상장기업의 주식 전량을 취득하여 인수한 후 상장폐지를 하는 방법이다.

기업인수(takeover)의 종류는 다음 <그림 1>과 같이 구분할 수 있다.

〈그림 1〉 기업인수의 종류

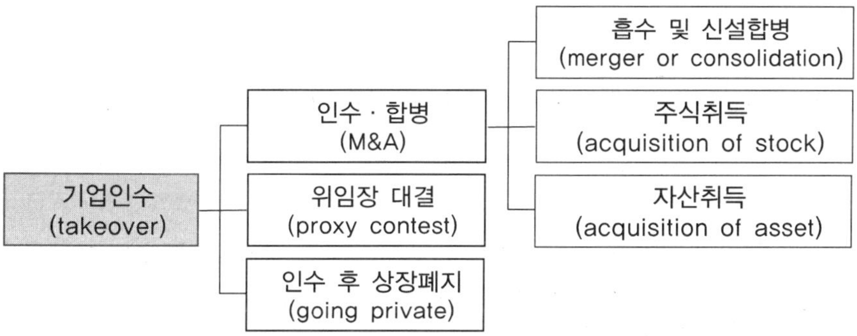

‖ 15.2절 M&A의 시너지 ‖

1. 시너지(Synergy)

기업이 다양한 전략적인 목적으로 M&A를 시도하는 것은 결국 M&A로 인하여 시너지가 발생하기 때문이다. 시너지는 다음 식 (1)과 같이 추정할 수 있다.

$$시너지(synergy) = V_{AB} - [V_A + V_B] \cdots 식\ (1)$$[3]

여기서 V_{AB}는 A기업이 B기업을 M&A한 이후 시장가치(market value), V_A와 V_B는 A기업과 B기업의 M&A 이전 시장가치를 각각 의미한다. 식 (1)에 의하면 시너지(synergy)란 두 기업의 M&A 이후 시장가치에서 두 기업의 M&A 이전 시장가치의 합을 차감한 것이다. 시너지가 (+)라면 M&A 이후 시장가치가 M&A 이전보다 증가하는 것이므로 M&A를 시도할만한 가치가 있다고 할 수 있다.

(+)의 시너지로 인한 M&A 이후 시장가치 증가는 현금흐름(cash flow, 이하 CF)의 증가에 기인한다. M&A 이후 CF 변화량은 다음 식 (2)와 같이 측정할 수 있다.

$$\Delta CF = [\Delta R - \Delta C - \Delta T - \Delta CS] \cdots 식\ (2)$$

여기서 ΔCF는 $[CF_{AB}-(CF_A+CF_B)]$로 M&A 이후 CF와 M&A 이전 A기업과 B기업의 CF 합과의 차이를 의미한다. ΔR은 M&A로 인한 수익(revenue) 변화량, ΔC는 M&A로 인한 비용(cost) 변화량, ΔT은 M&A로 인한 세금(tax) 변화량, ΔCS는 M&A로 인한 운전자본과 비유동자산 투자(capital spending) 변화량을 각각 의미한다. ΔR, ΔC, ΔT, ΔCS 항목들이 M&A 이후 개선되면 (+)의 시너지가 발생할 것이다.

만약 A기업이 B기업에게 인수가격(bid price)으로 주당 6만원의 가격을 제시하였고, B기업의 현재 주가(current price)가 5만원이라면 A기업은 프리미엄(premium)으로 1만원 또는 20%[=1만원/5만원]을 제시한 것이다.

시너지가 주당 3만원으로 예상된다면, 인수기업 A는 2만원[=3만원-1만원], 인수대상기업 B는 1만원의 이익을 얻게 된다. M&A로 인한 두 기업의 이익은 다음 식 (3)과 같이 계산할 수 있다.

---

3) 본서에서는 시너지와 시너지효과를 시너지로 통일하여 사용하고자 한다. 대부분의 경우 두 단어의 의미는 동일하므로 두 단어를 모두 사용하는 것이 오히려 혼란스러울 수 있기 때문이다.

인수기업의 이익 = [시너지-프리미엄]
인수대상기업의 이익 = [프리미엄] … 식 (3)

만약 시너지가 주당 5천원으로 프리미엄보다 낮게 예상된다면, 인수기업 A는 (-)5천원, 인수대상기업 B는 여전히 1만원의 이익을 얻게 된다. 따라서 M&A로 인한 시너지를 인수기업과 인수대상기업이 각각 얼마씩 가져갈 수 있는지는 두 기업 간의 협상으로 결정되는 프리미엄 크기에 좌우된다는 것을 할 수 있다.

M&A는 주주와 경영진간의 갈등(conflict)을 발생시킬 수도 있다. 시너지가 프리미엄보다 낮아 인수기업 주주들의 가치손실이 발생함에도 불구하고 인수기업의 경영진은 수익증가에 대한 보상(compensation), 기업 내의 자신의 지위(position) 강화 등이 보장되면 M&A를 진행할 수도 있을 것이다. 반면에 인수대상 기업의 경영진은 M&A 이후 자신의 지위가 불안하다면 주주들의 가치증가를 가져오는 M&A이라고 하더라도 적극적으로 반대할 수 있을 것이다.

2. 시너지의 원천(Source of Synergy)

(1) 매출 증가

M&A 이후 매출이 M&A 이전 두 기업 매출의 합보다 증가한다면 (+)의 시너지가 발생할 것이다. M&A 이전 비효율적인 광고, 빈약한 유통망, 적절하지 못했던 제품군 등으로 저조했던 매출이 M&A 이후 마케팅 능력과 유통망 등이 강화됨으로써 증가할 수 있을 것이다.

또한 항공회사와 호텔이 M&A하여 에어텔(항공권+호텔숙박권)을 저렴한 비용으로 제공하는 것과 같은 전략적인 이익(strategic benefit)과 증가한 시장지배력(market power)을 이용하여 경쟁을 줄이고 가격을 상승시켜 독점이익을 얻는 것 역시 매출을 증가시킬 수 있을 것이다.

(2) 비용 감소

M&A 이후 영업효율(operating efficiency)을 증가하여 비용이 감소하게 되면 시너지

는 증가할 것이다. 우선 M&A로 인하여 규모의 경제(economy of scale)가 달성되면 원가가 감소할 수 있을 것이다. 규모의 경제는 특히 수평적 합병에서 기대되는 효과이다.

그러나 수직적 합병에서도 인접한 생산단계의 협조가 강화되거나 기업 간에 핵심기술 이전이 가능하면 생산비용이 감소할 수 있을 것이다.

M&A로 인하여 두 기업 간에 형성될 수 있는 보완적인 관계 역시 비용감소를 가져올 것이고, M&A 이후 경영능력이 떨어지는 경영진을 교체함으로써 고액의 임금을 절약할 수도 있을 것이다.

(3) 세금 혜택

자본구조(capital structure)의 상충이론(trade-off theory)에서 언급한 것처럼 부채를 사용하면 세금감면(tax-shield)의 긍정적인 효과와 파산가능성 증대의 부정적인 효과가 동시에 발생한다. 이것을 한계비용(MC, marginal cost)과 한계수입(MR, marginal revenue) 관점에서 생각하면 부채를 한 단위 추가적으로 사용하여 얻을 수 있는 세금감면 효과는 MR, 부담해야 하는 파산가능성 증가는 MC로 생각할 수 있다.

만약 A기업의 부채수준이 높지 않아 부채를 한 단위 추가적으로 사용할 경우의 MR이 MC보다 높은 상황이라면 M&A를 통하여 부채수준을 높임으로써 기업가치를 증가시킬 수 있을 것이다. 즉, 세금감면의 긍정적인 효과를 증가시켜 기업가치를 증가시킬 수 있다.

또한 포트폴리오 원칙(portfolio principle)에 의하면 투자대상을 다각화(diversification)하면 포트폴리오의 위험은 투자대상들 개별위험들의 합보다 작아질 수 있다. 이것을 M&A에 적용하면 두 기업의 개별위험들의 합보다 M&A 이후 위험이 작아질 수 있을 것이다. 그렇게 되면 세금감면의 긍정적인 효과를 얻을 수 있는 부채를 조금 더 사용할 수 있을 것이다.

M&A는 주주들에게도 세금혜택을 가져다 줄 수 있을 것이다. 법인세를 모두 납부하고, 모든 (+)의 NPV를 가져다주는 투자안에 투자하고 남은 잉여현금흐름(FCF, free cash flow)을 주주들에게 배당금으로 지급하면 주주들은 배당소득세를 부담해야 한다. 그러나 만약 FCF로 M&A를 하여 주가가 상승하면 주주들은 배당소득세를 부담하지 않고 부의 증가를 얻을 수 있을 것이다.

(4) 자본투자 감소

M&A로 인하여 기업규모가 커지면 규모의 경제가 발생하여 영업관련 투자비용과 자본투자비용이 감소할 수 있을 것이다. 자본투자비용에는 비유동자산과 운전자본관련 투자비용 모두 포함된다. 예를 들면, 경쟁관계의 두 은행이 합병하면 본사를 비롯하여 지점의 숫자를 줄일 수 있을 것이다.

‖ 15.3절 M&A의 판단오류 ‖

1. 이익증가(Earning growth)의 오판

M&A는 실제로 발생하지 않은 이익증가가 발생한 것처럼 투자자들을 현혹시킬 수 있다. 다음 표는 M&A 이전의 기업 A와 B에 대한 이익과 시장관련 자료이다.

M&A이전	EPS	주가	PER	발행주식수	순이익	시장가치
A기업	1,000원	25,000원	25	100주	100,000원	2,500,000원
B기업	1,000원	10,000원	10	100주	100,000원	1,000,000원

여기서 EPS는 주당순이익(earning per share), PER는 주가수익비율(price earning ratio)을 각각 의미한다. PER(Price/EPS)를 보면 순이익 1,000원을 얻기 위하여 M&A 이전 A기업의 투자자들은 25,000원을, B기업의 투자자들은 10,000원을 지불하고 있는 상황이다.

A기업이 B기업을 M&A한 이후 시장의 투자자들이 합리적(rational)이라면 M&A 이후 AB기업의 가치는 A기업과 B기업 가치의 합으로 평가할 것이다.[4] 또한 A기업 주가가 25,000원으로 B기업 주가보다 2.5배 비싸므로 B기업의 주식 100주는 A기업의 주식 40주로 교환될 것이다. 합리적인 투자자들은 M&A 이후 이익과 시장관련 자료를 다음과 같이 판단할 것이다. 여기서 V는 기업가치, #는 발행주식수, NI는 순이익, EPS는 주당순이익을 의미한다.

---

4) A기업에게 흡수 합병된 것이지만 설명의 편의를 위하여 AB로 표시하였다.

- **기업가치** : V_{AB} = [V_A + V_B] = [250 + 100] = 350만원
- **주식 수** : $\#_{AB}$ = [$\#_A$ + $\#_{교환}$] = [100주 + 40주] = 140주
- **순이익** : NI_{AB} = [NI_A + NI_B] = [10 + 10] = 20만원
- **EPS** : EPS_{AB} = [$NI_{AB}/\#_{AB}$] = [20만원/140주] = 1,429원
- **PER** : PER_{AB} = [P_{AB}/EPS_{AB}] = [25,000원/1,429원] = 17.49

그러나 만약 M&A 이후 시장의 투자자들이 EPS = 1,429원을 M&A 이전 1,000원과 비교하여 이익이 43% 증가한 것으로 오판(misunderstanding)할 수 있을 것이다. 이렇게 이익이 증가한 것으로 오판한 투자자들은 M&A 이후 PER를 M&A 이전과 동일하게 25로 유지하는 오류를 범하여 M&A 이후 기업가치와 주가를 다음과 같이 판단될 것이다.

- **기업가치** : V_{AB} $= [PER_{AB} \times NI_{AB}] = [25 \times 20\text{만원}] = 500\text{만원}$[5)]
- **주가** : P_{AB} = [$V_{AB}/\#_{AB}$] = [500만원/140주] = 35,714원
- **PER** : PER_{AB} = [P_{AB}/EPS_{AB}] = [35,714원/1,429원] = 25

다음 표는 A기업과 B기업의 합병을 합리적으로 판단한 경우와 오판한 경우의 평가 내용들을 비교하고 있다.

M&A이후	EPS	주가	PER	발행주식수	순이익	시장가치
합리적	1,429원	25,000원	17.49	140주	200,000원	3,500,000원
오 판	1,429원	35,741원	25	140주	100,000원	5,000,000원

M&A 이후 EPS는 실제 증가한 것이 아니라 인수기업과 인수대상기업의 주가차이를 조정하여 주식을 교환하다보니 발생한 것이다. 그러나 시장의 투자자들이 M&A 이후 이익이 증가한 것으로 오판한다면 적정가격(25,000원)보다 높은 가격(35,741원)으로 합병기업의 주식을 매수하는 오류를 범할 것이다.

---

5) $V_{AB} = \left[\frac{V_{AB}}{NI_{AB}}\right] \times NI_{AB} = \left[\frac{P_{AB} \times \text{주식수}_{AB}}{EPS_{AB} \times \text{주식수}_{AB}}\right] \times NI_{AB} = \left[\frac{P_{AB}}{EPS_{AB}}\right] \times NI_{AB} = PER_{AB} \times NI_{AB}$

2. 다각화(Diversification)의 오판

기업은 M&A 등을 통하여 사업을 다각화시킴으로써 기업고유의 위험(firm-specific risk)을 분산시킬 수 있을 것이다. 그러나 주주 입장에서는 위험을 분산시키기 위해서 사업들을 얼마나 많이 다각화해야 하는지를 고민해야 할 것이다. 너무 많은 종류의 사업을 하는 것은 어느 사업 하나 확실하게 이익을 얻지 못하여 오히려 주가에 부정적인 영향을 줄 수 있기 때문이다.

기업이 M&A를 통하여 사업의 다각화를 이루는 것보다는 주주들 자신이 직접 자신의 포트폴리오를 다각화하는 것이 위험을 보다 쉽게 분산시킬 수 있을 것이다. 기업 자체를 매입하는 것보다는 그 기업의 주식을 원하는 만큼 매입하여 자신의 포트폴리오를 다각화하는 것이 비용이나 위험관리 측면에서 훨씬 더 효율적일 것이다. 따라서 다각화를 위한 M&A는 주주들에게 이익이 되지 않을 수도 있을 것이다.

‖ 15.4절 M&A와 투자자들의 이해관계 ‖

1. 기초자료

A기업이 B기업을 M&A 하면서 인수대금을 현금으로 지불하지 않고, B기업의 주주들에게 A기업의 주식을 B기업의 시장가치만큼 교환해 주는 경우를 가정하자. A기업과 B기업은 현재 부채를 전혀 사용하지 않고 있다. 상황별로 두 기업 자산의 M&A 이전과 이후의 시장가치는 다음 표와 같다고 한다. 각 상황이 발생할 확률은 동일하다고 한다.

〈기초 자료 : A기업과 B기업 모두 부채를 사용하지 않는 경우 (단위:만원)〉

	상황 1	상황 2	기대값
M&A 이전 시장가치			
A기업	800	200	500
B기업	100	400	250
M&A 이후 시장가치			
AB기업	900	600	750

2. 두 기업 모두 부채를 사용하는 경우

이번에는 A기업은 부채를 300만원, B기업은 150만원 사용하고 있는 것으로 변경하면 A기업은 상황 2가 발생한다면 채무불이행(default) 상태에 빠질 것이다. 자산가치가 200만원이므로 A기업의 채권자들은 원금의 일부인 200만원만 받을 수 있을 것이다.[6] 반면에 B기업의 채권자들은 상황 1이 발생하면 채무불이행 상태에 빠질 것이다. 채무불이행 가능성을 고려한 A기업과 B기업 부채가치의 기대값은 각각 다음과 같이 250만원과 125만원이 될 것이다. 그러므로 M&A 이전 A기업과 B기업 부채가치의 합은 375만원이 된다. 여기서 $E[D_A]$와 $E[D_B]$는 채무불이행 가능성을 고려한 A기업과 B기업 부채의 기대값을 각각 의미한다.

$$E[D_A] = [0.5 \times 300 + 0.5 \times 200] = 250\text{만원}$$
$$E[D_B] = [0.5 \times 100 + 0.5 \times 150] = 125\text{만원}$$

이제 두 기업이 M&A할 경우 AB기업의 부채를 살펴보자. M&A 이후 부채는 450만원[= A기업 300만원+B기업 150만원]이므로 어떤 상황에서도 AB기업은 채무불이행 상태에 빠지지 않을 것이다. 따라서 M&A 이후 부채의 가치는 450만원이 될 것이다. M&A 이전 두 기업 부채가치의 기대값을 합한 375만원보다 75만원 증가하게 되므로 채권자에게는 M&A를 하는 것이 유리할 것이다.

이번에는 M&A 이전과 이후 자본가치 변화를 살펴보자. 주주들은 잔여청구권자(residual claimants)이므로 자산가치에서 부채가치를 제외한 부분이 주주들에게 분배될 수 있다. 이런 특징을 반영하여 M&A 이전 A기업과 B기업 자본가치의 기대값과 M&A 이후 기대값을 계산하면 각각 다음과 같을 것이다.

$$E[S_A] = [0.5 \times (800-300) + 0.5 \times (200-200)] = 250\text{만원}$$
$$E[S_B] = [0.5 \times (100-100) + 0.5 \times (400-150)] = 125\text{만원}$$
$$E[S_{AB}] = [0.5 \times (900-400) + 0.5 \times (600-350)] = 300\text{만원}$$

A기업 자본가치(250만원)가 B기업 자본가치(125만원)의 2배이므로 M&A 이후 A기업의 주주들이 B기업 주주들보다 2배 많은 주식을 보유한다고 가정하면, M&A 이후

6) 본 절에서는 재무상태표 등식인 '자산=부채+자본'에 따라서 자산가치, 부채가치, 자본가치로 표기하고자 한다.

예상되는 자본가치 300만원은 A기업 주주들의 몫 200만원, B기업 주주들의 몫 100만원으로 나눌 수 있을 것이다.

M&A 이후 자본가치를 M&A 이전과 비교하면 A기업은 50만원, B기업은 25만원 감소하여 전체적으로는 75만원의 가치손실이 주주들에게서 발생하였다. 따라서 두 기업의 주주들은 모두 M&A를 하는 것이 오히려 손실일 것이다.

여기서 주목할 점은 M&A 이후 자본가치 손실액 75만원은 M&A 이후 증가한 부채가치 75만원과 동일하다. 즉, M&A로 인하여 증가한 채권자들 부(wealth)는 주주들 부의 감소 덕분에 발생한 것이다. 그 이유를 살펴보면 M&A 이전에는 A기업이 채무불이행 상태가 되었을 때 B기업의 도움을 받을 수 없으므로, A기업 채권자들은 원금 모두를 상환 받지 못하였다. 그러나 M&A로 인하여 A기업의 채무불이행 상태일 때도 B기업의 CF 덕분에 A기업 채권자들은 원금 모두를 상환 받을 수 있게 된 것이다. B기업 채권자들에게도 동일한 상황이 M&A로 인하여 나타나게 되는 것이다.

이렇게 부채의 상환을 서로 보장해주는 것을 '공동보험효과(coinsurance effect)'라고 한다. 공동보험효과로 인하여 M&A 이후 부채가치는 M&A 이전보다 증가하고, 위험은 감소하게 되는 것이다.

지금까지의 내용을 표로 정리하면 다음과 같다.

〈A기업 부채 300만원, B기업 부채 150만원인 경우 (단위:만원)〉

	상황 1	상황 2	기대값(증감)
M&A 이전 A기업			
자산가치	800	200	500
부채가치	300	200	250
자본가치	500	0	250
M&A 이전 B기업			
자산가치	100	400	250
부채가치	100	150	125
자본가치	0	250	125
M&A 이후 AB기업			
자산가치	900	600	**750(0)**
부채가치	400	450	**450(+75)**
자본가치	500	150	**300(−75)**

3. 주주들의 공동보험효과에 대한 대응

앞에서 살펴본 것처럼 M&A로 인하여 채권자에게 자신들 부의 일부가 이전되는 상황이라면 주주들은 어떻게 대응해야 할까? 가능한 방법들 중의 하나는 A기업과 B기업의 주주들은 M&A 이전에 부채를 모두 상환하고, M&A 이후 합병 이전 부채수준만큼 다시 부채를 발행하는 것이다.

M&A 이전 A기업과 B기업 부채의 시장가치는 원금 300만원과 150만원이 아니라 채무불이행 가능성이 반영된 250만원과 125만원이 된다. 따라서 M&A 이전 A기업은 부채를 250만원에, B기업은 125만원에 상환하고, M&A 이후 A기업은 250만원의 부채를, B기업은 125만원의 부채를 발행하면 채권자들의 '공동보험효과'를 상쇄시킬 수 있다.

이 과정에서 M&A 이전 부채를 상환하기 위하여 필요한 자금은 기업의 잉여현금을 이용하거나 기존 주주들에게만 주식을 발행하여 조달하거나 문제가 되지 않는다. 잉여현금을 이용하여 상환할 경우 M&A 이후 부채로 조달한 금액으로 잉여현금과 부채를 M&A 이전 수준으로 되돌릴 수 있을 것이고, 주식을 발행하여 조달한 자금으로 상환한 경우 역시 M&A 이후 부채로 조달한 금액으로 추가 발행되었던 주식을 매입하여 소각하면(자사주매입 후 소각) 발행주식수와 부채를 M&A 이전 수준과 동일하게 만들 수 있기 때문이다.

다음 표는 M&A 이전 기존 주주들에게만 주식을 추가로 발행하여 부채를 상환하고, M&A 이후 부채를 재발행하여 추가 발행한 주식을 자사주매입을 통하여 매입한 후 소각할 경우 예상되는 자산가치, 부채가치, 자본가치를 보여주고 있다. M&A 이전 주식을 발행하기 전의 자본가치와 M&A 이후 부채를 재발행하여 자사주매입(stock repurchase)을 통하여 추가 발행한 주식을 소각한 후의 자본가치는 동일함을 알 수 있다. 즉, 공동보험효과로 인하여 주주들의 부가 채권자로 이전되는 현상이 나타나지 않았다.

〈M&A 이전 주식발행으로 부채상환, M&A 이후 부채 재발행 및 자사주매입 소각〉

	자산가치(만원)	부채가치(만원)	주식가치(만원)
M&A 이전			
A기업	500	250	250
B기업	250	125	125
주식발행으로 부채상환			
A기업	500	0	500
B기업	250	0	250
M&A 이후 부채 재발행 및 자사주매입 소각			
A기업	500	250	**250(0)**
B기업	250	125	**125(0)**
AB기업	750	375	**375(0)**

∥ 15.5절 현금인수와 주식인수의 비교 ∥

1. 현금으로 M&A하는 경우

〈 기초 자료 〉

- M&A 이전 : A기업의 시장가치, V_A=500만원, B기업의 시장가치, V_B=100만원
  ⇒ 두 기업 모두 100% 자기자본 사용(부채=0)
- A기업이 B기업을 M&A한 이후 예상되는 시장가치, V_{AB}=700만원
- B기업의 이사회는 A기업이 현금 150만원을 제시하면 M&A를 승인할 예정

A기업은 B기업 인수에 필요한 현금 150만원을 내부유보자금으로 조달할 수 있을 경우 B기업을 인수해야 하는가?

우선 B기업이 제시한 150만원으로 인수할 경우 M&A로 인한 시너지(synergy)와 프리미엄(premium)을 계산하면 각각 다음과 같다.

$$\text{시너지(synergy)} = [V_{AB} - (V_A + V_B)] = [700 - (500+100)] = 100\text{만원}$$

$$\text{프리미엄(premium)} = [\text{인수가격} - \text{시장가치}] = [150 - 100] = 50\text{만원}$$

A기업은 자산에 포함되어 있는 현금을 지출하여 B기업을 인수하므로 M&A 이후 A기업의 시장가치는 150만원이 감소한 550만원이 될 것이다. 만약 A기업의 발행주식수가 25주라고 가정하면, A기업의 주가는 M&A 이전 20만원[=500만원/25주]에서 M&A 이후 22만원[=550만원/25주]으로 증가할 것이다. A기업의 주주들은 주가를 상승시키는 M&A를 반대할 이유가 없을 것이다.

B기업을 인수하는 M&A로 인하여 A기업에게 발생하는 NPV는 다음 두 가지 경우처럼 계산할 수 있는데 결과는 모두 동일하다. 모두 NPV가 (+)50만원으로 예상되므로 A기업은 현금 150만원에 B기업을 인수해야 할 것이다.

$$NPV = [\text{시너지효과} - \text{프리미엄}] = [100 - 50] = 50\text{만원}$$

$$NPV = [\text{M\&A 이후 가치} - \text{M\&A 이전 가치}] = [550 - 500] = 50\text{만원}$$

여기서 M&A 이전 A기업의 시장가치를 500만원으로 사용하였는데 실제로 M&A 협상이 진행 중이라는 뉴스가 시장에 알려지면 A기업의 시장가치는 500만원에서 변동할 가능성이 높다. 시장가치는 M&A 가능성 등의 관련 내용들을 반영하여 형성되기 때문이다. 만약 두 기업의 M&A가 성사될 확률이 60%라고 하면, A기업의 시장가치는 M&A가 이루어졌을 경우와 이루어지지 않았을 경우 모두를 반영하여 다음과 같이 형성될 수 있을 것이다.

$$\begin{aligned}\text{A기업의 시장가치} &= [\text{M\&A가 이루어졌을 경우의 시장가치} \\ &\quad + \text{M\&A가 이루어지지 않았을 경우의 시장가치}] \\ &= [\text{M\&A 이후 시장가치} \times \text{성사될 확률} \\ &\quad + \text{M\&A 이전 시장가치} \times (1-\text{성사될 확률})] \\ &= [550 \times 0.6 + 500 \times (1-0.6)] = 530\text{만원}\end{aligned}$$

2. 주식교환으로 M&A하는 경우

〈 추가자료 〉

- M&A 이전 : A기업의 발행주식수=25주, B기업의 발행주식수=10주
- A기업은 B기업 주식 10주를 A기업 주식 7.5주로 교환 제시

앞에서 M&A 이전 A기업의 주가 P_A는 20만원이었다. 따라서 B기업 주식 10주를 A기업 주식 7.5주로 교환 후 B기업의 시장가치, V_B를 계산하면 다음과 같이 150만원이 될 것이다.

$$V_B = [P_A \times \text{교환된 A기업의 주식수}] = [20\text{만원} \times 7.5\text{주}] = 150\text{만원}$$

B기업 입장에서는 현금으로 인수하는 경우와 동일한 가격을 보장 받는 것이다. 따라서 A기업이 B기업을 현금 150만원으로 M&A하는 경우와 주식을 교환하여 M&A 하는 경우 동일한 결과가 발생할 것으로 예상할 수 있다.

과연 그럴까? B기업 주식을 A기업 주식으로 교환하여 M&A 하면 발행주식수는 M&A 이전 A기업 주주들에게 발행된 25주와 B기업 주주들에게 교환해 준 7.5주를 합하여 총 32.5주로 증가하게 된다. 그 중에서 B기업 주주들의 몫은 23.07%[=7.5/32.5] 정도이다. 따라서 M&A 이후 기업가치 700만원 중에서 B기업 주주들이 차지하는 부분은 다음과 같이 161.54만원이 된다.

$$\text{B 기업 주주들이 차지하는 기업가치} = 700 \times [7.5/(25+7.5)] = 161.54\text{만원}$$

즉, A기업 주주들이 B기업을 M&A 하기 위하여 부담한 비용은 현금으로 인수할 때의 150만원보다 많은 161.54만원이 된다. 또한 M&A 이후 주가 역시 현금으로 인수한 경우의 22만원보다 낮은 21.54만원[=700만원/32.5주]이 된다. 현금으로 인수한 경우보다 주식교환을 통하여 인수한 경우 A기업의 비용부담이 크다는 것을 알 수 있다. 이것은 주식교환 비율을 두 기업의 합병 이전 주가로 계산했기 때문에 발생한 현상이다.

A기업 주주들이 현금으로 인수하는 경우와 동일한 150만원을 부담하고 B기업을 주식으로 인수하기 위해서는 B기업 주식과 A기업 주식의 교환비율이 얼마가 되어야 하는가? 우선 M&A 이후 B기업 주주들이 소유할 주식의 비율은 α라고 하자. 그러면 B기업 주주들이 차지하는 기업가치가 150만원이 되기 위해서는 α가 다음과 같은 계산과정을 통하여 0.2143이 될 것이다.

B 기업 주주들이 차지하는 기업가치, 150만원 = [$\alpha \times$ 700만원]

이번에는 B기업 출신 주주들이 M&A 이후 소유하는 주식수를 b라고 하면 A기업 출신 주주들이 소유하고 있는 주식수가 25주이므로 α는 다음과 같이 표현할 수 있다. 여기서 분모의 [25+b]는 A기업 주주들의 보유하던 25주와 B기업 주주들에게 교환해준 b주의 합이므로 M&A 이후 주식수가 된다.

$$\alpha = \left[\frac{b}{25+b} \right] = 0.2143$$

위의 식을 풀면 b=6.82주가 된다. 이것은 B기업 주식 10주를 A기업 6.82주로 교환해주어야 한다는 것을 의미한다. 따라서 M&A 이후 발행주식총수는 31.82주[=25주+6.82주]가 된다. 그러면 B기업 주주들이 차지하는 기업가치와 M&A 이후 주가는 다음과 같이 계산될 것이다.

B 기업 주주들이 차지하는 기업가치 = 700 × [6.82/31.82)] = 150만원

P_A = [V_A/31.82주] = [700/31.82주] = 22만원

주식교환 비율이 B기업 주식 1주당 A기업 주식 0.682주가 되면 현금 150만원으로 인수하는 경우와 동일한 결과가 발생하게 된다. 다음 표는 현금 인수와 주식교환 인수의 결과를 비교하고 있다.

〈 현금 인수와 주식교환 인수 비교 〉

	M&A 이전		M&A 이후		
	A기업	B기업	현금인수	주식교환 인수	
				0.75 : 1	0.68 : 1
시장가치	500만원	100만원	550만원	700만원	700만원
발행주식수	25주	10주	25주	32.5주	31.82주
주　가	20만원	10만원	22만원	21.54만원	22만원

3. 인수기업의 선택 : 현금 vs 주식교환

앞에서 현금으로 인수하는 경우와 주식교환으로 인수하는 경우 나타날 수 있는 상황들을 살펴보았다. 그러면 A기업은 어떤 경우 현금으로, 어떤 경우 주식교환으로 M&A 하려고 할 것인가? 우선 고려되어야 하는 사항은 인수기업 A의 주가이다.

M&A 이전 A기업 주가는 20만원이지만 A기업 경영진은 자사주식의 적정가치는 15만원으로 판단하고 있다고 가정하자. 즉, A기업의 현재주가 20만원은 적정가치 15만원보다 과대평가(over-valued)된 상황이다. 인수기업 주가의 과대평가는 현금으로 B기업을 인수하는 경우에는 M&A 협상에 별로 영향을 주지 않는다.

그러나 주식교환으로 M&A 하는 경우에는 A기업 주가의 과대평가는 중요한 고려사항이 된다. B기업의 주주들은 현금 150만원에 해당하는 A기업 주식으로 자신들의 주식을 교환해야 한다. 그런데 과대평가된 20만원을 기준으로 주식교환이 이루어지므로 B기업 주주들이 실제로는 150만원보다 적은 금액을 받게 되는 것이나 마찬가지이다.

반면에 A기업 입장에서는 과대평가된 주식으로 교환해주면 현금 150만원으로 B기업을 M&A 하는 것보다 적은 비용을 부담할 수 있게 된다. 따라서 A기업은 B기업 주주들이 자사 주가의 과대평가를 알지 못하도록 하면서 적극적으로 주식을 교환하여 B기업을 M&A 하고자 할 것이다. 즉, 인수기업의 주가가 과대평가 되어 있고, 인수대상기업은 그것을 알지 못하는 정보비대칭(asymmetry of information) 상황이라면 인수기업은 주식교환으로 M&A를 하고자 할 것이다.

그러나 B기업의 경영진은 협상과정에서 현금이나 주식교환이나 동일하게 150만원의 비용부담을 하는데 A기업 경영진이 적극적으로 주식을 교환하여 M&A를 하고자 한다면 위와 같은 상황을 바탕으로 A기업 주가의 과대평가를 의심할 것이다. 따라서 B기업의 경영진은 현재 제시된 A기업의 협상조건보다 더 좋은 조건들을 요구하게 될 것이다.

주식시장도 A기업과 B기업의 협상과정을 통하여 A기업 주가의 과대평가 여부를 알 수 있을 것이다. 만약 A기업이 B기업을 현금이 아닌 주식교환으로 인수한다고 공시되면, A기업 주가의 과대평가를 의심하게 되므로 A기업 주가는 적정가치 수준으로 하락할 것이다.

연습문제

15-1. A기업은 B기업을 M&A 하려고 한다.

① 현재 두 기업 모두 100% 자기자본 상태이고, 이번 합병으로 인한 Synergy는 발생하지 않는다고 할 경우 다음 표를 채우시오.

	상황 1	상황 2	상황 3	시장가치
확률	0.2	0.3	0.5	
M&A 이전				
A기업	$80	$50	$20	
B기업	$20	$40	$60	
M&A 이후				
AB기업				

② A기업과 B기업은 각각 $45, $25씩 부채를 발행했을 경우 다음 표를 완성하시오.

〈 A기업 부채=$45, B기업 부채=$35 〉

	state 1	state 2	state 3	MV
확률	상황 1	상황 2	상황 3	시장가치
M&A 이전				
A기업				
부채				
자본				
B기업				
부채				
자본				
M&A 이후				
AB기업				
부채				
자본				

③ ②번 표의 결과가 설명하고자 하는 것을 key-word를 이용하여 간단히 설명하시오.